Steve House

Jenseits
des Berges

Steve House

Jenseits des Berges

Expeditionen eines Suchenden

Mit 23 Farbfotos,
55 Schwarzweißfotos
und drei Karten

Aus dem Amerikanischen von
Hans Freundl und Karina Of

www.cpibooks.de/klimaneutral

Mehr über unsere Autoren und Bücher:
www.malik.de

Hans Freundl hat Kapitel 1-12 übersetzt. Ab Kapitel 13 sowie das neue Vorwort von Steve House zur vorliegenden Taschenbuchausgabe hat Katharina Of übersetzt.

Bibliografische Information der Deutschen Nationalbibliothek
Die Deutsche Nationalbibliothek verzeichnet diese Publikation in der Deutschen Nationalbibliografie; detaillierte bibliografische Daten sind im Internet über http://dnb.d-nb.de abrufbar.

MALIK NATIONAL GEOGRAPHIC

Erweiterte Taschenbuchausgabe
Juli 2012
© Steve House 2009 und 2012
Titel der amerikanischen Originalausgabe: »Beyond the Mountain«,
Patagonia Books, Ventura 2009
für das Vorwort von Reinhold Messner: © Reinhold Messner 2009
© der deutschsprachigen Ausgabe:
Piper Verlag GmbH, München 2010 und 2012
Umschlaggestaltung: Dorkenwald Grafik-Design, München
Umschlagfotos: Steve House Collection (vorne), Marko Prezelj (hinten links),
Vince Anderson (hinten rechts)
Autorenfoto: Peter Bohler
Litho: Lorenz & Zeller, Inning
Satz: Satz für Satz, Barbara Reischmann, Leutkirch
Papier: Naturoffset ECF
Druck und Bindung: CPI – Clausen & Bosse, Leck
Printed in Germany   ISBN 978-3-492-40447-1

Das Papier wurde aus chlorfrei gebleichtem Zellstoff hergestellt.

*Den Partnern gewidmet, mit denen ich die hier geschilderten
Erlebnisse geteilt habe:
Vince Anderson, Scott Backes, Barry Blanchard,
Rolando Garibotti, Dušan Golobič, Eli Helmuth,
Joe Josephson, Alex Lowe, Bruce Miller, Marko Prezelj,
Branko Starič, Mark Twight sowie Mira und Zdenko Zorič.
Diese Geschichten sind ebenso ihre wie meine.*

*»Was findet man jenseits des Berges,
wenn nicht den Menschen?«*
　　　　　　　　　Walter Bonatti

Inhalt

Vorwort von Reinhold Messner:
Die Botschaft von Steve House — 9

Vorwort zur Taschenbuchausgabe — 11

Prolog		15
Kapitel 1	Um jeden Preis	17
Kapitel 2	Die Schule des slowenischen Alpinismus	36
Kapitel 3	Nanga Parbat 1990	52
Kapitel 4	Nirgends ein Versteck	70
Kapitel 5	Ein Punk auf Steigeisen	81
Kapitel 6	Alex Lowe	98
Kapitel 7	Die Gruft	111
Kapitel 8	Akzeptiert werden	125
Kapitel 9	Farmboy	134
Kapitel 10	Tod in leichtem Gelände	160
Kapitel 11	Partnerschaft	166
Kapitel 12	Weiterentwicklung: Über Amerika hinaus	193
Kapitel 13	Die innere Leere ausfüllen	204
Kapitel 14	Vertrauen	223
Kapitel 15	Der K7 ist mein Universum	242
Kapitel 16	Rückkehr zum Nanga Parbat	252
Kapitel 17	Gipfelerfolg am Nanga Parbat	265
Kapitel 18	Heimkehr	293
Epilog		309
Karten		320
Glossar		326
Dank		333
Bildnachweis		336

Vorwort

Die Botschaft von Steve House

Steve House bewundere ich für seine Einstellung den Bergen gegenüber. Schritt für Schritt hat er dabei seine Möglichkeiten ausgeschöpft und vervollkommnet. Meiner Meinung nach ist er inzwischen höchster Ausdruck bergsteigerischen Könnens. Er begeht die richtigen Routen an oft unbekannten Bergen, auch wenn alle Welt auf den Everest rennt. Oft hat man noch gar nichts gehört von den Gipfeln, die er besteigt. Doch wie er klettert und mit wem, das interessiert mich.

In diesem Buch berichtet er von seinen Erfahrungen, seinen Erlebnissen und seinen Anliegen. Niemals ist dabei die Rede von Rekorden, vom »Höhepunkt« auf dem Gipfel, von Sieg. Stattdessen erzählt Steve von der Kälte in den Biwaks, den Beschwerden in großer Höhe und der tiefen Leere, in die er nach einem großen Erfolg fällt.

Steve House ist ein großer Abenteurer; er weiß, dass man sich des Erfolgs »niemals sicher sein kann«. Er ist auch ein großer Geschichtenerzähler. Er erzählt von seinen Taten; es geht ihm nicht darum, Lehren oder »Weisheiten« zu vermitteln. Aus seiner Leidenschaft heraus versucht er es immer wieder, und mit dem Erreichen seiner Ziele lernt er, dass der Erfolg so vergänglich ist wie der Schnee im Frühling.

Reinhold Messner und ich genießen im August 2005 im Basislager am Nanga Parbat die Aussicht.

Ich habe diese Geschichten mit Begeisterung gelesen – nicht weil sie von einem der besten modernen Bergsteiger stammen. Ich war neugierig darauf, etwas über Steves Mentoren zu erfahren, seinen Lernprozess, seine Entwicklung also, seine Helden und Träume, über die Momente, in denen er über sich hinauswächst, und die Momente seines Scheiterns; über seine Partner und das Vertrauen, das er ihnen entgegenbringt; auch über seine Trauer, wenn er Partner verliert – weil ich etwas über sein Leben erfahren wollte. Seine Geschichten haben mich tief bewegt. Sie erinnern mich an den Verlust meiner Freunde, an meine Angst vor anspruchsvollen Touren, meine Sorge um meine Partner.

Das Bergsteigen ist zu einem globalen Phänomen geworden. Die meisten Bergsteiger agieren in ihren prächtigen bunten Goretex-Anzügen und ihrer glänzenden Titanausrüstung, als würden sie in einem Bergsteigerfilm spielen. Steve dagegen sagt: »Am erfüllendsten waren für mich jene Tage, an denen ich auf alles verzichtete.« Und mit diesen Worten stellt er sich in eine Reihe mit Mummery, Bonatti und Robbins. Der Verzicht macht den Unterschied.

»Je einfacher wir die Dinge handhaben, umso intensiver wird das Erlebnis.« Aber nur wenn wir aktiv bleiben, wenn wir es immer wieder versuchen, wenn wir Risiken eingehen – auch wenn wir zuletzt scheitern. Das Scheitern gehört zum Erfolg dazu. Scheitern lehrt uns Bescheidenheit.

Reinhold Messner

Vorwort zur Taschenbuchausgabe

Nie hatte ich mich als Bergsteiger besser und stärker gefühlt. Bei jedem Training, mit jedem Kletterpartner und während jeder Besteigung empfand ich das Ausmaß meines Leistungsvermögens. Ich hatte das Gefühl, kurz vor der Vollendung eines großen Zieles zu stehen. Dann passierte es, ganz plötzlich, schmerzhaft und völlig unerwartet.

Am 24. März 2010 stiegen Bruce Miller und ich in die Nordwand des Mount Temple ein, eine 2000 Meter hohe Kalkwand in den Kanadischen Rocky Mountains, die oft mit der Eiger-Nordwand verglichen wird. Wir kletterten zum ersten Mal seit unserem Versuch in der Rupalwand im Jahr 2004 wieder zusammen. In der ersten Nacht biwakierten wir auf einem komfortablen Felsband, und ich lauschte aufmerksam Bruces Erzählungen von der Entwicklung seiner kleinen Tochter und den Aktivitäten seines Stiefsohns. Der leichte Anflug von Neid, den ich dabei empfand, legte sich wieder, als ich Bruce von meinen Vorbereitungen für den K2 erzählte, den Aufbauwochen mit Bergläufen, Kletter- und Krafttraining. Er gestand mir, dass er mich um meine Freiheit, mich ganz dem Klettern widmen zu können, ein wenig beneidete.

Am Vormittag übernahm ich den Vorstieg, voller Ungeduld, die restlichen Seillängen bis zum Ende der Route so schnell wie möglich zu schaffen. Nachdem ich die ersten 30 leichten

Klettermeter zügig hinter mich gebracht hatte, stand ich unter einer zehn Meter hohen verwitterten Felsstufe, die von einem dünnen Riss durchzogen wurde: der typische Bruch der Kanadischen Rockies. Bevor ich die Stufe in Angriff nahm, stampfte ich eine Vertiefung um einen Schneepilz auf dem Grat und führte das Seil als Sicherung um ihn herum, während ich mich den Riss hinaufarbeitete. Ein Stück weiter oben kratzte ich etwas Dreck aus einer Felsspalte und setzte einen soliden Klemmkeil hinein. Während ich vorsichtig dem brüchigen Riss folgte, platzierte ich zur Absicherung mehrere kleine Klemmgeräte.

Bald hatte ich in Brusthöhe eine mit 45 Grad geneigte schräge Platte aus bröckeligem Fels vor mir. Während ich mit dem einen Eisgerät den Schnee abkratzte, versuchte ich den anderen in das lose Gestein zu schlagen. Dann war ich weg. Ich flog durch die Luft, fiel haltlos nach hinten.

Anfangs fühlte sich das vertraut an, angenehm, wie bei meinen Hunderten von Stürzen beim Sportklettern. Im Fallen entspannte ich mich; mir wurde klar, dass mir ein Tritt ausgebrochen sein musste – bei der schlechten Felsqualität nicht sonderlich überraschend. Dann zog sich das Seil an der obersten Zwischensicherung straff und riss sie aus dem zum Teil verrotteten Fels.

Das erste Klemmgerät ... das zweite ... das dritte hätte mich fast gehalten, doch als das Seil meinen Sturz aufzufangen begann, flog es ebenfalls aus dem Fels. Im plötzlich erneut einsetzenden freien Fall wurde ich mit dem Kopf nach unten gerissen und prallte mit der rechten Körperhälfte auf etwas Hartes, etwas Schmerzhaftes. Schließlich blieb ich 25 Meter unterhalb der Stelle, an der ich abgestürzt war, liegen, in der Nähe des abschüssigen Schneebands, auf dem Bruce in nur zehn Meter Entfernung von mir stand. Was mich gehalten hatte, war der Schneepilz, um den ich zur Sicherung die Vertiefung gestampft hatte.

Noch nie zuvor hatte ich solche Schmerzen empfunden. Ich kann mich noch erinnern, dass ich zu Bruce sagte, er solle das Handy nehmen und Hilfe rufen. Er wusste noch nicht, wie schlimm es war. Ich schon.

Die nächste halbe Stunde war ich damit beschäftigt, die zehn Meter in Bruces Richtung zu kriechen, während er mich zu sich hinzog. Am Standplatz blieb ich mit dem Gesicht nach unten im Schnee liegen. Der rechte Lungenflügel kollabierte. Ich wusste, dass mein Brustkorb eingedrückt war; später stellte sich heraus, dass sechs Rippen mehrfach gebrochen und zwei davon in viele Teile zersplittert waren. Die beiden blutenden Brüche im Becken und die sieben kleineren Risse in meiner Wirbelsäule spürte ich nicht. Das war auch alles egal, weil ich kaum atmen konnte. Ich machte winzige, flache Atemzüge, wie die eines Babys.

Im Verlauf der zwei Stunden, die wir auf den Rettungshubschrauber warteten, gingen mir einige Gedanken durch den Kopf. Wenn ich heute darüber nachsinne, zwei Jahre nach diesem Unfall, komme ich zu dem Schluss, dass das Klettern und der unablässige Drang, mich immer weiter zu verbessern, noch intensivere Gefühle auszuloten, noch größere Anstrengungen und noch mehr Leistung zu erbringen, nicht mehr der Motor meines Lebens sind. Meine Perspektive hat sich verändert. Heute will ich anderen etwas zurückgeben.

In diesem Zusammenhang habe ich eine frühere Aktion wiederaufleben lassen, mit der ich Schüler in Pakistan unterstütze: die Organisation »Baltistan Education Foundation« (www.baltistanedu.org). Außerdem habe ich zwei neue Projekte in Angriff genommen. »Alpine Mentors« ist ein internationales Schulungsprogramm zur Unterstützung der nächsten Generation junger Klettertalente, das 2012 mit vier jungen Nachwuchskletterern startet (www.alpinementors.org). Und ich arbeite an einem neuen Buch zum Training für Alpines Klettern. Darin werde ich all das weitergeben, was ich durch meine eigenen Erfahrungen bei den Vorbereitungen und der Durchführung der Touren gelernt habe, die in dem Buch, das Sie gerade in Händen halten, beschrieben sind.

Die deutsche Ausgabe meines Buches hat mir geholfen, zu erkennen, was wahre Liebe ist. Eva, eine Österreicherin aus Kärnten, schrieb mir nach der Lektüre von »Jenseits des Berges«, um mich um Rat zu fragen, wie sie sich auf das Bergsteigen in Nepal vorbereiten solle. Ich antwortete ihr. Diese Reise veränderte ihr Leben. Nach ihrer Rückkehr schrieb sie mir erneut, dieses Mal, um mir mitzuteilen, dass sie beschlossen habe, ihren aufreibenden Job bei einer Bank aufzugeben und ein Leben zu führen, das mehr mit ihren persönlichen Werten in Einklang stehe. Ich fand das interessant und schrieb ihr zurück. Damit begann ein Meinungsaustausch, der zu einem langen Besuch und schließlich zu einem Heiratsantrag auf dem rund 6400 Meter hohen Gipfel des Mera Peak in Nepal führte. Eva und ich sind inzwischen verheiratet und haben unseren Wohnsitz nach Colorado verlegt, wollen aber so oft wie möglich nach Österreich zurückkommen.

Was wird immer jenseits des nächsten Berges zu finden sein? Ganz sicher der Mensch.

Steve House
Ridgway, Colorado, im Februar 2012

Prolog

Ich war noch nie ein Geschichtenerzähler. Die meisten Bergsteiger sind wie ich: ruhige, introvertierte, körperbetonte Menschen. Aber ich habe dieses Buch geschrieben, weil ich erklären wollte, warum ich bergsteige; ich wollte es Ihnen erklären und mir selbst.

Nachdem ich es nun abgeschlossen habe, fürchte ich, dass ich meinem Anspruch nicht gerecht geworden bin. Dass ich es nicht geschafft habe, die wichtigen Fragen zu beantworten. Wie etwa: warum ich lebensgefährliche Risiken eingehe, warum ich oft monatelang von zu Hause fort bin, und warum ich mein Geld immer wieder für Flugtickets in weit entfernte Länder ausgebe. Doch ich sehe, dass ich allmählich Fortschritte mache, und Fehlschläge sind wertvolle Lektionen.

Die Tiefe einer Geschichte wird davon bestimmt, wie stark sich der Protagonist mit seinem Ziel identifiziert, wie kompliziert das Problem und wie elegant die Lösung ist. Des Erfolgs kann man sich niemals sicher sein.

Als ich auf dem höchsten Gipfel stand, den ich jemals bestiegen habe, verflüchtigte sich der Erfolg. Wie schon viele Menschen vor mir erkannte ich, dass uns das Ziel in jenem Augenblick abhandenkommt, in dem wir glauben, es erreicht zu haben. Der Erfolg ist hohl. Von all unserem Glück, von unseren Urteilen, den Lektionen, die wir gelernt und beherzigt haben, den Hochgefühlen, die wir erlebt haben und die wieder vergingen, von unserer Fitness und unserem Können bleibt am Ende nichts.

Wenn ich einen Berg besteige, weiß ich, dass ich wieder absteigen werde. Wenn ich meine Partner lieben gelernt habe, weiß ich, dass sie umkommen könnten. Wenn ich bergauf laufe, werden meine Füße zuerst schwächer, dann stärker und schließlich wieder schwächer. Die Summe ist null, und die Ziele werden zu den Handlungssträngen unseres Lebens.

Die Geschichten in diesem Buch ereigneten sich zwischen 1998 und 2008. Jedes Mal kehrte ich mit einem neuen Ziel in die unendliche Weite der Berge zurück: eine neue Route auszutüfteln, einen Gipfel zu überschreiten, eine bestimmte Route schneller zu begehen als alle Kletterer, die sich bisher daran versucht hatten, oder eine Route allein zu bewältigen, die bisher nur von Bergsteigerteams begangen worden war. Am erfüllendsten waren für mich jene Tage, an denen ich auf alles verzichtete, an denen ich das, was unverzichtbar ist, für mich neu definierte.

Diese Geschichten niederzuschreiben hat sich auf unerwartete Weise als ein reinigender Akt erwiesen. Ich habe begriffen, dass das Bergsteigen die Kraft besitzt, das gesamte Spektrum des Lebens auf eine Spanne von wenigen Tagen oder gar Stunden zu verdichten. Zugleich habe ich klarer erkannt, dass das Handeln – das Bergsteigen – die einzige Möglichkeit bietet, dies zu verstehen. Ich hoffe, dass *Jenseits des Berges* einige Leser anregen möge, sich beim Klettern und Bergsteigen auf das Einfache zu besinnen, kurz: sich auf sich selbst zu verlassen.

Bedenken Sie stets: Je einfacher wir die Dinge handhaben, umso intensiver wird das Erlebnis.

Steve House
Terrebonne, Oregon, im April 2009

Kapitel 1
Um jeden Preis

Auf einer Höhe von 6700 Metern in der Rupalwand, Nanga Parbat, Pakistan, 15. August 2004

Ich hole tief Luft und presse die fein geschliffene Klinge des Messers gegen das Seil. Es schneidet nicht. Enttäuscht betrachte ich das kleine Messer in meiner Hand. Ich trage es seit vier Tagen bei mir, bei einem Aufstieg, bei dem jedes Gramm darüber entscheiden kann, ob ich überlebe oder nicht. Das Seil ist heilig, ein Symbol und zugleich der wahrhaftigste Ausdruck von Partnerschaft, aber wenn ich es zerschneiden kann, dann können Bruce und ich uns einer Last von knapp zwei Kilo entledigen und es auf den Gipfel schaffen.

Kletterseile müssen sorgsam behandelt, gut gelagert und sauber gehalten werden. Als junger Bursche habe ich zwar ohne Gewissensbisse die Sonntagsschule geschwänzt, aber ich wusste, dass es eine Todsünde ist, auf ein Kletterseil zu treten. Schwer atmend strecke ich meinen Arm vor, beuge mich nach vorn und säbele noch stärker an dem Seil.

Es tut sich nichts. Ich lehne mich zurück und mache eine Pause; meine Bemühungen haben nur zu einer kleinen Kerbe im Mantel geführt. Ich beuge mich abermals nach vorn, halte den Arm gerade und lasse die Klinge leicht über das Seil gleiten. Ich spüre, wie sie es durchschneidet. Schnell ist es vorbei; das Seil ist durchtrennt. Ich juchze und halte die beiden En-

Bruce Miller (links) und ich zeigen in einem Biwak in der Rupalwand auf einer Höhe von 7200 Metern Anzeichen von Höhenkrankheit.
Unsere aufgequollenen Gesichter sind auf periphere Ödeme oder Schwellungen in den Extremitäten zurückzuführen.

den des Seils über meinem Kopf in die Höhe, was etwas komisch wirkt angesichts des Ernstes unserer Lage.

Der im Schnee kniende Bruce kichert, während er langsam jene Hälfte des Seils aufnimmt, die wir mitnehmen wollen. Büschel ungewaschener Haare quellen unter seiner dicken Mütze und der Kapuze hervor. Seine Augen sind wach, sein wettergegerbtes Gesicht strahlt. Wie er so das Gesicht verzieht, bricht die geschwollene rote Haut seiner Lippen auf; die Risse sind mit einer fünf Tage alten Schicht aus Lippenbalsam und Schleim verkrustet. Ich bin sicher, dass wir nicht mehr hierher zurückkommen werden – und auch nicht mehr zurückkommen können –, daher werfe ich das nicht mehr benötigte Seilstück auf einen schwarzen Felsblock. Meinen Helm und unser Klettermaterial schiebe ich zu einem kleinen Stapel schneebedeckter Ausrüstungsgegenstände zusammen.

Bruce steht auf, nachdem er das gekürzte Seil fertig aufgenommen hat. Er dreht sich um und bemerkt, wie grob ich mit der Ausrüstung umgehe, die wir zurücklassen. Ich richte mich auf und beginne mit den langsamen, seltsam starr wirkenden Bewegungen aufzusteigen, die man in großer Höhe macht. Fünf Atemzüge brauche ich, um mich von der Anstrengung zu erholen, die es mich kostet, einen Fuß vor den anderen zu setzen. Für eine Strecke von wenigen Metern benötige ich mehrere lange Minuten.

Bruce geht ein paar Schritte zurück, beugt seine schlaksige Gestalt vor und hebt mit seinen dick behandschuhten Händen das hingeworfene Seil auf. Er kniet nieder und wickelt es mehrmals kräftig um den Felsen. Dann bindet er meinen Helm daran fest und sichert auch das kleine Materialsortiment. Ich zucke gleichmütig mit den Schultern und treibe meinen Eispickel ein Stück weiter oben in den Hang, weil ich weiß, dass ich diesen Platz nie wiedersehen werde.

14 Jahre zuvor, im Jahr 1990, hatte ich meinen 20. Geburtstag im Basislager am Nanga Parbat gefeiert. Ich war das jüngste Mitglied einer slowenischen Expedition, die über die Schell-Route zwei Bergsteiger, Jože Rozman und Marija Frantar, auf den Gipfel brachte. Das war meine erste Bergerfahrung im Himalaja, und die schlechten Erinnerungen daran hielten mich jahrelang davon ab, mich an den größeren Gebirgszügen zu versuchen. Die Berge waren zu hoch für meine jugendlichen Lungen, die Wände zu steil für meine jungen Beine, die Erlebnisse zu einschneidend für meine dünne Haut. Als ich älter wurde, verdichteten sich diese Erinnerungen zu etwas Komplexerem: Sie kündeten von etwas Unvollendetem und Verlockendem.

Zu dieser Zeit kannte ich Bruce Miller noch nicht, den jungen Zimmerer, der in Boulder im US-Bundesstaat Colorado lebte und nur arbeitete, wenn es zu heiß zum Bergsteigen war oder zu viel Neuschnee hatte. Dort las er in einem Haus, in dem noch sieben weitere Bergsteiger wohnten, das provozierende Buch *Der siebte Grad* von Reinhold Messner. Messners Buch enthält ein Foto von seinem Bruder Günther, das wenige Tage vor dessen Tod aufgenommen wurde, hoch auf der schneeweißen Rupalflanke. An seinem Hüftgurt hängt ein unscheinbarer kleiner Handbesen. Ausgestattet mit diesem, wie er es nannte, »geheimen Rupal-Wissen«, beging Bruce einige schneebedeckte Kletterrouten in der Umgebung von Boulder.

Ein paar Stunden weiter oben graben wir uns eine kleine Plattform frei, auf der wir unser winziges Zelt aufschlagen. Bruce kriecht hinein und kocht eine Kanne Pfefferminztee. Er dreht sich um und schaut mich an. Sein Gesicht leuchtet vor Aufregung. »Ich glaube, wir schaffen es.«
»Ja, ich glaube auch«, erwidere ich und strecke mich auf der dünnen Liegematte aus. »Ich wollte es bisher lieber nicht beschreiben.« Ich schließe meine tränenden Augen und bette meinen pochenden Kopf auf die relativ behagliche Seilpuppe. »Morgen ist der entscheidende Tag. Ich weiß nicht, ob wir unsere Biwakausrüstung auf den Gipfel mitnehmen sollen oder nicht.« Ich atme in der dünnen Luft tief ein.
In der Morgendämmerung packen wir unseren einzigen Schlafsack ein, bauen das Zelt ab und verlassen unser Biwak. Ich spure in Richtung Gipfel. Jeder von uns ist mit zwölf Kilo Ausrüstung, Lebensmitteln und Brennstoff bepackt, womit wir weitere drei Tage überleben können. Meine Füße sinken mehr als knöcheltief im Schnee ein. Die Luft ist klar, es ist windstill. Ich betrachte die Rundung des Horizonts, der sich nach Indien und über China erstreckt.
Ich lasse meinen Kopf hängen. Ich hatte eine weitere schlechte Nacht fast ohne Schlaf. Als ich zu Bruce schaue, sehe ich, dass sein Gesicht aufgrund der Höhe aufgedunsen ist. Mir geht es noch schlechter. Auch unsere inneren Organe sind geschwollen. Wir sind in der »Todeszone« angelangt, wo niemand lange überleben kann, ohne Hilfsmittel wie künstlichen Sauerstoff, was Bruce und ich jedoch niemals in Erwägung ziehen würden. Uns zusätzlichen Sauerstoff zuzuführen würden wir als Doping betrachten, als Betrug. Zudem wäre es auch körperlich nicht möglich, bei dem von uns gewählten Kletterstil – dem Alpinstil – Sauerstoffflaschen mit-

zuführen. Dieser Stil heißt so, weil man mit dieser Methode auch niedrigere Gipfel in den Alpen besteigt. Man klettert mit einem Rucksack, der das Essen, den Brennstoff, das Zelt, die Kleidung und die Ausrüstung enthält. Und wenn es gut geht, bringt man das auch alles wieder nach unten.

Ich lege meine Finger um eine Felskante und ziehe mich auf einen kurzen, zwölf Meter hohen Absatz hinauf. Während Bruce mich überholt und weitergeht, halte ich inne, um Luft zu holen. Langsam folge ich ihm. Ich bin froh, in seiner Spur gehen zu können. Gestern fühlte ich mich noch stark, aber letzte Nacht habe ich die Hälfte meiner sowieso kleinen Essensration erbrochen. Ich bin dehydriert und schwerfällig, und meine Kopfschmerzen sind seit gestern Abend noch schlimmer geworden.

Plötzlich stoße ich auf Bruce, der an einem unscheinbaren Schneehang an seinem Rucksack lehnt. Ich bin ein wenig enttäuscht, dass er nur so kurze Zeit vorausgespurt hat.

»Wie geht's dir, Steve?«

Ich lehne mich an den Hang, stütze den Kopf auf meinen Pickel und atme schwer. Ich werde mich nicht hinlegen; es geht mir nicht gut. Aber der Schmerz ist mir vertraut.

»Uh. Okay«, antworte ich, als ich mich wieder aufgerichtet habe.

»Ich warte schon vierzig Minuten. Was ist denn los?«

»Vierzig Minuten?« Ich verstehe nicht ganz. Ich atme schwer. »Ich habe kurz haltgemacht.« Ich atme. »Um zu kacken.«

»Du siehst nicht besonders gut aus.« Bruce beginnt zu kichern, doch sein Lachen verliert sich in einem trockenen Husten, der ihn zwingt, sich nach vorn zu beugen. Er hebt den Kopf und macht zwei schwerfällige Schritte zurück in seine Spur. In seine Spur? Mir wird plötzlich klar, dass Bruce zu mir heruntergestiegen ist. Er war viel schneller als ich. Er hat vierzig Minuten lang beobachtet, wie ich mich abmühte, hat verfolgt, wie ich fünf Schritte tat und dann den Kopf auf mein Eisgerät stützte und zehn Atemzüge machte. Manchmal auch mehr.

Bruce richtet sich auf; seine Augen suchen die meinen. Die Risse in seinen Lippen sind blutverkrustet. Er schaut zur Seite und sagt: »Ich will absteigen.«

Ich lege die Stirn auf meinen Pickel und versuche mich zu konzentrieren. Ich schiebe meinen Handschuh zurück und schaue auf den Höhenmesser an meinem Handgelenk. Er zeigt 7560 Meter an, nur noch 565 Meter unterhalb des Gipfels des Nanga Parbat.

»Absteigen? Warum?« Ich hebe den Kopf und starre ihn an. Er hat seine Kapuze zurückgeschoben, aber seine dunkle Sonnenbrille verbirgt seine Augen. Sein Gesicht ist sehr mager, wächsern wie eine Maske. Er schaut mich nicht an.

»Wir sind knapp 7600 Meter hoch.« Ich keuche. »Und es ist noch früh.«

»Und wo sollen wir heute Abend unser Biwak aufschlagen? Auf dem Gipfel?«

Ja, denke ich und sage laut: »An der Stelle, bis zu der wir heute kommen. War das nicht so geplant?« Ein tiefer Atemzug. »Es ist doch alles in Ordnung.« Ich hole Luft und presse die Worte schnell hervor. »Wir haben noch drei Nächte.«

Ich kauere mich auf ein Knie und denke nach. Ich suche nach einem logischen Argument gegen seine Entscheidung, umzukehren. Trotzdem weiterzugehen wäre höchst gefährlich und egoistisch. Wie immer. Da ich den Sinneswandel von Bruce nicht verstehe, kann ich nicht überzeugend dagegen argumentieren. Schwach wird mir bewusst, dass ich den Mann doch nicht wirklich kenne. Fast muss ich bei dem Gedanken grinsen, dass wir hier zusammen unterwegs sind, ohne unsere Partnerschaft vorher im Feuer der Erfahrung gefestigt zu haben.

Vor drei Wochen, als ich allein den K7 bestiegen hatte, war ich so selbstsicher gewesen, dass ich es ohne einen Partner schaffen wollte. Ich hatte schon häufig erlebt, dass mein Vertrauen in andere enttäuscht worden war; eine Vielzahl wechselnder Partner, eine schiefgelaufene Ehe und Erlebnisse mit Bergsteigern, die gedankenlos ihren Müll auf den Bergen hinterließen, die ich so sehr liebe, hatten das bestätigt. Doch mein Wunsch, den Nanga Parbat zu besteigen, hatte dieses Wissen verdrängt.

Es ist keine Lebenspartnerschaft, keine Ehe, sondern nur eine Zweckgemeinschaft. Es gibt nur ihn und mich. Unsere Wünsche unterscheiden uns. Ich will um jeden Preis nach oben. Bruce möchte schon jetzt Schluss machen, bevor wir alles gegeben haben. »Wer ist dieser Mann?«, frage ich mich.

Hotel Indus, Skardu, Pakistan, 5. August 2004
Ich sitze barfuß auf dem fünf Zentimeter dicken Schaumstoff, der mir als Bett dient; meine Schulterblätter reiben unbequem an einer groben, weiß gekalkten Mauer. In der Mitte des Raums steht ein niedriger, verschrammter Holztisch, auf dem der Inhalt meines Reparatursets verstreut liegt: zwei Klappmesser, eine Schere mit schwarzem Griff, weißes Textilklebeband, Nähgarn, ein Nadelheftchen und eine schon fast leere Tube mit Imprägnierpaste für Leder. Meine neu isolierten Kletterhandschuhe liegen an einer trüben Fensterscheibe, durch die man auf einen mit Abfall übersäten Schotterhügel sieht. Eine Fliege tanzt vor meinem Gesicht herum und fliegt zu der geschlossenen Tür des Badezimmers, wo das Wasser der Dusche in demselben Loch im Boden abfließt, das als Abort dient. Eine zweite Tür geht auf einen mit einem dünnen Teppich belegten betonierten Gang, der an den fünf großen Tischen in der Hotellobby und dem Restaurant vorbei auf die Hauptstraße von Skardu führt.

Draußen sinken meine Füße leicht in dem feinen schwarzen Sand auf der Straße ein. Meine Gedanken kehren zurück nach Osten, zum Sonnenaufgang, als ich am Ufer des glänzenden, zinnfarbenen Indus entlanglief. Wenn die Sonne hoch steht, strömt der Indus dunkel von Treibsand zwischen den massigen Ausläufern des Himalaja und den kantigen, scharfen Spitzen des Karakorum-Gebirges dahin. Südlich von mir erstrecken sich die Gebirgszüge des Himalaja über 2400 Kilometer ostwärts durch Indien, Nepal, Tibet, Bhutan und China. Gut 60 Kilometer entfernt, findet die Bergkette ihren westlichen Abschluss in einem finalen Akt der Gebirgsentstehung: dem Nanga Parbat.

Der Nanga Parbat ist der neunthöchste Berg der Welt. Der aus dem Urdu stammende Name bedeutet »Nackter Berg«. Seine Rupalflanke, die höchste Gebirgswand der Welt, ist so steil, dass sich der Schnee des Winters nicht halten kann an dem glatten, schwarzen Gneis, den die Gletscher langsam zu dem pulvrigen Sand zermahlen, der sich vor dem Hotel aufhäuft.

Unsere sechsköpfige Gruppe kommt von der Nordseite, der Karakorum-Seite, des großen Flusses. Am Ende einer Straße, die nur von Fahrzeugen mit Vierradantrieb befahrbar ist, liegt das Dorf Hushe. Drei Tagesmärsche von Hushe entfernt, die über staubige, von Ziegen abgeweidete Berghänge und über das von Felsen durchsetzte Eis des Charakusa-Gletschers führen, liegen abgelegene, von Menschen noch weitgehend unberührte Berge. Im Jahr 1856 erhielt ein dunkel gestreifter Granitberg, der diesen Gletscher überragt, im Zuge der britischen Vermessung und Kartografierung Indiens den Namen Karakorum 7. Sein Gipfel ist ein entlegener Schneehorst 2400 Meter über dem Talboden.

Vor zehn Tagen stand ich bei Sonnenuntergang auf dem Gipfel des K7. Hastig ließ ich den Blick über den gezackten Horizont schweifen, bevor er von der Dunkelheit verschluckt wurde. Durch den Nebel von 36 schlaflosen Stunden wuchsen die Schatten unzähliger Berge hinaus in die Dämmerung. Als wenige Stunden bevor ich den Gipfel erreichte unmittelbar vor mir ein überhängender Felsbrocken herunterkrachte, hielt ich den Atem an, während ich beobachtete, wie er fiel. Ich rang nach Luft, als er schließlich unter mir zersplitterte. Um auf diese letzte Felsnadel zu gelangen, hatte ich sieben Versuche während zweier Expeditionen benötigt. Es hatte Augenblicke gegeben, in denen mein Wunsch zu überleben hinter meinen unbedingten Wunsch nach diesem intensiven Erlebnis zurücktrat.

Es klopft leise an der Tür meines Zimmers im Hotel Indus: Das Essen ist fertig. Als ich den Speisesaal betrete, hat sich Bruce schon einen Teller mit dampfendem, wohlriechendem Hammelfleisch geholt. In länglichen rostfreien Schüsseln ist Reis aufgehäuft. Ich setze mich auf den Stuhl neben ihm.

»Mann, hab ich einen Hunger«, sagt er, während er mit den Augen schon das Essen verschlingt.

Doug Chabot und Steve Swenson kommen gemeinsam herein. »Endlich gibt's was zu futtern!«, sagt Steve und zieht sich mit weit ausgestrecktem Arm einen Stuhl heran.

Doug wirft einen Seitenblick auf den 50-jährigen Swenson und lacht, als dieser seinen schmächtigen Körper in den wuchtigen, grob gezimmerten Stuhl fallen lässt. »Man könnte meinen, wir hätten seit vier Stunden nichts mehr gegessen!«, ruft er.

»Ich bin am Verhungern«, sagt Swenson mit ausdruckslosem Gesicht zu Doug, »und hundemüde.« Sein dichtes, schwarzes Haar ist vom Herumliegen platt und steht ihm vom Kopf ab.

Seit zwei Monaten teilen wir vier alle unsere Mahlzeiten. Sechs Wochen davon verbrachten wir gemeinsam in dem auf 4420 Metern gelegenen Basislager am K7. Der gepflegte und ordentliche Doug leitet das Lawinencenter des Gallatin-Nationalparks in Bozeman im US-Bundesstaat Montana. Steve arbeitet seit 25 Jahren als Teilhaber in einem der besten Ingenieurbüros von Seattle. Doug und der struppige Bruce mit den sandfarbenen Haaren haben den Gipfel des K7 genau 24 Stunden nach mir über die Route der Erstbesteiger erreicht. Von einer Lawine vertrieben, kehrten Swenson, der Slowene Marko Prezelj und der aus Colorado stammende Jeff Hollenbaugh vom K7 West zurück, einem noch unbestiegenen Nachbargipfel des K7.

Jeff wollte zusammen mit Bruce und mir die 4500 Meter hohe Rupalwand durchsteigen, doch seine Motivation verflüchtigte sich, und er war in Gedanken mehr bei den Folgen seiner Scheidung. Jeff und Marko flogen an diesem Morgen nach Islamabad ab. Ohne Jeff bekam Bruce wegen der Rupalwand kalte Füße und schloss sich Doug und Steve Swenson an, die den bislang unbestiegenen West- oder Mazenograt des Nanga Parbat in Angriff nehmen wollten. Wir planten, vier Tage in Skardu zu verbringen, um uns auszuruhen, verschiedene Dinge zu reparieren, unsere Kleidung zu waschen und uns zu stärken. Nachdem wir so lange in großen Höhen verbracht hatten, war unser Appetit unersättlich, und der Hotelkoch bereitete üppige Mahlzeiten mit frischem Gemüse und Fleisch zu, das wir so lange vermisst hatten.

Zwischen Ausbesserungsarbeiten, Essen und Ausruhen beschäftige ich mich in meinen Gedanken ständig mit der Besteigung des Nanga Parbat. Ich unterteile den Berg mental in kleinere, handliche Passagen: Ich werde einen schweren Rucksack über die Weiden tragen, die sich bis zum Rand des Gletschers erstrecken. Dann werde ich den Bergschrund überqueren und die schmale Rinne hinaufsteigen, die den Felspfeiler zu den ersten großen Schneehängen durchschneidet. Früh am zweiten Tag werde ich über den steilen, eisbedeckten Fels klettern, um die Eishänge zu erreichen, die in den Hängegletscher im oberen Abschnitt der Wand münden. Nach einem weiteren Biwak werde ich einen versteckten Übergang zu der breiten Rinne ausfindig machen, die den Zugang zur oberen Wand bildet. Dann werde ich die letzten Hänge zur Gipfelpyramide queren.

Mit meiner Anstiegsskizze im Kopf beginne ich die Steigeisen zu schleifen, wiege die Essensrationen ab und studiere Fotos, um nach Nischen zu suchen, wo ich sicher biwakieren kann.

Während ich im Geist auf dem Gipfel des Nanga Parbat stehe, verdampft die Gelassenheit, die ich auf meinem Weg zum 6934 Meter hohen Gipfel des K7 empfand, im Brennen des Ehrgeizes. Nach so vielen anstrengenden Tagen auf dem K7 lasse ich mich vom Erfolg verführen: Ich giere nach dem Nervenkitzel, sehne mich nach der Erfüllung, lechze nach der Vollendung.

Ich weiß, ich kann den Nanga Parbat besteigen, doch andere beurteilen uns nach dem, was wir getan haben, nicht nach dem, was wir können. Nach dem K7 genieße ich Respekt. Doch der Nanga Parbat wird mir mehr einbringen. Nur auf wenige Berge, nicht einmal auf den Everest, sind die Bergsteiger so versessen wie auf den Nackten Berg, den Killer-Berg. Beim Versuch der Erstbesteigung kamen 31 Männer ums Leben. Die Rupalwand wurde bisher erst zweimal erfolgreich durchstiegen. Am linken wie am rechten Rand der Wand wurde eine Route gelegt. Reinhold und Günther Messner – unterstützt durch ein großes Team unter Leitung von Karl Maria Herrligkoffer – bezwangen 1970 die Rupalwand über die erste Route. Ein polnisch-mexikanisches Team durchstieg die Wand 1984 über die zweite Route. Während meine Gedanken vom Gipfel hinabgleiten, stelle ich mir die Frage: Wird mir der Nanga Parbat genügen?

Basislager, Nanga Parbat, Pakistan, 10. August 2004

Als ich aus dem Esszelt trete, kicke ich einen Stein in Richtung der kleinen Ziegenherde, die auf dem Gras hinter dem Lager weidet. Die Tiere stieben auseinander, als ich meinen Schlafsack hole, der in der Morgensonne getrocknet ist. Ich schiebe ihn durch den halb geöffneten Eingang meines Zelts,

In den frühen Morgenstunden des zweiten Tages klettern wir nahe beieinander, um die Gefahren durch Steinschlag sowie auch das Risiko, dass wir uns gegenseitig durch losgetretene Eisklumpen verletzen, zu vermindern.

beuge mich hinab und greife nach einem Tagesrucksack. Bruce nähert sich langsam.

»Hallo, Steve. Hast du was dagegen, wenn ich dich begleite und mir die Rupalwand anschaue?«, fragt er, als ich meinen kleinen Feldstecher und einige Fotosachen einpacke. Es ist früh am Morgen und der erste Tag im Basislager. Das Wetter ist prächtig. Im Hochgebirge hält klares Wetter oft nur ein paar Stunden an; ich möchte meine erste Chance, die Wand in Augenschein zu nehmen, ausgibig nützen.

»Nein, du kannst gern mitkommen.« Ich stehe auf. »Aber wolltest du nicht mit Doug und Steve gehen? Sie wollen die Lage am Mazenograt prüfen.«

Bruce trägt eine dunkle Baumwollhose mit schon ziemlich zerschlissenen Aufsätzen. Seine Faserpelzjacke ist zerknittert, der Kragen verdreht. Er tritt nach dem Gras und sagt: »Ach, ich hab's mir anders überlegt, als ich heute Morgen die Rupalwand gesehen habe. Es ist so aufregend hier.« Er schweigt kurz und hebt dann den Blick. »Ich glaube, ich bin es mir schuldig, dass ich mir die Wand genauer anschaue, bevor ich endgültig darauf verzichte.«

Ich drehe mich mit meinem fertig gepackten Rucksack um, verschränke die Arme und schaue zur Wand. »Na, ich weiß nicht.«

In den vergangenen zwei Wochen habe ich mich entschieden, diese große Wand allein zu durchsteigen. Und jetzt will Bruce mitkommen? Ich bin verwirrt, aber auch erleichtert. Es wäre wesentlich sicherer, wenn wir zu zweit da oben wären. Die Rupalwand ist auf jeden Fall wesentlich schwieriger als der K7, für den ich doch auch schon etliche Versuche benötigte, und der Gipfel liegt in der unglaublichen Höhe von 8125 Metern. Dass ich mich beim K7 mit leichtem Gepäck begnügte, war eine Folge der Lektionen, die ich auf dem 6194 Meter hohen Denali gelernt hatte. Die Übertragung dieser Erkenntnisse auf den 6934 Meter hohen K7 hatte einige Zeit gekostet. Den Gipfel des Nanga Parbat zu bezwingen erscheint mir als eine weitere Fortentwicklung, die mich körperlich und geistig aufs Äußerste herausfordern wird.

Als ich ihn in der roten Morgendämmerung auftauchen sehe, möchte ich den Berg am liebsten gleich besteigen. Ich möchte auf dem Gipfel stehen, und eine Partnerschaft bietet die beste Möglichkeit, dieses Ziel auch zu erreichen.

Ich lasse die Arme sinken, drehe mich um und sage: »Ich glaube, das wäre sinnvoll.« Ich mustere Bruces zerfurchtes, eckiges Profil und seinen schlanken, fitten Körper. Er hat die Finger hinter dem Kopf verschränkt und blickt hinauf zur Wand.

»Okay«, sage ich langsam. »Ich bin so weit. Ich glaube, wir müssen zurück zur unteren Wiese und hinaus zum Fluss gehen, um die beste Sicht zu haben.«

Auf 7560 Meter Höhe in der Rupalwand, Nanga Parbat, Pakistan, 16. August 2004

Bruce hat recht. Durch das Erbrechen habe ich zu viel Flüssigkeit verloren und bin beinahe außer Gefecht gesetzt. Wenn ich noch höher hinaufsteige, wird es zweifellos noch schlimmer werden.

Der Ehrgeiz hat diesen Drang, den Gipfel des Nanga Parbat zu erreichen, befeuert. Ich habe dem Bergsteigen alles geopfert: Ich bin so gut wie geschieden, lebe in einem Kleinbus, habe keine Ersparnisse und keinen richtigen Job. Ich habe einen zu hohen Preis bezahlt, um mir ein Scheitern erlauben zu dürfen. Ich bin bereit, meine Freundschaft mit Bruce zu opfern, aber bin ich auch bereit, hier zu sterben?

Wir stehen auf den windstillen oberen Hängen der höchsten Felswand der Welt und entscheiden wortlos und mit einem einzigen, glasigen Blick über unsere Zukunft. Ich kann es nicht glauben. Ich bin wieder allein unterwegs. In Gedanken will ich allein auf den Berg, aber ich bin unwiderruflich an diesen Partner gebunden, um zu überleben. Ich habe keine Wahl. Bruce wird mir, und auch sich selbst, nicht erlauben, mehr zu riskieren, als wir bereits getan haben.

Um 10.30 Uhr des Tages, an dem wir eigentlich den Gipfel in Angriff nehmen wollten, beginnt Bruce abzusteigen. Ich lehne mich gegen den Schnee und beobachte ihn beim Abstieg. Ich erwäge, allein hochzugehen. Aber dann fällt mir ein, dass er den Kocher hat. Ich trage den Brennstoff bei mir. Wir würden beide umkommen.

Ich starre auf den Steilhang unter uns. Eine Spur eng beieinanderliegender Fußabdrücke führt zu meinem Standort. Daneben markieren weit auseinandergezogene Abdrücke den Abstieg von Bruce. Leben oder sterben?, scheinen die beiden Spuren zu fragen. Ich mache ein paar Schritte nach unten, bis eine Welle verwirrender Gefühle mich überwältigt und ich mich hinsetzen muss.

Abgesehen vom Gipfel des Nanga Parbat bin ich der höchste Punkt hier. Über dem indischen Srinagar bilden sich in der Hitze Kumuluswolken. Im Osten erstreckt sich das Rückgrat des Himalaja weit hinein nach Indien.

Mein Hintern friert, und ich muss aufstehen. Ich werde mich nach unten und folge Bruce langsam. Als ich eine Felsnadel umrunde, höre ich ihn rufen.

»Hallo«, antworte ich nach unten. »Ich komme.«

Ich erinnere mich, dass Bruce vor zwei Jahren einen Bergpartner verlor, der an einem ähnlichen Hang zu Tode stürzte. Er wird sich wahrscheinlich Sorgen machen. Einen Augenblick frage ich mich, wie lange ich hier gesessen bin, doch der Gedanke wird von dem schmerzhaften Pochen des Pulses in meinem Kopf vertrieben.

Zusammen steigen wir hinunter zu dem Platz, an dem wir vor vielen Stunden unser Seil zerschnitten und die Ausrüstung zurückließen, die wir für den Gipfelvorstoß nicht mehr benötigten. Mechanisch entrolle ich das Seil aus meinem Rucksack und binde es mit dem zurückgelassenen Stück. Bruce richtet den Stand ein. Wir werden uns bis zu dem Platz abseilen, an dem wir die letzte Nacht verbracht haben. Während er die Abseilstände vorbereitet, ziehe ich die Seile ab und werfe sie wieder aus. Er seilt als Erster ab.

Ich warte, bis er heraufruft, dass er die neue Verankerung gesetzt hat, dann seile auch ich mich ab. Jede Abseilstrecke ist so lang wie die beiden Hälften unseres Seils: 35 Meter. Die Sonne steht noch hoch am Himmel, als wir unseren aus dem Schnee gegrabenen Biwakplatz in einer Höhe von 6700 Metern erreichen. Im Zelt schließe ich die Augen und tue, als würde ich schlafen. Bruce schmilzt Schnee und bereitet eine Suppe zu. Ich setze mich auf, als ich höre, dass der Kocher ausgemacht wird, dann reicht mir Bruce behutsam einen Becher. Ich schlürfe die dünne Suppe. Seine Augen versuchen zu lächeln, aber keiner von uns spricht ein Wort.

Bruce im Basislager mit dem kümmerlichen Rest an Ausrüstung, der uns nach dem Rückzug aus der Rupalwand verblieben war.

Am nächsten Morgen queren wir zur Messner-Route von 1970. Bruce führt uns nach unten und macht die ganze Arbeit. Ich glaube, er nimmt einen falschen Weg, weil wir uns über eine Eiskante abseilen, aber es ist mir gleichgültig. Ich habe aufgegeben, habe die Kontrolle über mein Schicksal abgetreten.

Zwei Tage später sind wir wieder im Basislager vereint. Doug und Steve haben erfolgreich den bislang unbestiegenen Mazenograt überschritten, bis zur Verbindung mit den Flanken des Nanga Parbat, auf denen sie dann über die selten benutzte Schell-Route abgestiegen sind. An diesem Abend beschließen Doug, Steve und Bruce abzureisen. Am nächsten Morgen laden in der bereits gleißenden Sonne ein paar schmächtige Männer das Gepäck des Trios auf einige ausgemergelte Esel, und dann sind alle verschwunden.

Ich bleibe mit unserem Lagerkoch Fida und dem Verbindungsoffizier, der uns von der Regierung zugeteilt wurde, allein zurück.

Die Abreise meiner Kameraden erzeugt ein unerwartetes Vakuum, das ich nicht füllen kann. Ich habe niemanden, mit dem ich reden kann und der meine Fragen versteht, niemanden, der mir Antworten geben kann. Ich suche in meiner Erinnerung an diese oberen Hänge nach Hinweisen darauf, was geschehen sein könnte. Es gibt keine Erklärung. Alles schien sich so gut zu entwickeln. Wir waren überzeugt, dass wir es schaffen würden. Warum also sind wir gescheitert? Wie krank war ich wirklich? Hätte ich es so weit kommen lassen, dort oben zu sterben?

Ja, ich bin die Partnerschaft freiwillig eingegangen. Dennoch ringe ich damit, dass ich notwendigerweise Macht und Verantwortung an einen Partner abtreten muss. Mich mit Bruce zusammenzutun war eine falsche Entscheidung gewesen, denn ich war nicht bereit zu teilen, wie es von einem Partner verlangt wird. Ja, ich wäre für den Nanga Parbat gestorben. Nein, ich kann nicht erwarten, dass andere genauso empfinden. Warum war ich bereit, so weit zu gehen? Warum tauschte ich die vertraute Einsamkeit so schnell gegen etwas ein, von dem ich mir eine höhere Erfolgswahrscheinlichkeit versprach?

Ich fühlte mich auf dem K7 unbesiegbar und ließ mich von der Euphorie einer neuen Erfahrung mitreißen. Vielleicht war der Nanga Parbat eine Nummer zu groß und ich schlicht zu müde.

Bevor die Morgensonne zu heiß wird, mache ich draußen ein paar Konditionstests. Ich steppe fünf Minuten lang auf einem kniehohen Felsblock auf und ab und messe dann, wie lange es dauert, bis sich mein Herzschlag wieder normalisiert. Er fällt nicht mehr unter 90. Auch im Esszelt zeigt der Pulsmesser eine Stunde später noch 96 Schläge an. Vor dem Besteigungsversuch betrug mein Ruhepuls im 3660 Meter hoch gelegenen Basislager 48.

Ich sitze mit einer Thermoskanne voll Tee auf der Wiese vor einer leeren Seite meines Tagebuchs. Ich blicke hinauf zur Wand und gräme mich darüber, dass es wieder ein klarer und sonniger Tag ist. Wie soll ich wissen, was geschehen wäre, wenn

Bruce auf dem Rückweg ins Basislager bei einer unserer letzten Abseilpassagen vom Nanga Parbat.

wir weitergegangen wären? Vielleicht wäre aufgrund der Schwellungen Flüssigkeit in meine Lungen eingedrungen, wodurch ich kurz vor dem Gipfel außer Gefecht gesetzt worden wäre. Vielleicht hätten wir es nach oben geschafft und uns dann beim Versuch, auf der anderen Seite des Berges abzusteigen, verirrt. Möglicherweise wären wir wie Günther Messner von einer Lawine verschüttet worden. Vielleicht wären wir auch im Diamirtal herausgekommen, voll mit neuen Erfahrungen. Wir wären reich gewesen, sprichwörtlich gesehen, wir wären Könige gewesen.

Ich weiß, dass unsere Unternehmung, wäre sie erfolgreich gewesen, die größte amerikanische Besteigung im Himalaja gewesen wäre, seit Willi Unsoeld und Tom Hornbein 1963 den Westgrat des Everest bezwangen. Sie hatten als Erste einen der großen Himalaja-Gipfel überschritten, eine Tour, bei der Willi neun Zehen verlor. Präsident John F. Kennedy verlieh Unsoeld und Hornbein später die höchste Auszeichnung der National Geographic Society.

Die Rupalwand zu durchsteigen wäre die größte Leistung meines Lebens gewesen. Ich hatte mit Bruce absteigen müssen, weil sein Nein zwangsläufig schwerer wog als mein Ja. Dass sein Nein vielleicht mein Leben gerettet hat, ist meinem Selbstwertgefühl nicht gerade zuträglich.

Fünf Tage nach der Abreise meiner Partner steige ich allein in die 4500 Meter hohe Rupalwand ein. Es ist Mitternacht und

Neumond. In der Morgendämmerung gebe ich auf, nachdem ich nicht einmal ein Zehntel der Wand geschafft habe.

Mein Körper ist am Ende, mein Geist völlig durcheinander. Ich klettere nicht mehr mit der Leichtigkeit, die ich auf dem K7 besaß, sondern mit einer Bürde, die ich mir am Nanga Parbat aufgehalst habe.

Am Fuß der Wand setze ich mich auf meinen Rucksack und spucke grünen Schleim in den Schnee. Ich kann den Rucksack kaum hochheben, taumle unter dem Kreuz des Scheiterns. Selbst wenn ich körperlich die Kraft zum Klettern hätte, wäre es mir unmöglich, eine solche Last die Rupalwand hochzuschleppen. Es liegt nicht am Gewicht, denke ich, sondern an der Unausgeglichenheit. An der Unausgeglichenheit, die durch mein unnachgiebiges Streben nach Erfolg hervorgerufen wurde.

Ich stehe im Schnee und betrachte den gewundenen Pfad nach unten, meinen Heimweg. Ich hoffe, dass ich eines Tages den Nanga Parbat besteigen kann, aber die Hoffnung – dieses brennende, blendende Verlangen – ist anscheinend das Problem. Also lasse ich los. Ich gehe weg. Ich trete den Rückmarsch an. Zurück in der Zeit, zurück im Raum, zurück im Geist. Zurück an den Anfang.

Kapitel 2

Die Schule des slowenischen Alpinismus

Štajerska Rinka, Steiner Alpen, Jugoslawien (heute Slowenien), Januar 1989

Dušans Gesicht ist kreidebleich, sein dichter Bart und sogar seine dichten Augenbrauen sind mit Schneeflocken besetzt, die erstaunlicherweise nicht zu schmelzen scheinen. Er blickt zu mir hoch und blinzelt; die Kristallmaske löst sich auf.

»*Ta suk je kar zajebon.*« Er spuckt die hart klingenden slowenischen Worte heraus. »Die nächste Stufe ist verdammt schwierig.« Er spricht langsam weiter auf Slowenisch, als würde er mit einem Sechsjährigen reden. »Was hab ich dir gesagt? Diese Route ist wahrscheinlich im Winter nicht begehbar. Es ist schwer ...«

Ich blicke nach oben, um mich zu vergewissern, ob Dušan mit seinen Zweifeln recht hat. Die steile Kalksteinwand wird durch einen verwitterten Riss geteilt, der senkrecht nach oben läuft und im Nebel verschwindet. Ich hoffe, Ljubo zu entdecken, der in dieser wabernden Suppe den Vorstieg in der Wand übernommen hat. Vereinzelte Schneeflocken werden durch den Wind nach oben gewirbelt; Wolken verbergen das halbe Dutzend Gipfel, die das Logartal umschließen.

Angestrengt beobachte ich, wie das Seil langsam durch das Sicherungsgerät an meinem Klettergurt und meine eisver-

Die 1220 Meter hohe Nordwand des Triglav. Mit 2864 Metern ist der Triglav der höchste Berg Sloweniens. Wir durchstiegen das schmale horizontale Schneeband links unterhalb der Gipfelpyramide, um zu der beliebten, ganzjährig geöffneten Hütte auf der Schulter des Berges zu gelangen.

krusteten, in Wollhandschuhen steckenden Hände gleitet. Ruckartig, Zentimeter um Zentimeter. Dann tritt eine Pause ein, und ich höre den schwachen Klang eines Hammers, der auf Stahl trifft. Über mir in den Wolken wird ein Haken in den Fels geschlagen. Eine weitere unangekündigte Spindrift – lockerer Schnee, der von den steilen Gipfelhängen Hunderte von Metern über uns herabwirbelt – hüllt uns ein. Ich höre das leise Prasseln der winzigen Flocken, die auf unsere Nylonanoraks prallen.

Das Seil liegt lange bewegungslos in meiner Hand. Plötzlich werden mit einem Ruck mehrere Zentimeter eingezogen. Dann liegt es wieder ruhig. Ich höre, wie mit dumpfem Dröhnen weitere weiche Eisenhaken in den Kalkstein getrieben werden. Abermals herrscht Stille.

Dann ein fernes Geräusch: eine gedämpfte menschliche Stimme und ein schneller Ruck am Seil. Hektische Aktivität erfasst unsere Gruppe. Ich löse Ljubo aus der Sicherung, indem ich das Seil aus dem Achter nehme. Dušan murmelt etwas Unverständliches, während er den frischen Schnee von den Haken schaufelt und den Standplatz aus Bandschlingen und dem Kletterseil abbaut. Ich ignoriere seinen Kommentar und beeile mich, ein paar der neuen Haken selbst herauszuschlagen, während die alten, rostigen für den nächsten Besucher stecken bleiben, der irgendwann im Frühjahr nach der Schneeschmelze hier auftauchen wird.

Ich verlasse das Band, und wenige Augenblicke später stehe ich auf dem Stahl meiner Steigeisen, deren Frontalzacken auf Felskanten balancieren. Meine rechte Hand greift nach dem gummibezogenen Schaft eines Eishammers, um Haken aus Rissen zu entfernen. In der linken Hand halte ich ein Eisbeil.

Für kurze Zeit fühle ich mich schwerelos. Dieses paradoxe Gefühl habe ich auch schon empfunden, als ich mit bloßen Händen im Fels kletterte. Ich fühle mich in jenen Momenten am stärksten mit dem Berg verbunden, in denen ich den Kontakt mit dem Untergrund auf ein Minimum reduziere. Dieses Mal bilden die Steigeisen und der nackte Stahl meiner Eisgeräte meine Haltepunkte. Die Kälte macht alles lebendiger, vollkommener.

Der hellgelbe und neonblaue Eishammer in meiner Hand mit den in die geschmiedete Stahlhaue eingefrästen Zähnen, die mit Bedacht in eine Stahlhaue hineingefräst wurden, ist ein Werkzeug für den modernen Alpinisten. Ein Alpinist, das weiß ich inzwischen, ist ein Bergsteiger, der komplizierte oder technisch anspruchsvolle Routen begeht, echte Kletterrouten auf Gipfel wie diesen hier. Der Eishammer ist ein Schlüssel zu jener Legendenwelt, von der ich in meiner Jugend träumte: der Welt von Bergsteigern wie Reinhold Messner, Hermann Buhl, Riccardo Cassin, Walter Bonatti und Yvon Chouinard.

Ich schlage die scharfe Stahlspitze des Eisbeils in den Riss im Kalk über mir. Ich rüttle daran und versuche sie tiefer hineinzutreiben. Als ich am Pickel zerre, bewegt er sich, und mein Herz macht einen Satz. Ich prüfe ihn erneut, indem ich meinen Körper an meinem ausgestreckten Arm ruckartig nach unten bewege, um festzustellen, ob er gut sitzt.

»Komm schon«, murmle ich. »Er ist stabil.« Ich beiße die Zähne zusammen, und meine Augen blinzeln unwillkürlich, als ich mich an dem Pickel hochziehe. Als ich auf den kleinen

Felsvorsprung trete, verflüchtigt sich die Euphorie schnell in der kalten Luft. Mein Steigeisen rutscht. Meine Arme fassen nach und bewahren mich davor, ins Seil zu fallen.

Nachdem ich das Gleichgewicht wiedergefunden habe, richte ich mich auf und stehe schwankend auf zwei kleinen Felsvorsprüngen einige Meter oberhalb des Standplatzes. Der Rausch ist verflogen. Ich muss mich konzentrieren. Diese Passage wird in der europäischen Bewertungsskala mit dem Schwierigkeitsgrad VI klassifiziert – eine 5,9 nach der amerikanischen Einstufung –, was mich daran erinnert, dass sie sehr schwer ist und mich hart an meine Grenzen führen wird.

Ich berühre den Fels mit meiner im Handschuh steckenden Hand. Die Griffe sind klein, aber hier gibt es keinen Riss, in den ich mein Eisgerät treiben kann. Ich lasse Eisbeil und Pickel sinken, sodass sie nur an den Handschlaufen hängen. Meine Finger klammern sich um eine raue Felskante im Kalkstein. Sie ist nur so breit wie mein vorderstes Fingergelenk. Ich presse die Wolle unter meinen Fingern zusammen und spüre, als ich zu klettern beginne, wie sich das Gewebe an die Kante schmiegt.

Ich konzentriere mich und erinnere mich an den kleinen Klettergarten in der Nähe von Maribor, wo ich in der Sonne mit Ljubo toprope geklettert bin. »Steig nach oben, indem du nach unten schaust«, höre ich ihn im Geiste sagen. Ich schaue hinab auf die pinkfarbenen Frontalzacken meiner neuen Steigeisen. Ich finde die Stellen, wo sich der Schnee verfestigt hat, fast unsichtbare horizontale Bereiche in dieser nahezu völlig vertikalen Landschaft. Behutsam drücke ich die Zacken meiner Steigeisen in den Schnee. Ich stabilisiere meine Füße, halte den Atem an und stelle mich auf die Zehen. Langsam und vorsichtig; ich ächze und richte mich auf. Keuchend sauge ich die eisige Luft in mich ein.

Ich bin so stark konzentriert, dass ich fast aus der Wand falle, als sich das pinkfarbene Seil neben mir, Dušans Seil, plötzlich strafft. Dušan, der im Nebel unter mir hängt, lässt eine Schimpftirade los: Es geht irgendwie um eine Mutter, aber ich bin froh, dass ich es nicht verstehe. Ich blicke hoch und halte Ausschau nach einem weiteren Riss. Ich greife nach meinem Gerät und finde eine Spalte in Reichweite. Die Spitze meines Eisbeils sitzt perfekt. Ich lächle in mich hinein und klettere hoch. Zwei Stunden später erreichen wir das obere Ende der Wand.

»Das ist der Grat zum Gipfel«, ruft Ljubo und deutet zu den rasch dahinziehenden, vom Wind getriebenen Wolken, »aber für heute ist es zu spät. Wir müssen runter.« Dušan schießt eilig das Seil auf, und Ljubo wendet sich in den Wind und beginnt ins Tal abzusteigen.

Internationaler Flughafen Zagreb, Jugoslawien (heute Kroatien), August 1988

Im Pulk der Passagiere gehe ich an Schildern vorbei, die auf Kyrillisch und in einer weiteren Sprache beschriftet sind, die ich nicht kenne. Ich nehme meine Reisetasche an mich und nähere mich einem Grenzer mit dunklerer Hautfarbe, der schlaff hinter seinem Schalter kauert. Im Flugzeug hatte ich etwas darüber gelesen, wie Josip Broz Tito 1945 Jugoslawien – das Land der Slawen – aus mehreren Bruchstücken Vorkriegseuropas zusammenzimmerte. Der Einreisebeamte blättert in meinem Pass und prüft das Hologramm auf der Seite mit dem Foto. Ohne einen Blick auf das ein Jahr gültige Visum auf Seite 3 zu werfen, stempelt er es ab, schiebt mir den Pass zurück und winkt mich durch.

Tito ist vor acht Jahren gestorben, und in den Weltnachrichten wird über die ersten Spannungen in seinem Reich berichtet. Als ich die Ankunftshalle betrete, kommt ein schlanker Mann mit heller Hautfarbe und einem dunklen, dichten Haarschopf über den gefliesten Boden auf mich zu. Seine dunkle, glatte Hose und das hellblaue, gebügelte Hemd unterscheiden sich von den schweren, schlecht sitzenden Wollanzügen, die hier fast alle anderen Leute tragen. Ich bleibe stehen und stelle meine Tasche auf den Boden.

Ein Junge im Teenageralter, dessen Gesicht von einer großen Brille beherrscht wird und der die Hose hochgekrempelt hat, folgt dem Mann.

»Steve?«, fragt der Mann, wobei er das »v« verschluckt, sodass es wie »Stew« klingt.

»Ja?« Ich bin nicht sicher, ob er wirklich mich meint.

»Špindler. Ich bin Špindler, aber du kannst mich Franci nennen. Das ist mein Sohn.«

»Jure«, sagt der Junge hinter ihm und deutet auf sich selbst.

»Slowenisch für Georg.« Beide strecken mir die Hand entgegen, und ich begrüße meinen Gastvater und -bruder für das nächste Jahr.

Drei Stunden später biegt der klapprige VW Diesel von der schmalen Hauptstraße ab und setzt die Fahrt zwischen Schlaglöchern und der alten Stadtmauer von Maribor in der jugoslawischen Teilrepublik Slowenien fort. Als wir an der träge fließenden Drau entlangfahren, kurble ich das Fenster herunter, um ein frisches Lüftchen vom Wasser zu erhaschen. Stattdessen aber strömt mir ein vertrauter beißender Geruch entgegen, der Geruch der Industrie.

Ich bin erleichtert, als wir vor einem der größeren Häuser anhalten, durch ein breites Tor fahren und in einen Hof mit einem zweistöckigen, weiß vergipsten Haus gelangen. Als wir aussteigen, öffnet sich die Haustür.

»Stew?« Meine künftige Gastmutter streift ihre Hausschuhe ab und steigt in die Holzpantoffeln vor der Türschwelle. Sie tritt vor und streckt mir schlaff ihre Hand entgegen, deren Finger nach unten hängen.

»Mein Name ist Ani.« Ihre Haut sieht wie die einer Türkin aus, dunkel und glatt, und ihre schwarzen Haare sind zu einem strengen Knoten gebunden. Sie trägt eine große Schürze mit Blumenmuster über einem dunkelgrauen Hosenanzug.

»Und das ist Natascha.« Ein 14-jähriges Mädchen, das noch sehr jung aussieht, blickt aus der Tür. Sie trägt einen dunklen Pullover und hat dasselbe strahlende Gesicht und die wunderschöne Haut ihrer Mutter; die großen dunklen Augen blitzen vor Intelligenz.

»Hallo«, sagt sie schüchtern und klammert sich an den hinteren Teil der Blumenschürze ihrer Mutter.

Franci zieht ebenfalls Hausschuhe an. »Hier lang«, befiehlt er und nimmt meine Reisetasche. Ich folge ihm nach innen.

»Nein. Nein!«, ruft Ani. Ich erschrecke und drehe mich um. Alle vier starren mich an. Ich drehe mich zu Ani um. »Was ist los?«

»Die Schuhe.« Ani zeigt auf meine Nike-Schuhe.

»Nein!«, sagt Franci streng. »Keine Schuhe im Haus. Nimm die, die sind für dich.« Er deutet auf ein Paar übergroßer Hausschuhe, über die ich zuvor hinweggestolpert bin.

Meine Füße rutschen auf der Holztreppe aus, als ich Franci in ein großes Schlafzimmer folge, das auf eine belebte Straße hinausgeht. Unsicher, was ich nun tun soll, öffne ich meine Tasche und beginne meine Habseligkeiten in einem Regal am Fußende des großen Bettes zu verstauen: drei Paar Levi's-Jeans, sieben T-Shirts, etwas Unterwäsche und einige Riesengläser mit Erdnussbutter.

»Ich habe heute mit der Schule gesprochen«, verkündet Franci beim Essen. Er spricht besser Englisch als die übrigen Familienmitglieder, da er bereits zweimal in Australien war, wo er als eine Art Leiharbeiter mehr verdient hat als in seinem Job als Verfahrenstechniker in Slowenien. »Sie meinen, es wäre am besten, wenn du gemeinsam mit Jure zur Schule gehst. Er ist auf dem naturwissenschaftlichen Zweig mit Englisch. Du bist sicher gut in Naturwissenschaften.«

Ich zucke mit den Schultern und lächle. »Okay.« Ich habe nichts dagegen. Ich kann zwar noch kein Slowenisch, aber vielleicht bekomme ich eine Chance, die Sprache der Zahlen und Symbole zu erlernen, vor allem da ich die Kurse belege, die ich auch schon zu Hause hatte.

»Und Slovensko?«, frage ich und verwende dabei das Wort, mit dem meine Gastgeber ihre Sprache bezeichnen. Ich kann bereits bis 500 zählen, kenne das Wort für »erzählen« und das für »Gras«. Doch mein Mund bringt »*piščanetc*« noch nicht heraus, die slowenische Bezeichnung für Hühner, von denen sechs im Hof leben.

»Darum müssen wir uns noch kümmern. Es ist nicht so einfach«, antwortet Franci. Er wendet sich wieder seinem Teller mit taschengroßen Kohlrouladen zu.

Als Jure und ich am ersten Tag zur Schule radeln, entdecke ich, dass bei Francis Fahrrad nur der dritte Gang funktioniert; der Schalthebel ist verklemmt. Nervös folge ich Jure durch verstopfte Straßen mit stinkenden Dieselfahrzeugen und hupenden Kleinwagen, die umherkurven und wenden, ohne auf die Fahrspuren zu achten. Ich trage Levi's-Jeans und Nike-Schuhe und eine graue Patagonia-Fleecejacke mit Ellbogenbesatz.

»Magst du die Levi's?«, fragt Jure. »Ich dachte, die amerikanischen Cowboys hätten Wrangler-Jeans getragen?« Er lässt zum ersten Mal erkennen, dass er ziemlich gut Englisch spricht.

Ich bin überrascht, dass er mich für einen Cowboy hält, der ich nun wirklich nicht bin. »Ja, das stimmt schon, aber hauptsächlich im Film. Im Sommer habe ich manchmal auf einer Ranch gearbeitet, und da hat sich niemand darum gekümmert, welche Jeans man anhat.«

»Mmmm. Cool. Und hast du ein Schießeisen?« Er hat nun einen aufgeregten Gesichtsausdruck, und ich habe den Eindruck, dass es ihm einige Pluspunkte einbringen wird, wenn er mit mir in der Schule auftaucht, vor allem wenn ich interessante Informationen liefern kann.

»Ein Schießeisen?«

»Ja, eine Pistole, so einen, wie sagt ihr, einen *sick-shooter*?«

»Einen *six-shooter*?« Ich lache. »Sechs. Sechs Kugeln im Lauf. Nein, nein. Ich habe keine Schusswaffe.« Das ist in gewisser Weise gelogen. Die Schusswaffen bei uns zu Hause gehören nicht einer bestimmten Person. Sie gehören der Familie. Eine alte Parker-Flinte, die wir besitzen, war schon hundert Jahre alt, als ich geboren wurde. Schusswaffen werden vererbt und gepflegt. Doch Schusswaffen, das wurde mir beigebracht, sind Werkzeuge, keine persönlichen Besitzgegenstände. Ich war schon immer der Meinung, dass diese Hollywood-Stereotypen über Amerikaner übertrieben sind.

»Hast du ein Pferd?«

»Ein Pferd? Nein.« Die Filme haben eine stärkere Wirkung, als ich dachte. »Ich lebe in einer Kleinstadt. Mitten in der Stadt. Ich bin ein paar Mal geritten. Aber ich habe keine Ahnung von Pferden. Allerdings besitze ich ein Motorrad. Und auf der Ranch hatten wir Fahrzeuge mit Vierradantrieb.«

»Was ist ein Vierradantrieb?«

Die Kinder, denen mich Jure in der Schule vorstellt, trauen sich nicht, Englisch mit mir zu sprechen. Der Unterricht ist sehr streng, und während der Stunden wird von den Schülern höchste Konzentration verlangt. Der Mathematik- und der Chemieunterricht kommen mir bekannt vor, aber wegen der Sprachbarriere habe ich nicht die geringste Ahnung, wovon die Rede ist. Gelangweilt schreibe ich ein paar Briefe und starre geistesabwesend durch die schmutzigen Fenster auf eine hohe Wand.

Neben der Schule liegt ein Bauplatz. Bulldozer schieben Erde zur Seite, Kräne lassen Stahlstangen zu einer Gruppe wartender Arbeiter hinab. Lastwagen stehen am Rand des Platzes. Ich reiße eine Seite aus meinem Heft, zeichne eine Skizze von der Szene und schiebe das Blatt rüber zu dem neben mir sitzenden Jure. Er konzentriert sich auf den Unterricht, aber ich lege das Blatt direkt auf sein Heft.

Verwundert blickt er auf, schaut sich meine Zeichnung an und schiebt das Blatt zurück zu mir. »Schön«, murmelt er.

»Nein, nein.« Ich schüttle den Kopf. Ich nehme das Blatt und schreibe auf den Rasen neben dem Bauplatz das Wort »*trava*«. Das bedeutet »Gras« auf Slowenisch. Dann ziehe ich Linien zu allen Gegenständen auf meiner Zeichnung und schiebe das Blatt wieder über den Tisch.

Bald habe ich eine Liste von Worten: Mann, Lastwagen, Hut, Kran, Zaun, Fels, Rad, Mauer, Fahrer und Bleistift. Auch zwei Verben sind dabei: graben und schreiben. Ich erstelle eine Liste; zehn Substantive und zwei konjugierte Verben. Als wir nach Hause radeln, übe ich mit Jure meinen neu erworbenen Wortschatz.

Einen Monat später steige ich aus dem Bett und setze meine Füße auf den Boden. Ich schlüpfe in schmutzige Jeans und seufze tief auf. Barfuß gehe ich in die Küche, wo Jure und Natascha gerade mit ihren Spiegeleiern fertig geworden sind, die es zum Frühstück gab.

»*Hoće* (willst du) ein amerikanisches Frühstück?«, fragt Ani in der slowenisch-englischen Mischsprache, in der wir uns verständigen. Die Familie hat sich schnell darauf eingestellt, jene slowenischen Worte zu verwenden, die ich anhand der Listen in meinem Schulheft gelernt habe, und geht zu Englisch über, wenn sie einen Begriff gebraucht, den ich noch nicht kenne.

»Nein, danke. Ich bin krank«, antworte ich auf Slowenisch.

Das setzt einen Schwall von Worten in Gang, die ich alle nicht verstehe. Ani scheucht mich mit ihrer Schürze aus der Küche, und ich begreife, dass ich in meinem Zimmer bleiben soll. Fünf Minuten später bringt sie mir eine Kanne heißen Kamillentee.

»Selbst gepflückt«, sagt sie stolz in dem vereinfachten Slowenisch, das sie mit mir spricht. Ich hatte die Kamillenblüten im Garten bereits bemerkt.

»Hier ist Zucker. Und jetzt an die Arbeit«, sagt sie mit Nachdruck, geht die Treppe hinab und verlässt das Haus, um zu ihrer Arbeitsstelle zu fahren; sie ist Bauingenieurin.

Am Abend werde ich wieder in die Küche eingeladen. Ich freue mich darüber, denn in meinem Zimmer ist es ziemlich kalt. Nachdem alle anderen nach dem Essen den Raum verlassen haben, blickt Ani von ihrer Spülarbeit hoch, legt einen überdimensionierten Holzlöffel zur Seite und wendet sich zu mir.

»Štef«, sagt sie. Da niemand »Steve« aussprechen kann, hat man mir kurzerhand den Namen Štef verpasst. »Du bist nicht krank, du hast Heimweh.« Sie setzt sich und schweigt einen Augenblick. Ich weiß nicht, ob ich ihr dankbar sein soll für ihre plötzliche Aufmerksamkeit. Ihre großen, runden Augen blicken mich direkt an, und sie fragt: »Warum?«

Ich schaue sie überrascht an. Ja, natürlich, das ist es, ich hatte es selbst nicht erkannt. »Ich, ich ...«, stottere ich und senke den Blick, um all meinen Mut zusammenzunehmen. »Ich langweile mich. Ich kann dem Unterricht in der Schule nicht folgen. Die Schüler müssen die ganze Zeit lernen. Es gibt keinen Sportunterricht.« Ich höre auf und schaue Ani an. »Welcher Sport gefällt dir denn am besten?«, fragt sie.

Am nächsten Tag folge ich Franci und Ani in das Untergeschoss und durch einen dunklen, niedrigen Gang ans hinterste Ende der Schule von Maribor. Wir biegen um eine Ecke, steigen über eine steinerne Schwelle und treten in einen hell erleuchteten Raum. Drinnen sehe ich eine unverputzte Steinwand und einen unebenen Lehmboden. Zwanzig Leute, überwiegend junge Männer, wenden sich auf ihren Bänken um und unterbrechen ihre Versammlung, um zu sehen, wer hereingekommen ist.

Ein blonder Mann mit zurückgekämmten Haaren sitzt mit großen, übereinandergelegten Händen am Tisch. Er blickt das Ehepaar Špindler an, dann mich und winkt uns nach vorn. Nach einem kurzen Gespräch in schnellem Slowenisch richtet er seine blauen Augen – die hier völlig unüblich sind – direkt auf mich. Er streckt die Hand aus und redet mich auf Englisch an.

»Hallo, ich bin Ljubo. Willkommen im Bergsteigerverein Kozjak. Warst du schon mal klettern?« Ich nicke, worauf er fortfährt: »Setz dich und schau zu, was wir hier machen. Anschließend gehen wir auf ein Bier und überlegen uns eine Klettertour. Einverstanden? Du hast eine Busfahrkarte, damit du danach heimkommst?«

Drei Tage später klettern Ljubo und ich an einer kleinen Felswand im Wald von Pohorje, dem Hausberg von Maribor. Ich war am Smith Rock in Oregon bereits häufig toprope geklettert und war leichte Mehrseillängenrouten vorausgestiegen. Doch Ljubos Lektionen sind streng. Zielgerichteter. Zweifellos sinnvoller und nützlicher als das, was ein Teenager mit einem Kletterseil und ein paar Hexentric-Klemmkeilen von selbst lernt, wenn er in die Berge geht.

Nachdem er mir erlaubt hat, schnell hochzuklettern, damit ich zeigen kann, was ich beherrsche, lässt er mich wieder ab.

»Štef, noch mal. Und jetzt langsamer und sicherer.«

Ich habe eine neue Schule gefunden: eine Schule, deren Sprache ich sehr gut verstehe. Die Schule des slowenischen Alpinismus.

**Biwakhütte Karavla, Nordwand des Triglav,
Jugoslawien (heute Slowenien), Februar 1989**
Ich lege mich in die Koje und schalte meine Stirnlampe aus. Ich schließe meine Augen. Wenn ich an morgen denke, wird mir in der kleinen Biwakhütte schwindlig. Draußen in der Dunkelheit ragt die 1800 Meter hohe Nordwand des Triglav auf, Sloweniens größte Wand und Jugoslawiens höchster Gipfel. Ich überprüfe in Gedanken meine Ausrüstung, die Kleidung, das Wasser. Ich habe nicht viel bei mir: ein Sandwich, einen grünen Apfel, einen Liter gesüßter Tee und einen Pullover. Alles andere werde ich bei unserem Aufbruch vor der Morgendämmerung, in weniger als drei Stunden, bereits am Leib tragen.

Einen Augenblick später setzt jemand einen Stiefel auf den Boden meiner Koje und steigt hinaus auf den abgenutzten Holzfußboden. Ich schnelle hoch, und mir wird plötzlich bewusst, dass ich in einen tiefen, traumlosen Schlaf gefallen war. Unter einem Kessel wird eine Flamme entzündet. Benommen setze ich mich auf, schiebe meine Füße in Plastikbergstiefel und falte die Decken zusammen. Ein paar Schlucke vom warmen, süßen Tee, und dann treten wir vier – Branko, Zdenko, Mira und ich – hinaus in die Dunkelheit. Einen kurzen Augenblick, bevor Mira mit ihrer Stirnlampe den vereisten Weg beleuchtet, sehe ich, dass die Hälfte des Himmels vor uns schwarz ist: die dunkle, bedrohlich aufragende Masse einer alpinen Nordwand. Über ihr und hinter uns erstreckt sich ein Baldachin aus Sternen über den kalten Himmel.

Nach einem kurzen Marsch halten wir an, und der stämmige, vollbärtige Branko wickelt das Kletterseil ab, das er aufgerollt über seiner Schulter getragen hat. Ich trete zu ihm auf ein breites Band, das von gefrorenem Schotter bedeckt ist. Als er zu klettern beginnt, kratzen seine Steigeisen am Fels und schlagen Funken. Der schlaksige und ruhige Zdenko und die kleine, rundgesichtige Mira – ein Ausbund an Energie und Entschlossenheit – sind uns bereits ein gutes Stück voraus.

Ljubo Hansel, Dušan Golobič und ich (von links) legen bei einem Skiausflug ins Logartal im Winter 1989 eine Pause ein.

Mein Seil wird von Branko eingezogen, ein Ruck und ein entferntes Brummen, und ich klettere los und versuche, mein Bestes zu geben. Nur durch gelegentliche glatte Felsplatten und abbrechende Eiskrusten lasse ich mich bremsen.

Am Ende einer steilen Rinne treffe ich auf die lächelnde Mira, die Zdenko sichert. Branko sagt etwas über die Route und zieht seinen Pullover aus. Über uns höre ich das dumpfe Geräusch eines Weichstahlhakens, der eingeschlagen wird. Plötzlich ruft Zdenko etwas; ich schaue auf und sehe, dass mir ein Eispickel entgegenfliegt, er kracht gegen die Wand und segelt an mir vorbei in den Abgrund. Zdenko stößt die mir mittlerweile bekannten Flüche aus, als er sich wieder zur Wand dreht und weiterklettert.

Die einzelnen Seillängen enden mit hastigen einsilbigen Rufen von Branko. Jede Länge führt zu einer weiteren. Der Tag ist kurz, und in der Abenddämmerung schalte ich meine Stirnlampe ein. Mir ist kalt, aber ich habe bereits meinen Reservepullover angezogen. Ich habe Durst, aber meine Thermosflasche ist leer.

Ich steige voraus – endlich darf auch ich einmal den Vorstieg übernehmen! Ich folge Mira so dicht wie möglich und hänge mein Seil in die zahlreichen Haken ein, welche die Route markieren. Allmählich wird die Wand weniger steil, und plötzlich stehen wir auf nahezu flachem Boden. Ich verspreize mich hinter einem Felsblock und sichere Branko nach.

»Der Gipfel?«, frage ich, wobei mein Slowenisch noch immer auf kurze Sätze beschränkt ist.

»*Ne, ne*«, antwortet Mira mit großen Augen. »*Jutri.*«

»Morgen?« Ich kapiere es nicht. Wie können wir die ganze Nacht klettern? Sind wir denn nicht nahe am Gipfel? Aber ich stelle keine weiteren Fragen mehr. Branko steigt wortlos aus der Wand aus, und ich nehme eilig das Seil auf, während er sich losbindet und den sich entfernenden Lichtern Miras und Zdenkos folgt. Ich packe das Seil und eile ihnen nach. Im Laufen versuche ich es zusammenzuknoten und stolpere über die von Geröll übersäte Schulter des Berges. Ich hole Branko ein, als ein anderes Licht auftaucht, und dann gehen wir bergab zu einer großen, hell erleuchteten Hütte.

Vor der Tür nehmen wir unsere Steigeisen ab, und ich folge den dreien. Im kleinen Eingangsraum wühlt Branko in einem Haufen nicht zusammenpassender und abgewetzter Hausschuhe und reicht mir ein Paar. Ich schiebe meine müden Füße hinein, stelle meine Bergschuhe in ein Regal neben ein Dutzend anderer Schuhe und trete in den überfüllten Raum, der aussieht und wirkt wie eine der Schänken im Tal. Grob gezimmerte Bänke und massive, zerschlissene Holztische stehen darin. Einige Leute blicken von ihren Tellern mit warmem Essen oder den halbleeren Bierkrügen vor ihnen auf.

Als wir uns setzen, beginne ich zu begreifen. Wir werden hier übernachten. Das wollten sie mir wahrscheinlich erklären, aber ich habe es nicht verstanden. Branko, Mira und Zdenko gehen zum Tresen, wo man sich gegen Bezahlung Schüsseln mit Suppe holen kann und Teller mit Kartoffelpüree, dazu etwas Fleisch und Bratensoße. Jeder kehrt mit einem Tablett und einem Glas Bier an den Tisch zurück.

Ich sitze schüchtern daneben, bis Mira schließlich fragt: »Was ist, Štef? Hast du keinen Hunger?«

Nach einem kurzen, lauten Wortwechsel zwischen Branko und dem Hüttenwirt, der für mich unverständlich ist, stehe ich in der Küche. Der Hüttenwirt knöpft seinen blauen Arbeitskittel auf und lehnt sich an den Tresen. Er streckt mir lachend einen Arm entgegen und sagt etwas über Amerika – er spricht es als »Ameri-ka« aus –, was ich nicht ganz verstehe. Es scheint ihn einigermaßen zu amüsieren, dass ein Amerikaner sein schmutziges Geschirr spült.

Ich stehe am Spülbecken und greife nach einem großen Topf. Der Hüttenwirt verschränkt seine großen Hände und lacht abermals. Er tritt zur Seite, und ich fülle den Topf mit Wasser und suche nach einem Geschirrspülmittel.

Der Hüttenwirt bringt mir ein Glas Bier. Ich wische mir die nassen Hände an der Hose ab und nehme einen großen Schluck. Ich stelle das Glas auf ein hohes Regal und mustere den Stapel Teller vor mir. Auf einem befindet sich eine nur zur Hälfte verzehrte Abendmahlzeit aus Wurst und Sauerkraut. Lachend ergreife ich den Teller und esse unter den Beifallsrufen des Hüttenwirts die Reste auf.

»Gut, Štef, gut!«

Kapitel 3
Nanga Parbat 1990

**3960 Meter, Vorgeschobenes Basislager am
Nanga Parbat, Pakistan, 5. Juli 1990**
Eine Stunde nach dem Aufbruch vom Vorgeschobenen koreanischen Basislager falle ich hinter meine fünf Teamkameraden Tomi, Silvo, Robi, Jože und Marija zurück. Ich bin abgeschnitten vom Schwung der Gruppe, und meine Schritte werden noch langsamer. Ich sehe die endlosen braunen Flächen und die Felsen vor mir, atme tief die dünne Luft ein und bleibe häufig stehen, um mich von der Anstrengung des Atmens zu erholen.

Ich bin müde; nicht in dem Sinn müde, dass ich keine Kraft mehr habe, sondern müde, weil ich den Willen, voranzukommen, verloren habe. Ich kann es nicht begreifen, nach all dem Training, das ich vor dieser Tour absolviert habe. Meine Gedanken wandern zu den zahlreichen anstrengenden Runden, die ich auf dem Fahrrad auf der Steamboat Island Road hinter mich gebracht habe, manchmal auch bei strömendem Regen.

Ich trotte weiter und ergebe mich in meine Schwäche. Die Sonne geht allmählich hinter dem Berg unter, und meine Zweifel wachsen, als ich plötzlich die anderen entdecke. Sie haben das silberfarbene Zelt vor einer kleinen Wand aufgebaut und sitzen zwischen den Steinen um einen Topf mit Essen.

In Lager 1 auf der Schell-Route des Nanga Parbat im Juli 1990. Das T-Shirt war ein Geschenk meiner Pfadfindergruppe, und ich hatte mich seit fünf Wochen nicht mehr rasiert.

»Oh, Štef! Willkommen!« Ich lasse mich erschöpft neben Robi auf den Boden sinken. Er klopft mir auf die Schenkel, als ich mich an meinen Rucksack lehne, nach Luft ringe und auf meinen Höhenmesser schaue: 5240 Meter. Jože, der neben dem Zelteingang hockte, steht auf, tritt hinter mich und nestelt an meinen Rucksack. Ich trage das zweite Zelt.

»Warte, warte.« Ich beuge mich nach vorn und nehme den Rucksack ab.

»Bist du in Ordnung, Štef?«, fragt Marija und lehnt sich von ihrem Sitzplatz auf einem Stein nach vorn.

»Müde. Ich bin müde«, antworte ich und atme tief ein.

»Hier, iss ein paar Nudeln. Du kannst den Rest haben«, sagt Marija.

Ich schlinge ein paar Ramen-Nudeln hinunter und trinke die salzige Brühe, lehne jedoch das Konservenfleisch ab, das mir Robi reicht. Jože hat mittlerweile seine Daunenjacke ausgezogen und schafft Steine herbei, um auf dem lockeren Hang eine Zeltplattform zu errichten. Robi und Tomi stehen auf, um ihm zu helfen. Marija beginnt die Zeltplane auszurollen. Ich beuge mich nach vorn und presse die Handflächen auf die Knie, um aufzustehen. Langsam stecke ich die Zeltstangen ineinander. Um 18.30 Uhr krieche ich ins Zelt und schlafe ein.

Ich schrecke panisch auf. Mir ist furchtbar übel, ich muss hinaus, um mich zu übergeben. Aber ich komme nicht hoch. Ich kann mich nicht bewegen. Ich nehme meine ganze Willenskraft zusammen und setze mich auf. Dabei schießt mir ein stechender Schmerz in den Kopf, durchdringend wie das Pfeifen einer Lokomotive. Keuchend falle ich wieder zurück. Meine Verzweiflung wächst, und ich richte mich abermals auf, aber es fällt mir schwer, irgendetwas zu tun. Ich habe all meine Kräfte eingebüßt. Ich schiebe meine Zehen in die Innenschuhe meiner Bergschuhe und stehe auf. Draußen taumle ich zum Rand der kleinen Plattform, dann mache ich einen Schritt hinab auf den lockeren Untergrund des Hangs. Zwei Schritte weiter stolpere ich, kann mich aber wieder fangen, und dann erbreche ich mich im fahlen Licht meiner Stirnlampe.

Nachdem ich mich erleichtert habe, kehren meine Willenskräfte wieder; ich krieche durch die Dunkelheit zurück in die Sicherheit meines Schlafsacks. Als ich wieder liege, fühle ich mich schwer und hundemüde. Ich habe entsetzliche Kopfschmerzen. Mir ist sehr übel. Ich döse ein, während sich die Nacht in ein Feld mit kniehohem Gras verwandelt, das rings um mich herum emporsprießt. Dann kommt meine Freundin Anne auf mich zu. Sie trägt abgeschnittene Jeans und hat ihre Haare zu zwei langen Zöpfen gebunden. Sie sagt etwas, was ich nicht verstehe, als wäre ich zu weit von ihr entfernt. Mit einem Picknickkorb kniet sie sich neben mich und öffnet ihn. Während sie mit mir redet, wickelt sie ein großes Sandwich aus.

Ich schieße hoch und reiße den Zelteingang mit einer einzigen Armbewegung auf. Ich schnappe kurz nach Luft, werde dann aber mit einer mir bis dahin unbekannten Heftigkeit nach vorn geschleudert, aus dem Zelt hinaus, und übergebe mich auf die Steine. Die Flüssigkeit verteilt sich über den Boden und über meine Hand. Ich stürze auf meine Ellbogen und werde von noch heftigeren Krämpfen geschüttelt. Murmelnd entschuldige ich mich bei Robi und Tomi, die sich aufgesetzt haben und mich nun mit ihren Lampen anleuchten. Sie wechseln hastig ein paar Worte, während ich reglos im Zelteingang liege. Robi sagt etwas von Tabletten. Ich krieche aus dem Zelt, nur mit langer Unterwäsche bekleidet. Ein paar Meter entfernt bleibe ich kraftlos liegen, den Kopf leicht erhöht auf einem Felsen. Die schmerzhaften Kontraktionen kehren wieder. Ich fröstele auf dem kalten Boden, der mit meinem Erbrochenen beschmiert ist.

Robi schiebt ein Schaumstoffpolster unter mich und deckt mich mit meinem Schlafsack zu. Er bietet mir Wasser an; ich stütze mich auf einen Ellbogen und nehme einen kleinen Schluck. Sofort laufen abermals die Zuckungen durch meine Gedärme, bevor sie erbarmungslos über meinen ganzen Körper herfallen und mich immer und immer wieder überrollen. Ich liege zwischen den Steinen, verliere mehrmals das Bewusstsein und bekomme Halluzinationen. Anne taucht darin auf, ebenso das Basislager und grüne Wiesen.

Robi kommt zurück und kauert sich neben mich; er hat aufgeschnürte Schuhe und eine Daunenjacke bei sich. »Štef, komm zurück ins Zelt.«

Ich setze mich auf; Robi schiebt eine Hand unter meinen Arm und zieht mich vorsichtig zurück zum Zelt. Es vergeht viel, viel Zeit, dann erhellt die Sonne das Zelt. Gut, denke ich, als ich in die vom Berg herabströmenden Sonnenstrahlen blinzle. Jetzt kann ich absteigen.

Tomi und Robi stehen auf und verlassen das Zelt. Ich bleibe liegen, obwohl ich weiß, dass ich aufstehen, meinen Rucksack packen und meinen Schlafsack verstauen muss. Die Hitze im Zelt wird bald unerträglich. Noch immer kann ich mich nicht dazu aufraffen, mich zu bewegen. Ich bin wie gelähmt. Marija, die bereits fertig zum Klettern angezogen ist, bringt mir einen Topf mit Wasser. Ich habe schrecklichen Durst. Ich setze mich auf, nehme einen Schluck und erbreche Sekunden später. Wie zuvor hört es nicht mehr auf. Erschöpft falle ich zurück ins Zelt.

Tomi bringt meinen Rucksack, reicht ihn mir und beginnt das Zelt abzubauen, in dem ich noch liege. Ich schaffe es nicht, hinauszukriechen, bevor es zusammenfällt. Jože hat ein paar Hundert Meter höher einen besser geeigneten Platz für das Lager gefunden.

Ich lege meinen Schlafsack an die Stelle, wo das Zelt stand, und dämmere in der Sonne vor mich hin. Ein paar Stunden später kommen die anderen zurück. Ich stopfe den Schlafsack achtlos in meinen leeren Rucksack und beginne abzusteigen, wobei ich alle Unannehmlichkeiten zu verdrängen versuche, während ich mich zum Basislager schleppe. Dort schlafe ich die nächsten zwei Tage durch. In den wachen Momenten denke ich, dass ich fertig bin mit diesem Berg, dass ich besiegt worden bin. Das Selbstmitleid hilft mir in den Schlaf.

Unsere Expedition wurde vom Bergsteigerverein Kozjak in Maribor durch den jugendlich wirkenden Maschinenbauprofessor Tone Golnar organisiert. Tone träumte davon, eine neue Route durch die Rupalwand zu erschließen. Im Frühjahr 1989 reiste er durch Slowenien und versuchte bei den Bergsteigervereinen Teilnehmer für diese Expedition zu gewinnen.

Tone legte großformatige, gestochen scharfe Fotos des Nanga Parbat, eines strahlenden Berges vor einem leuchtend blauen Himmel, auf den Tisch im Versammlungsraum des Bergsteigervereins Kozjak. Als ich sie sah, wusste ich, dass ich dorthin musste. In diesem Augenblick begann eine 17 Jahre währende Obsession für die Rupalwand. Das war die Gelegenheit, nach der ich mich gesehnt hatte: meine Chance, eine

Spur zu hinterlassen, auf den großen Bergen zu klettern. Eine Woche später kehrte ich von meinem einjährigen Slowenien-Aufenthalt nach Oregon zurück. Sofort begann ich zu arbeiten und Geld zu sparen, um die notwendigen 1800 Dollar aufbringen zu können. Ich schrieb Tone einen Brief und bekundete mein Interesse an der Expedition; um meine Chancen zu verbessern, behauptete ich, ich sei 20 Jahre alt, obwohl ich in Wirklichkeit erst 18 war.

Ein Jahr später treffen wir uns im Basislager am Nanga Parbat in Pakistan: 18 Slowenen, ein Bosnier, ein Serbe und ich.

Unter den Slowenen gibt es eine Persönlichkeit, die starken Einfluss auszuüben vermag. Marija Frantar wird von dem festen Glauben einer Getriebenen beherrscht. Als Vegetarierin unter Allesessern lebt sie von Bratkartoffeln und Löwenzahnsalat. Sie lächelt gern und errötet oft nach einem Witz. Sie ist eine der erfahrensten von uns und hat bereits drei Siebentausender bestiegen. Sie hat Tone dazu gebracht, seine ehrgeizigen Pläne bezüglich der Rupalwand aufzugeben und stattdessen die technisch weniger anspruchsvolle Schell-Route zu wählen, die einfachste Route zum Gipfel des Nanga Parbat von dieser Seite des Berges aus.

»Die erste Aufgabe unserer Expedition«, verkündet Tone, nachdem wir unsere Mahlzeit aus Nudelsuppe, Bratkartoffeln und mit Curry zubereiteten grünen Bohnen beendet haben, »besteht darin, Lager 1 einzurichten. Zu diesem Zweck werden wir uns in Gruppen von fünf bis sechs Leuten aufteilen. Wer will in die erste Gruppe?« Alle außer mir heben die Hand.

»Štef«, flüstert Robi, der ebenfalls zu den jüngeren Expeditionsteilnehmern gehört, »die in der ersten Gruppe werden auch die Ersten sein, die einen Gipfelversuch starten.« Nachdem ich das begriffen habe, hebe auch ich die Hand.

»Die Erfahrensten sollen als Erste gehen. Jože und Marija natürlich. Tomi, Robi und Slivo.« Tone macht eine Pause und blickt in die Runde. »Und Štef.« Ich bin überrascht, meinen Namen zu hören. Ich bin der jüngste und unerfahrenste. Aber Tone ist eng befreundet mit Ljubo, und meine Vermutung, dass Ljubo Tone gebeten hat, sich besonders um mich zu kümmern, hat sich gerade bestätigt.

Einige protestieren, doch diesmal ist es die schlanke Marija, die das Wort ergreift. Ihre kurz geschorenen Haare passen zu ihrer hageren, hohlwangigen, durchtrainierten Erscheinung. »Wenn wir gute Lagerplätze auswählen und mit dem Wetter Glück haben«, sagt sie, hält inne und schaut jeden Teilnehmer an, »und wenn wir gut zusammenarbeiten, wird jeder auf den Gipfel kommen. Es ist noch zeitig in der Klettersaison. Wir werden alle eine Chance bekommen, es zu versuchen.«

Am Morgen stehen wir zu sechst bei mildem und ruhigem Wetter auf. Das obere Drittel des Berges ist von einer Wolkenbank eingehüllt, und eine feine Schicht aus Zirruswolken erstreckt sich über den südwestlichen Himmel. Wortlos verteilt Jože die Ausrüstungsgegenstände der Gruppe: Zelte, Kocher, Brennstoff und ein paar Seile. Ich schiebe das mir zugeteilte Zelt in meinen Rucksack und stapfe über die grüne Wiese, auf der unser Basislager steht.

Nach drei Stunden erreichen wir jene Stelle, welche die letzte Expedition, eine Gruppe Koreaner, als Vorgeschobenes Basislager genutzt hatte. Tone und Jože bereiten auf einem winzigen Kocher in einem Aluminiumtopf Suppe zu. Wasser tröpfelt über die in der Nähe liegenden Felsblöcke. Der flache Boden ist gegen die Wand hin mit Müll übersät: Plastik und Folienverpackungen, leere Brennstoffkanister, das meiste davon mit asiatischen Aufschriften.

Als wir höher und höher steigen, fühle ich mich zunehmend matter und schwächer. Wir errichten Lager 1 auf einem kargen Gesteinsfeld, und ein paar Stunden später mache ich meine erste Erfahrung mit der Höhenkrankheit.

Basislager Latoba Meadows, Nanga Parbat, Pakistan, 8. Juli 1990

Müde nehme ich mein Tagebuch zur Hand. »Am Morgen des 5. sind wir aufgestiegen und haben Lager 1 errichtet. Es ist kein Zufall, dass ich erst zwei Tage nach meiner Rückkehr darüber berichte. Diese 48 Stunden waren sehr schwer für mich. Es war ein Erlebnis, das man noch Jahre später an den Augen eines Menschen ablesen kann.«

Während die Tage verstreichen, herrscht im Basislager ein Kommen und Gehen, und die übrigen Teammitglieder entwickeln einen Rhythmus von Arbeit und Ruhephasen. Als ich sie am vierten Tag nach meinem Anfall von Höhenkrankheit beobachte, spüre ich das Verlangen, wieder mitzumachen. Ich rede mit Tone, und wir entscheiden, dass ich wieder in den Turnus eingebunden werden soll. Ich werde das Schlusslicht machen und mit dem ältesten Expeditionsteilnehmer zusammenarbeiten, dem Bosnier Željko.

Am nächsten Morgen erwache ich vom Prasseln des Regens auf dem Zelt. Ich begreife sofort, dass wir heute nicht aufsteigen werden, und bin erleichtert. Sekunden später mache ich mir Vorwürfe wegen dieses Gefühls. Ich bin besorgt darüber, was bei meinem nächsten Aufstieg geschehen wird, und habe Angst, dass ich wieder höhenkrank werde. Schwere Wolken hängen wie ein nasser Spüllappen zwischen den Bergen. Der frische und kühle Morgen erzeugt in gewisser Weise ein Gefühl von Ehrlichkeit und Rauheit.

Am nächsten Morgen ist es wieder klar, und Željko und ich brechen in der Dämmerung auf. Gern folge ich ihm, passe mich seinem Tempo an, Schritt für Schritt, Meter für Meter. Das vertraute braune Geröll zieht an uns vorüber. Mein Rucksack fühlt sich leicht an. Unzählige winzige Wildblumen sprießen aus dem Boden. Gegen 15 Uhr erreichen wir Lager 1, und ich krieche in das schmale Zelt. Die Wärme der Sonne auf dem Zelt hilft mir, mich zu entspannen. Durch den Zelteingang sehe ich Wolken, die langsam an mir vorüberziehen. Ich habe Hunger, esse etwas Thunfisch aus einer Dose und packe ein paar Müsliriegel aus. Mittlerweile ist es so warm geworden, dass sich das tröpfelnde Geräusch des schmelzenden Schnees in das hohle Gurgeln von Wasser verwandelt hat, das über die Felsblöcke herabrieselt, auf denen ich vor ein paar Tagen krank und ermattet kauerte.

Gegen Mitternacht stehen wir auf. Željko ist bereits draußen, hat seine dunkelblaue Kletterhose an und ein durchgeknöpftes Flanellhemd, das zu ihm als Bauer passt. Er macht den Kocher aus und reicht mir eine Thermosflasche mit Tee. Ich ziehe meine Schuhe an und trete hinaus in die tiefe Dunkelheit einer mondlosen Nacht. Während er noch seinen Helm über seiner selbst gestrickten Wollmütze befestigt, geht Željko auf die Fixseile oberhalb von Lager 1 zu.

Ich folge ihm und versuche beim Aufsteigen gleichmäßig zu atmen. Jeder unserer langsamen Schritte wirkt plump, bis wir schließlich unseren Gehrhythmus finden. Abwechselnd stößt ein Steigeisen in den gefrorenen Schnee. Ein Schritt nach oben, dann wird das andere Bein nachgezogen und ein Stück höher aufgesetzt. Es tut gut, das Knirschen des Schnees unter der maschinenartigen Effizienz meiner Steigeisen zu spüren. Ich hebe den Pickel mit meiner bergseitigen Hand hoch und versenke ihn im Schnee, wobei die Spitze ein dumpfes Geräusch erzeugt.

Als wir den Kamm oberhalb des Lagers erreichen, folgen wir einem leicht ausgetretenen Pfad zum Fuß eines Felsturms, dessen Silhouette vor dem Himmel noch schwärzer erscheint. Dort befindet sich ein Felshaken mit einem Karabiner, in den ein weißes Seil geknotet ist: das Fixseil, das uns auf diesem schwierigsten Abschnitt unserer Tour sichern wird. Željko bleibt stehen, um seine Steigklemme am Seil anzubringen. Nach einem kurzen Ruck, um sich zu vergewissern, dass sie festsitzt, steigt er weiter. Ich denke an die Vorsichtsmaßregel, dass man nie gleichzeitig am selben Seilstück gesichert klettern sollte, setze meinen Rucksack ab und nehme einen Schluck Tee aus meiner Thermosflasche. Nachdem Željko die vereiste Rinne überquert und seine Steigklemme nach dem nächsten Haken eingehängt hat, schultere ich meine Last aus Nudeln, Tee, Zucker, Milchpulver und Brennstoff, die für Lager 2 bestimmt ist. Ich passiere die Rinne mit meinen Steigeisen ohne besondere Vorkommnisse, dann folgt die Route einem weiteren vereisten Felsabschnitt.

Die Monotonie des Kletterns geht mir allmählich auf die Nerven, während wir Abschnitt für Abschnitt absolvieren. Ich bewege mich am Seil entlang, jeder Schritt wird durch das Fixseil abgesichert. Schnell erkenne ich, dass es an schwierigen Stellen am besten ist, auf jegliche Klettertechnik zu verzichten und sich einfach nur am Fixseil hochzuziehen. Nur auf diese Weise kann ich auch mit Željko Schritt halten, der sich mit roboterhafter Gleichmäßigkeit bewegt.

Lager 2 ist auf einem etwa hausgroßen Eissockel errichtet, wo die Südwand des Berges und die kleinere, aber dennoch mehrere Hundert Meter hohe Wand im Westen zusammentreffen. Wir verstauen unsere Vorräte in den leeren Zelten. Als ich meine Sachen ausgepackt habe, trägt mir der Wind einen kurzen, heiseren Ruf zu. Ich schaue auf; er kommt von Tone und Robi, die auf dem Rückweg vom einige Hundert Meter höher liegenden Lager 3 sind.

Ich antworte und ziehe meinen Parka an, um auf meine Freunde zu warten. Željko setzt sich auf seinen Rucksack, legt sich eine geflickte Daunenjacke um, zieht einen Kocher aus dem Zelt und beginnt, für die beiden etwas zu trinken vorzubereiten.

»Wie geht's?«, frage ich Robi, als er sein Steigeisen auf die Zeltplattform setzt, die aus dem Schnee herausgehauen wurde. Der verblichene gelbe Anorak hängt locker an der hageren Gestalt des Stahlarbeiters.

Ich hatte nicht damit gerechnet, dass es so warm sein würde. Auf 5800 Meter Höhe trage ich nur Funktionsunterwäsche und keine Handschuhe. Hier habe ich zum ersten Mal Fixseile benutzt, doch das war keine sehr positive Erfahrung.

»Gut. Alles ist gut. Schön, dich auf diesem Berg wiederzusehen, Štef. Hallo Željko.«

»Hallo, hallo«, sagt Željko, dessen Stimme vom Zischen des Kochers gedämpft wird, der den Schnee schmilzt.

»Wollen wir nach einer kurzen Rast gemeinsam zum Basislager absteigen?« Robi schaut Tone an.

»Ja«, antwortet Tone, zieht einen Schlafsack heraus und setzt sich darauf. »Es ist besser, wir übernachten im Basislager, aber wir sollten bald absteigen, denn die Sonne wird die Steine lösen. Es wäre zu gefährlich, wenn wir die Rinne erst in ein paar Stunden queren.« Tone mustert Željko mit professoralem Blick. »Željko, lass den Kocher hier und steig zusammen mit Štef ab. Wir machen hier alles fertig und folgen euch dann. Geht, bevor es zu warm wird.«

»Okay. Ich verstehe.« Željko steht auf und zieht seine Jacke aus. »Berg Heil!« Mit diesem vertrauten Abschiedsgruß der Bergsteiger schultert er seinen Rucksack. Ich ziehe ebenfalls meinen Anorak aus. Es ist jetzt zu warm für die Daunenjacke, auch bei einer Rast. Als ich aufblicke, nachdem ich meine Jacke im Rucksack verstaut habe, sehe ich, dass Željko bereits

... egangen ist. Ich hänge mich mit meinem Sicherungskarabiner im Seil ein und folge ihm.

Ich trete den vereisten Grat hinunter in die Spuren von Željkos Steigeisen, wir lassen uns ein Stück zu den Seilen ab, dann steigen wir das kombinierte Gelände aus Fels und Eis ab. Die Seile weisen ab und zu Einkerbungen auf, ein Zeichen von Steinschlag, die ich nicht bemerkte, als ich im Licht meiner Stirnlampe aufstieg. Ich haste am Seil hinab, wobei mir Željko immer ein Stück voraus ist. Ich bemühe mich, den Abstand zu verringern, und überwinde die Strecken zwischen den Abseilpassagen so schnell wie möglich. Als ich ihn fast eingeholt habe, überquert er die letzte Rinne und strebt dem Hang oberhalb von Lager 1 zu.

Am Anfang der Querung bleibe ich kurz stehen und werfe einen Blick hinauf, um festzustellen, ob Steine aus der Rinne in meine Richtung fallen. Nichts. Ich halte den Atem an und lausche. Eine Windbö treibt eine Wolke über den Kamm des Grats, wodurch sich plötzlich der Blick auf die Gipfel am Horizont öffnet. Kein Geräusch außer dem Wind. Ich schaue auf meine Füße hinunter und setze mich in Gang.

Als ich auf der anderen Seite angekommen bin, bleibe ich stehen, um Luft zu holen. Meine Kräfte schwinden allmählich; ich bin verschwitzt und erschöpft und habe schon lange keinen Tee mehr. Für den Abstieg von Lager 2 haben wir drei Stunden gebraucht. Von Lager 1 ist es ein einfacher Marsch über 1500 Meter Geröll zum Basislager; eine Mühsal beim Aufstieg, aber abwärts schnell zu bewältigen. Ich drehe mich um und entdecke ein paar Hundert Meter über mir zwei farbige Punkte. Dem gelb gekleideten Robi folgt in kurzer Entfernung Tone in seinem violetten Anorak. Sie sind ungefähr zwanzig Minuten hinter mir.

Fünf Minuten später erreiche ich Lager 1 und lasse meinen Rucksack neben dem größten Zelt auf den Boden fallen. »Gut, nicht?«, sagt Željko, während er einen Blick auf seine Armbanduhr wirft. Er hat bereits seine Sachen aus dem Zelt geholt und packt alles zusammen, um zum Basislager abzusteigen.

»Ja, drei Stunden. Ich glaube, das ist ganz gut für den ersten Abstieg. Aber ich bin auch müde.«

In diesem Augenblick hören wir lautes Geprassel von Steinen, dem der schrille Schrei eines Menschen folgt. Ich wirble herum und sehe, wie ein Hagel von Steinen direkt an Robi vorbeifliegt und sich über die Rinne unter ihm verteilt. Der Lärm ist ohrenbetäubend, als die Steine zwölf Meter rechts vom Lager aufschlagen. Über uns schreit Tone etwas. Robi bewegt sich nicht.

»Scheiße.« Ich greife nach dem gerade abgelegten Rucksack. Željko ist schon auf den Beinen und hetzt den Berg hinauf. Ich schultere meinen Rucksack und stolpere in der Eile über die Abspannleinen des Zelts. Ich weiß nicht, was über uns vor sich geht. Keuchend klettere ich nach oben zu Robi und Tone. Schneller und schneller, bis ich stehen bleiben und nach Luft schnappen muss, weil meine Lungen brennen.

Željko eilt mir voraus. Ich schaue hinauf. Robi und Tone befinden sich jetzt in der Mitte der Schneerinne. Und beide bewegen sich auf unsere Seite zu. Erleichterung. Robi ist unversehrt, denke ich. »Er ist okay. Er ist okay.« Ich werde langsamer, steige jedoch weiter den beiden entgegen.

Gestützt auf Tone, kommt Robi auf mich zu. Er hält sich den linken Ellbogen, und seine linke Hand ist unnatürlich gekrümmt. Željko folgt ihnen und mustert Robi aufmerksam.

»Mein Arm«, sagt Robi mit rotem Gesicht. »Ich glaube, er ist gebrochen. Scheiße! Ich kann's nicht glauben!« Ein Stein rollt unter seinem Fuß weg, und er kommt ins Stolpern. Tone fängt Robi auf, bevor er vornüberstürzt.

»Langsam«, redet ihm Tone zu. »Immer schön langsam.«

»Gib mir deinen Rucksack, Robi«, sage ich.

»Nein, nein. Im Lager«, erwidert er. Ich drehe mich um und gehe die 30 Meter zum Lager zurück.

Zwei Tage später tauchen zwei kleine schwarze Punkte am Himmel auf, gehen mit lautem Dröhnen über dem von Steinen übersäten Gletscher herunter und kreisen eine Weile über unserer kahlen kleinen Wiese. Einige Augenblicke später landet der erste Hubschrauber der pakistanischen Armee hundert Meter neben unserem Camp. Der zweite setzt hundert Meter weiter unten im Tal auf. Die Piloten winken uns heran. Robi hält seinen verletzten Arm, der in einer Schlinge steckt, und läuft geduckt zu dem wartenden Helikopter hinüber. Nachdem er sich links neben den Piloten gesetzt hat, legt er umständlich den Sicherheitsgurt an, dann erwidert er das kurze Nicken des Piloten. Mit einem ohrenbetäubenden Lärm hebt der Hubschrauber ab. Kein Abschiedsgruß. Keine Chance auf ein paar aufmunternde Worte. Robi kehrt zurück in die Zivilisation und ist auf dem Weg in ein Krankenhaus in Islamabad, wo sein Arm geröntgt werden wird und man seine gebrochenen Knochen wieder einrichten und ihm einen Gipsverband verpassen wird.

Robi gehörte zu unseren stärksten Kletterern, und der anfängliche jugendliche Überschwang der Expeditionsteilnehmer weicht stoischem Gleichmut. Željko und ich schaffen weiter Lasten zu den Lagern 1 und 2 hinauf. Bei der dritten Tour wollen wir zwei Schlafsäcke ins Lager 3 bringen, müssen jedoch umkehren, weil wir im tiefen Schnee nur sehr langsam vorankommen.

Basislager Latoba Meadows, Nanga Parbat, Pakistan, 29. Juli 1990

Im Basislager krächzt eine Stimme aus dem Funkgerät. »Basislager, Basislager, bitte melden.« Es ist Jože.

»Hier Basislager«, antwortet Tone.

»Hallo, Tone. Das Wetter sieht gut aus, daher werden Marija und ich morgen einen Gipfelversuch wagen.« Sie wollen den Gipfel in Angriff nehmen? Wieso geht das so schnell?, überlege ich.

»Gut. Habt ihr alles?«, erwidert Tone steif.

»Ja, ja. Das leichte Zelt, den einen Schlafsack und das neue Seil, das Štef mitgebracht hat.«

Mein Seil?, frage ich mich. Wie ist mein Seil dort hinaufgekommen? Aber ich weiß, es war das beste Seil, das einzige neue Seil, und es gehörte zur Expeditionsausrüstung. Ich wünschte nur, ich wäre selbst dort oben und könnte es benutzen.

»Berg Heil. Meldet euch abends gegen acht, wenn möglich.« Tone beendet das Gespräch.

»Danke. Berg Heil. Wir melden uns morgen.« Das Funkgerät knackt und verstummt.

Am nächsten Tag herrscht Ruhe im Lager. Niemand geht auf den Berg. Wir ruhen uns alle aus: Einige lesen in den Zelten, andere spielen Karten oder beobachten den Himmel und halten Ausschau nach Anzeichen für einen aufkommenden Sturm. Warten ist angesagt. Am Abend bleibt das Funkgerät stumm, und am nächsten Tag macht das Kartenspielen keinen Spaß mehr.

»Tone, sollten sie sich denn nicht jeden Abend melden?«, frage ich.

»Ja, Štef. So war es abgemacht. Ich mache mir Sorgen. Die Zeit, zu der sie sich melden sollten, ist schon wieder vorbei. Das sieht nicht gut aus.«

Am dritten Tag bietet uns unser Verbindungsoffizier Assad seine Hilfe an. Er kann den Militärfunk nutzen, und unten im Tal befindet sich ein Armeelager. Vielleicht sind Marija und Jože auf der anderen Seite des Berges abgestiegen. Unserer Ansicht nach ist das durchaus möglich. Also nimmt Assad Kontakt auf mit einem Offizier, der in Chilas stationiert ist, auf der anderen Seite des Berges; dieser Offizier erklärt sich bereit, zwei Männer zum Diamir-Basislager hinaufzuschicken, die feststellen sollen, ob die beiden tatsächlich auf der anderen Seite abgestiegen sind.

Fünf Tage sind vergangen, und noch immer keine Nachricht von Marija und Jože. In der Nacht schrecke ich hoch, weil ich mir die beiden vorstelle, wie sie, Tausende Meter über mir, ein Biwak aufgeschlagen haben, während ich hier unten im Warmen liege. Da ich nicht mehr einschlafen kann, schreibe ich einen langen Brief an Anne: »Sie haben sich seit fünf Tagen nicht mehr gemeldet ... Wir rechnen alle schon mit dem Schlimmsten.«

Bei Tagesanbruch gehe ich über die Wiese, um den Brief der Trekkinggruppe des Sierra Clubs mitzugeben, die vergangene Nacht in der Nähe ihr Lager aufgeschlagen hat. Gerade als ich in mein Zelt zurückkehre, höre ich etwas, was ich schon lange nicht mehr gehört habe.

»Basislager, Basislager, bitte kommen. Over.« Das ist Jože!

Sekunden später ist Tone aus dem Zelt und wird schnell von den übrigen Expeditionsteilnehmern umringt, die auf Zehenspitzen auf dem taufeuchten Boden stehen und halb angezogen aufgeregt auf das Funkgerät starren.

»Hier Basislager. Wie geht es euch? Erzählt uns, was los ist!«

»Ja, es ist alles in Ordnung. Am 31. Juli gegen 17 Uhr haben wir den Gipfel erreicht. Wir sind beide sehr müde. Aber beide okay. Marija hat leichte Erfrierungen an den Fingern, aber es geht ihr gut. Wir sind jetzt in Lager 3. Wir kommen nach Möglichkeit heute runter ins Basislager.«

Ein lauter Schrei der Erleichterung steigt in die Lüfte. Tone sieht aus, als würde er gleich zu heulen beginnen. Alle reden in kurzen, abgehackten Sätzen durcheinander. Ich laufe hinüber zu den Trekkern, lasse mir meinen Brief zurückgeben und kritzle die gute Nachricht schnell auf den Umschlag.

Am Abend erscheinen Marija und Jože im Basislager. Ein paar Teammitglieder sind ihnen entgegengestiegen, um ihnen einen Teil ihres Gepäcks abzunehmen. Beim Essen überschütten wir sie aufgeregt mit Fragen: Wie waren die Bedingungen am Berg? Wo habt ihr biwakiert? Was hat so lange gedauert? Warum habt ihr euch fünf Tage nicht gemeldet? Wie sieht der Gipfel aus?

Beim Frühstück am nächsten Morgen gibt es ein anderes Gesprächsthema. »Tone«, fragt Željko, »was machen wir jetzt? Wer geht als Nächster?«

»Nein, Željko, niemand geht mehr hinauf. Nur noch um die Lager abzubauen.«

»Aber wir wollen jetzt auch eine Chance auf den Gipfel bekommen«, ruft Željko.

Tones Antwort geht in einem Proteststurm unter. Schließlich steht er auf, steigert seine Lautstärke und bekräftigt seine Aussagen durch entschlossene Handbewegungen. »Vor zwölf Stunden hat noch die Hälfte von euch gedacht, Marija und Jože seien tot!« Sein Gesicht läuft vor Aufregung rot an. »Und jetzt wollt ihr alle hinauf? Nein. Das ist zu schwierig. Viel zu schwierig. Diese Expedition ist zu Ende.« Er setzt sich wieder hin.

Zwei Tage später holen Željko und ich unsere schweren Rucksäcke aus Lager 1. Von den 20 Expeditionsteilnehmern haben wir uns als Einzige bereit erklärt, aufzusteigen, das Lager abzubauen und die Zelte hinunterzubringen. Ich schaue nach oben, unsere Fixseile sind gespannt, aber wir haben nicht die Zeit respektive nicht die Bereitschaft, diese Seile vom Berg zu entfernen. Ich drehe mich um und schlittere über die lockere Erde und das Geröll unter mir. Die Fixseile oben zu lassen ist ein unentschuldbares Vermüllen des Berges. Meine Enttäuschung über meine Teamkameraden treibt mich den ganzen Weg hinunter bis ins Basislager an.

Drei Wochen später hocke ich auf einem großen weißen Granitblock und schaue hinaus in das Tal des Batura-Gletschers. Ich bin Hunderte Kilometer gefahren, mit dem Jeep, dem Bus, auf einem Traktor und schließlich zu Fuß weitergelaufen. Nachdem sich die Expedition aufgelöst hatte, wollte ich mehr von diesem Land sehen, während sich die anderen entschieden, nach Islamabad zurückzukehren und vorzeitig nach Hause zu fliegen. Ich nehme mein Tagebuch zur Hand und rutsche unbehaglich auf dem Felsen umher. So weit ich sehen kann, gibt es noch unbestiegene Berge von ungewöhnlicher Schönheit, aber auch voller Gefahren.

»Was ich auf dieser Expedition gelernt habe, davon werde ich noch lange zehren«, schreibe ich. »Ich habe viele wertvolle Lektionen erhalten. Mir wurde gezeigt, wie viel ich noch nicht wusste. Marija und Jože haben mir auch gezeigt, wie viel man schaffen kann. Wie man ein Alpinist werden kann, ein Bergsteiger, der Gipfel wie den Nanga Parbat erreichen kann. Solch ein Bergsteiger will ich auch werden.«

Ich halte inne und fasse die winzigen Punkte der Gipfel am Horizont ins Auge. Wieder setze ich den Stift auf das Papier. »Während ich noch einmal lese, was ich gerade geschrieben habe, wird mir bewusst, dass ich nicht genau weiß, was das bedeutet. Wahrscheinlich brauche ich noch mehr Erfahrung. Ich weiß, dass ich meine Klettertechnik verbessern muss. Und dass ich mir eigene Klettertouren organisieren muss. Ich muss so gut werden, dass ich keine Fixseile mehr brauche. Was für eine Katastrophe die Fixseile und die Lager sind! Ich muss einen Weg finden, um gute Bergsteiger um mich zu versammeln. Durch gute Partner werde ich ein besserer Bergsteiger werden. Und das will ich sein, der beste Bergsteiger, der ich werden kann. Eines Tages die Rupalwand zu durchsteigen, das wäre das Nonplusultra. Aber ich kann mir nicht vorstellen, dass ich jemals so gut werden kann.«

Kapitel 4
Nirgends ein Versteck

Bellingham, Washington, August 1991
»Marija und Jože sind tot?« Ich lasse die Worte auf mich wirken und wiederhole sie dann laut. Ausgesprochen klingen sie auf schmerzhafte Weise wahr. Ich setze mich und lese den Brief ein zweites Mal, dann falte ich ihn zusammen und schiebe ihn zurück in den Umschlag. Ich nehme ihn in die Hand und starre auf den Boden. Im Geiste sehe ich den Kangchendzönga vor mir, den Berg, der sie umgebracht hat. Von einem Foto weiß ich, dass er lang und schmal ist, von zerfurchten Gletschern überzogen und drei Gipfel hat. Meine Augen wandern zum Fenster, wo die warmen Strahlen der Sommersonne einen schönen Tag ankündigen.

»Das kann nicht sein.«

Es ist 6.45 Uhr, ich befinde mich im Bergführerbüro, wo ich auf meine Gruppe warte, mit der ich eine sechstägige Tour unternehmen werde. Ich stehe auf und stecke den Briefumschlag oben in meinen Rucksack.

»Sie sind jetzt bestimmt an einem besseren Ort«, denke ich mir. »Ich möchte wetten, dass Marija Jože überredet hat, auf der anderen Seite des Bergs abzusteigen und in ein buddhistisches Kloster zu gehen. Ich kann mir das lebhaft vorstellen. Es wäre lustig, wenn es sich als Tatsache erweisen

...rija Frantar bestieg am 31. Juli 1990 zusammen mit Jože Rozman den Nanga Parbat. Im Jahr 1991 versuchten sich Marija und Jože an der Besteigung des Kangchendzönga. Von knapp unterhalb des Gipfels meldeten sie sich im Basislager und teilten mit, dass sie sich verstiegen hätten. Ihre Leichen wurden auf 7300 Metern gefunden. Desorientiert und erschöpft, waren sie zu Tode gestürzt.

würde und sie in acht oder zehn Jahren auf einmal wieder auftauchten.«

Ich gehe hinaus auf die Treppe und begrüße den ersten Kursteilnehmer aus meiner Gruppe.

Bellingham, Washington, Juni 1992
»Mugs ist tot.«

Zuerst kann ich die Worte nicht begreifen. Die Tür des roten Kleinbusses wird aufgezogen, Sonnenlicht fällt auf die schmalen Vinylsitze, die wie Schulbussitze wirken, und auf den abgewetzten Metallboden. Ich sitze ruhig auf der Rückbank, ein erschöpfter junger Mann, hin und her gerissen zwischen testosterongesteuerten Aufwallungen von Überheblichkeit und einer von den Erfahrungen in den Bergen hervorgerufenen Demut. Julie Cheney-Culberson, Matts Ehefrau, wirkt winzig im Eingang.

»Matt.« Sie hält inne und schaut ihn an. Matt hat den Atem angehalten. Tränen stehen in ihren Augen. »Mugs ist tot, Matt. Mugs ist tot.«

Mugs war einer der drei besten Alpinisten Amerikas. Seine Alleinbegehung des Cassin Ridge inspirierte mich zu meinen Klettertouren in Alaska. Er fiel in eine Gletscherspalte, während er eine Gruppe auf den Denali führte. Er ging auf den Rand der Gletscherspalte zu, um eine gangbare Route zu suchen. Da er nicht gesichert war, konnten seine Kunden ihn nicht herausholen.

Matt geht auf sie zu und versucht sie zu trösten, obwohl er auch selbst Trost benötigt. Ich fühle mich unbehaglich und schlüpfe unbemerkt hinaus. »Mugs Stump tot?«, denke ich. »Das hätte nicht passieren dürfen. Nicht so.«

Kurz darauf bin ich auf dem Weg nach unten, zu Tony's Coffee House, und überlege, ob die hübsche Brünette, die letzte Woche dort gearbeitet hat, auch heute wieder da sein wird. »Ja, es ist derselbe Tag, dieselbe Zeit wie letzte Woche.« Beschwingt setze ich meinen Weg fort.

Skagit, Washington, 11. August 1993

»Es dauert nur eine Minute«, sage ich zu den jungen Bergsteigern in meinem Kleinbus, als ich den Parkplatz einer Tankstelle ansteuere. »Vielleicht kauft ihr euch ein Eis. Ich muss im Büro anrufen und mitteilen, dass wir wohlbehalten unten angekommen sind.«

Ich werfe 35 Cent in das Münztelefon, es läutet zweimal. »Hallo?«, frage ich, als ich nicht das übliche fröhliche »American Alpine Institute« zur Begrüßung höre.

»Hallo? Wer ist da?«, lautet die Erwiderung.

»Hi, Sheilagh, hier ist Steve. Ich rufe nur an, um euch mitzuteilen, dass wir vom Mount Baker abgestiegen und unterwegs zu euch sind.«

Die Stimme am anderen Ende der Leitung bebt, als sie zu sprechen anfängt. »Hallo, Steve. Es geht um Julie. Wir haben es gerade erfahren. Julie ist tot.«

»Was?«, frage ich. Ich hatte Julie Anfang der Woche noch gesehen.

»Sie und Matt sind nach Kanada gefahren. Wir wissen bis jetzt nichts Näheres. Ich weiß nur, dass sie am Aemmer-Couloir am Mount Temple abgestürzt sind. Matt ist schwer verletzt, aber er wird wieder gesund werden.«

Ich lege auf und kehre zum Bus zurück. Die Bergsteigergeschichten, die ich als junger Mann gelesen habe, waren voll von Lawinenabgängen, Felsstürzen, Stürmen, Erschöpfung und Problemen in großen Höhen. Die Männer – fast immer waren es Männer – hatten Erfolg, manche scheiterten auch oder kamen ums Leben. Das ist jetzt aber keine fiktive Geschichte mehr.

Dexter Falls, Ouray, Colorado, 25. Februar 1995
Ich höre das Geräusch des herabstürzenden Steins, noch bevor ich ihn sehe. »Achtung, Steinschlag!«, schreie ich. »Drückt euch an die Wand! Drückt euch an die Wand!«

Dan und Caroll pressen sich ans Eis. Dan ist mir zugewandt, und ich sehe die Angst in seinen Augen. Hinter Dan starrt Caroll geradeaus, er hat die Nase ans Eis gedrückt, seine Hände umklammern die Eisschrauben an unserem Standplatz. Ich presse meinen Kopf ebenfalls an das Eis und verfolge, wie der Brocken bedrohlich nahe auf Caroll zufliegt. Caroll spürt es, denke ich, denn er blickt gerade in diesem Augenblick auf.

Ich sehe den Felsbrocken, aber es bleibt keine Zeit mehr für irgendwelche Empfindungen. Er hat ungefähr die Größe und die Form eines kleinen Mikrowellenherds. Er ist dunkel, dunkelbraun, fast schwarz. Eine Seite ist mit verkrustetem, glänzendem Schlamm überzogen, der ihn am Berg festhielt. Der Schlamm ist vom Nachtfrost mit Kristallen gesprenkelt. Er hat eine eher trapezförmige als quadratische Form. Vereinzelte

Schneefetzen wirbeln von ihm weg, als er durch die Luft fliegt. Die Kante des Trapezoids kracht gegen den türkisfarbenen Helm. Caroll stürzt ab.

»Caroll!«, schreien Dan und ich. Caroll steht nicht mehr an der Abseilstelle. Eine der Eisschrauben, die wir als Fixpunkte verwendet hatten, ist verbogen oder zerbrochen; ich kann es nicht genau erkennen. Eine Bandschlinge, die zu unserem Standplatz gehörte, flattert nutzlos zwischen uns umher. Ein zerbrochener Karabiner liegt auf dem fußbreiten Felsband, auf dem Caroll stand.

Ich schaue nach unten. Caroll liegt ungefähr zehn Meter unter uns auf einem steilen Schneehang, ungesichert, drei Meter entfernt von einer 35 Meter hohen Steilstufe zum Fuß der Dexter Falls, einer mittelschweren Eisroute ungefähr eine Stunde Fußmarsch von der Hauptstraße entfernt. Er bewegt sich nicht. Es ist alles still.

Bei meiner Ausbildung zum Bergführer habe ich auch Notfälle wie diesen geübt. Ich hatte gehofft, dass ich nie tatsächlich damit konfrontiert werden würde. Aber ich hatte immer vermutet, dass es irgendwann dazu kommen würde, wenn ich nur lange genug in diesem Geschäft tätig wäre. Ich handle, wie ich es gelernt habe: sich um die Überlebenden kümmern, keine weiteren Opfer riskieren. Ich baue den Standplatz wieder auf. Eine der Eisschrauben ist noch brauchbar. Ich ersetze die beschädigte Schraube durch eine neue. Dan laufen Tränen über das Gesicht, als ich ihn am neuen Stand einhänge. Ich seile mich zu Caroll ab.

»Ruhe bewahren, Steve«, sage ich mir den Grundsatz der Bergretter auf. »Du hast keine Zeit zu verlieren.« Als ich bei Caroll ankomme, liegt er noch immer reglos da, doch er atmet, schwer, unregelmäßig und mühsam.

»Caroll, Caroll!«, rufe ich.

Dan hängt in seinem Hüftgurt, die Stirn ans Eis gedrückt. Er schluchzt leise. Neben Carolls schwerem Atmen ist dies das einzige Geräusch, das ich höre. Ich rüttle Caroll an der Schulter. Keine Reaktion. Ich verbinde unsere Hüftgurte miteinander, um sicherzustellen, dass er nicht den Eishang hinunterstürzt.

Sein Helm ist zerborsten, aufgeschnitten wie ein Stück Kuchen. Die scharfe Kante des zerbrochenen Plastiks ist mit transparentem, klebrigem rotem Blut verschmiert. Ich nehme einen scharfen Geruch wahr, den ich noch nie gerochen habe. Einen beißenden Geruch, wie verdünntes Ammoniak. Vorsichtig versuche ich seinen Helm zu entfernen. Caroll stöhnt, doch der Helm sitzt locker und lässt sich leicht abnehmen.

Ich hebe seinen Kopf aus dem Schnee und sehe, dass die hintere Seite seltsam abgeflacht und dick mit Blut bedeckt ist, das sich mit einer durchsichtigen Masse und Haarbüscheln vermischt. Ich betaste die Wunde. Sie ist weich. Mir wird übel. Gleichzeitig betrachte ich all dies wie ein distanzierter Arzt.

»Tu was! Hilf ihm!«, ruft eine Stimme in meinem Kopf. Ich lege eine dicke Rolle Verbandsmull auf die Wunde und umwickle den Kopf mit einer zweiten. Dann setze ich Caroll den Helm wieder auf, damit die Kompresse hält. Ich ziehe ein langes Seilstück aus dem Rucksack, nehme es doppelt und mache ein wenig versetzt von der Mitte einen Knoten, sodass ein improvisiertes Abseilsystem entsteht, mit dem wir uns gleichzeitig abseilen können.

»Gehen wir, Caroll.« Ich gehe in die Knie, lege mir seinen rechten Arm über die Schulter und greife mit meiner freien Hand seinen Hüftgurt. Ich stehe auf und wuchte ihn hoch. Er ist schwer, aber sobald er oben ist, scheinen ihn seine Beine zu halten. Behutsam bewege ich ihn den Eishang hinunter und bringe ihn dann in eine Position, in der er halb steht und halb am Seil hängt. Er ist steif, aber unstabil, und ich halte seinen Hüftgurt fest, um ihn aufrecht zu halten und zur Abseilvorrichtung zu schieben. Ich gehe rechts von ihm. Seine Augen unter den Lidern sind schwer und fast völlig geschlossen. Ich trete hinter ihn und fasse seinen Hüftgurt mit meiner linken Hand. Meine rechte Hand bremst den Abseilvorgang, und ich lasse ein paar Zentimeter Seil durchgleiten, damit wir ein Stück hangabwärts kommen.

Caroll stöhnt, und ich lasse uns ein paar Meter weiter hinab, wobei wir nun schneller werden. Plötzlich dreht sich Caroll mit unerwarteter Kraft zu mir und schlägt mit geballten Fäusten auf mich ein. Ich bin dicht neben ihm, fast an seiner Brust, und seine Fäuste schwingen weit aus und treffen mich am Hinterkopf. Ich möchte schreien, denn ich fühle mich von ihm verraten. Ich blicke hinauf zu Dan, während Caroll unablässig auf mich einschlägt. Dan schaut weg. In diesem Augenblick trifft mich Caroll mit dem Ellbogen an der Wange. Er schlägt ziellos um sich, entwindet sich meinem Griff und lässt sich in den Schnee fallen.

»Verdammt, Caroll! Steh auf!«, schreit Dan plötzlich. Ich blicke hoch zu ihm, dessen Gesicht eine rote Masse aus Tränen und Entsetzen ist.

Da schießt mir ein Gedanke durch den Kopf: Dass Caroll um sich schlägt, ist eine Folge seiner Kopfverletzung. Ich greife nach seinem Hüftgurt. Caroll ist größer als ich. Ich ziehe, aber er bewegt sich nicht. Fast bin ich am Verzweifeln. Ich schiebe meinen Arm durch den Schnee unter ihm hindurch und reiße ihn mit einem Ruck hoch. Einen Augenblick lang steht er selbstständig auf beiden Beinen.

Ich trete zurück und bringe uns ein paar Meter nach unten. Mein Steigeisen schabt an etwas. Es ist dunkelbraun. Da es teilweise vom Schnee bedeckt ist, sieht es fast schwarz aus. Ich trete mit dem Schuh dagegen. Der Felsblock ist sehr schwer. Er sieht eher trapezförmig als quadratisch aus.

Einen Augenblick ist Caroll reglos. Seine Augenlider sind jetzt hochgezogen, und er schaut mich mit Augen an, die nichts mehr sehen können: unfokussierten, dunklen Augen. Bevor er abermals auf mich einschlagen kann, seinen unbekannten Angreifer, schiebe ich ihn den Hang hinab. Der Hüftgurt fängt sein Gewicht auf, als ich uns über die Abseilvorrichtung hinablasse.

Ich habe mich unter ihm eingehängt, lasse mich nach unten und belaste den Stand zusätzlich mit meinem eigenen Gewicht. Indem ich unseren Schwung nütze, bewege ich mich nach unten und lege meinen Arm um seine Körpermitte, um den vorderen Teil seines Hüftgurts fest in den Griff zu bekommen. Ich hänge mich ins Seil und ziehe Caroll über den Hang mit mir nach unten.

Nachdem wir die Kante der Eiswand hinter uns haben, lastet Carolls Gewicht voll auf seinem Gurt. Das erleichtert es mir, unsere Abseilfahrt zu kontrollieren. Er tobt noch immer, schlägt und tritt um sich. Durch seinen Hüftgurt wird er in eine aufrechte Haltung gezogen, und ich werde unter und hinter ihm gehalten, wo ich etwas vor seinen Schlägen geschützt bin. Die Zeit gewinnt ihre normale Dimension zurück, und nach wenigen Sekunden landen wir sicher am Boden.

»Dan!«, schreie ich. »Du musst dich jetzt zu uns abseilen.«

Ich höre nichts. Ich prüfe die Seile durch einen leichten Ruck, um festzustellen, ob er 35 Meter über uns seine Abseilsicherung anbringt. Das Seil ist ruhig.

»Dan, komm runter!« Ich warte einen Augenblick, aber es kommt keine Reaktion. »Komm runter. Hörst du mich?«

Noch immer keine Antwort, aber das Seil zittert ein wenig, und ich weiß, dass er sich nun abzuseilen beginnt. Langsam und tapfer kommt er über das Seil zu uns herab.

»Hier rüber. Hilf mir«, befehle ich, als wir Caroll gemeinsam an den Armen hochheben und halb tragend und halb ziehend vom Wasserfall wegtransportieren, damit er vor weiterem Steinschlag geschützt ist. Dan sitzt mit ausgestreckten Beinen am Boden und hat Carolls Kopf auf seinen Schoß gebettet; seine Hand liegt über dem Verband.

»Bleib du hier. Ich hole Hilfe.« Es ist erst 13 Uhr. Der Rettungsdienst wird schnell hier sein, und wir werden Caroll ins Krankenhaus bringen. Er atmet jetzt tief und regelmäßig, seine Brust hebt und senkt sich ruhig. Dan hat wieder zu weinen begonnen.

»Du machst es gut, Steve«, stammelt Dan unter Tränen und wischt sich die Nase am Ärmel ab. »Das war nur ein schlechter Tag. Caroll wird wieder gesund werden.« Ich zucke zusammen, als er seinen Lieblingsspruch bei dieser unpassenden Gelegenheit anbringt.

Als ich den Weg hinabeile, werde ich die Bilder nicht mehr los: die dunklen Haare, die zu dicken Strähnen verklebt sind. Die durchsichtige, viskose Flüssigkeit, mit Blut vermischt. Zum Teil fast klar, zum Teil violett, zum Teil dunkelrot. Die Weichheit, die ich spürte, als ich den weißen Rand seines gebrochenen Schädels betastete. Als ich erschrocken die Hand wegnahm, quollen noch mehr zähe Masse und mehr Blut hervor. Ich versuchte es wieder zurückzuschieben. Doch die Haare waren verklebt. Schwarze, dichte Strähnen von schmutzigem Haar.

Zehn Tage später muss ich in Charlotte, North Carolina, vor die versammelte Trauergemeinde treten. Caroll war vier Tage nach dem Unfall im Krankenhaus gestorben. Ich hatte gesehen, wie die Hand seiner Frau so stark zitterte, dass ihre Unterschrift unter die Anweisung zur Beendigung der lebenserhaltenden Maßnahmen fast unleserlich war.

Ich gehe zum Pult und sehe Hunderte Gesichter vor mir. Ich fühle mich höchst unwohl in dieser Situation. Ein junger, weißer, atheistischer Bergsteiger aus dem Staat Washington steht vor einer Versammlung von Baptisten aus den Südstaaten. Ich bin 24 Jahre alt und konnte noch nie Alkohol kaufen, ohne meinen Ausweis vorlegen zu müssen. Heute trage ich zum zweiten Mal mein Sakko und meine einzige Krawatte.

Das erste Mal hatte ich diese Kleidungsstücke bei meinem Abschlussball an der Highschool vor sechs Jahren angehabt.

Ich wünschte, ich könnte den Trauernden von dem dunklen, verborgenen Stolz erzählen, den jene Bergsteiger in sich tragen, die noch leben. Wie wir wissende Blicke tauschen, wenn einer unserer Brüder stirbt. Ich möchte all die Außenstehenden verlachen – oder jene, die damit ihre Entscheidung begründen, dass sie sich von den Bergen fernhalten –, die allzu schnell darauf hinweisen, wie unerwartet der Tod einen Bergsteiger treffen kann.

»Man weiß nie, wer der Nächste sein wird! Du könntest der Nächste sein!«, rufen sie.

Das stimmt. Dass ich weiterhin auf die Berge steige, auch wenn Kameraden von mir umgekommen sind, rechtfertige ich damit, dass ich die richtigen Lehren aus ihren schicksalhaften Fehlern ziehe. Doch diesmal liegt der Fehler bei mir. Ich weine um Caroll, aber mehr noch um mich selbst. Vorher war ich besser, klüger, stärker. Und glücklicher.

Aber in Wirklichkeit war ich es nicht. Ich bin es nicht. Ich sollte eigentlich nicht mehr am Leben sein. Tränen fließen mir über die Wangen wegen dieser Ungerechtigkeit. Es gibt keinen Ort, an dem ich mich verstecken kann.

»Ich bin Steve House.« Meine zu laute Stimme dröhnt knarrend aus den Lautsprechern. Ich trete einen Schritt zurück. »Ich war als geprüfter Bergführer mit Caroll in Colorado unterwegs.«

Obwohl ich nichts hätte tun können, um diesen fast schwarzen Stein an seinem Platz zu halten, möchte ich den Versammelten sagen, dass ich das Gefühl habe, als Bergführer versagt zu haben: dass ich den höheren Temperaturen nicht genügend Beachtung geschenkt habe, dass ich nicht energischer durchgegriffen habe, als Caroll und Dan zu spät aufgebrochen waren. Ich wünschte, ich könnte diese Verfehlungen erklären.

Ich kann die Trauernden nicht um Vergebung bitten, wenn ich ihnen meine Sünden nicht begreiflich machen kann.

»Ich habe mit Caroll in den vergangenen Jahren mehrere Klettertouren absolviert.« Ich blinzele ein paar Tränen weg und nehme meinen ganzen Mut zusammen, um weiterzusprechen. »Ich weiß, dass er das Bergsteigen liebte, dass er mit sich im Reinen war, wenn er in den Bergen war. Wenn es einen Trost für Sie darstellt, möchte ich Ihnen sagen, ich glaube, dass er in seinen letzten Tagen glücklich war.« Ich verlasse das Mikrofon, ich hasse diese Rechtfertigung. Tod ist Tod. Unwiderruflich. Für immer.

Kapitel 5

Ein Punk auf Steigeisen

**Father and Sons Wall, Denali/Mount McKinley,
Alaska, 1. Juli 1995**

Mit dem Schuh schiebe ich den pulvrigen Schnee von der Oberfläche des kleinen Felsvorsprungs. Der schwarze Stahl der Steigeisen scharrt kratzend über das Eis. Eli zerhackt rhythmisch die Eisplatte. Langsam und gleichmäßig schwingt er den Pickel und ebnet und glättet unseren kleinen Sitzplatz. Nachdem ich den Schnee entfernt habe, greife ich zu meinem Pickel und unterstütze Eli. *Whack-whack. Whack-whack. Whack-whack.*

»Sieht ganz gut aus, nicht?«, sagt Eli eine halbe Stunde später. Sein abgetragenes Oberteil ist weit nach oben gerutscht. Mit dem dicken weißen Sonnenschutz auf seinen Wangen und der dunklen Gletscherbrille sieht er aus wie eine Figur aus einem Zombie-Film.

»Das müsste jetzt reichen«, sage ich. Mittlerweile tun mir die Arme vom Hacken weh. Mit dem Pickel fege ich einen Schneerest vom Felsvorsprung und setze ein paar Eisschrauben. Wir sichern uns beide daran.

Ich hänge meine beiden in Farbe und Form nicht zusammenpassenden Eisgeräte – den kurzen blauen Hammer und den längeren schwarzen Pickel – an den Stand, nehme meine Steigeisen ab und befestige sie ebenfalls daran. Ich bemühe

Eli Helmuth (rechts) und ich stehen auf dem Motorcycle Hill (2. Juli 1995). Die Father and Sons Wall wird von der Nachmittagssonne beschienen. Wir haben unsere erste Durchsteigung der Wand von dem auf 3350 Meter Höhe gelegenen Lager auf der West-Buttress-Route aus gestartet.

mich, auf dem glatten, blauen Eis das Gleichgewicht zu halten, hole meinen Biwaksack heraus, setze mich auf unserem kleinen Felsvorsprung auf den Boden und ziehe den Nylonsack über meine Füße und hoch bis zum Kinn. Dann drückt Eli die Frontalzacken seiner Steigeisen ins Eis, greift nach unten und nimmt sie ab. In den Biwaksäcken tragen wir unsere Anoraks und Fäustlinge, aber wir haben keine Schlafsäcke, um uns vor der Kälte zu schützen. Brummelnd drehe ich mich hin und her, um mich an die Unterlage anzupassen. Halb liege ich auf meinem Rucksack, halb lehne ich am Hang über mir.

Eli lacht. »Bequem?«

»Ja, ganz toll.«

Wärme und Behaglichkeit haben wir unserem Credo – schnell und mit wenig Gepäck zu klettern – geopfert. Es ist 14 Uhr. Wir sind seit 22 Stunden ununterbrochen auf den Beinen. Wir haben Hunger und Durst. Ich lege mich zurück, Eli reißt ein Zündholz an, und der Kocher springt an, während Eli seine Brille abnimmt und mit ihr seine dichten, ungewaschenen Haare nach hinten schiebt. Er dreht das Gas auf, worauf der Kocher zu zischen beginnt. Es tut gut, sich nach einer so großen Anstrengung hinlegen zu können. Meine Muskeln sind noch warm vom Klettern; durch die erfrischende Kühle

Eises unter mir weicht die Anspannung aus meinen Beinen.

Da sich Eli aufmerksam um den kleinen Aluminiumtopf kümmert, haben wir bald Wasser. Wasser heißt, dass wir essen können: Nudelsuppe, eine Tüte Melassekekse, Energieriegel. Ich schaue hinunter und die Wand entlang, wo ich ein paar Bergsteiger auf der normalen West-Buttress-Route ausmachen kann. Ich stelle mir vor, dass sie ebenfalls zu uns herüberschauen und die massive Wand betrachten, deren gewaltige Ausdehnung uns aber ihren Blicken entzieht. Die Sommersonne brennt nieder und wärmt uns nachträglich.

Leicht und schnell bedeutet kalt und hungrig. Als die harte Hand des Schattens die Liebkosung durch die Sonne ablöst, werde ich aus dem Schlummer gerissen. Wir haben zwei Stunden geschlafen. Mit einem Schulterzucken dreht sich Eli weg von mir. Keiner von uns durchbricht die Stille mit Worten. Seit zwei Monaten sind wir gemeinsam unterwegs, nachdem wir eine Tour über die West-Rib-Route des Denali geführt hatten. Nach diesem Unternehmen besprachen wir einige neue Ideen. Es war noch zu warm für Ziele in geringeren Höhen wie etwa die Ruthschlucht. Bei einigen Bechern Häagen-Dazs kamen wir schließlich auf die Fathers and Sons Wall. Das ist ein sehr bekanntes Ziel für Bergsteiger; Mugs Stump hatte die Route im Jahr vor seinem Tod versucht.

Um meine Schläfrigkeit loszuwerden, schlage ich die grüne Kapuze des Biwaksacks zurück. Unter uns hängt eine Wolkenbank grau und dick am Fuß der Wand; sie wirkt wie ein großer See mit einem steilen, unzugänglichen Ufer. Ich schaue hinauf in den klaren Himmel. Er hat sich in ein mitternächtliches Blau verfärbt.

Jetzt bin ich mit dem Kochen an der Reihe, und nachdem ich die blaue Flamme entzündet habe, die das Eis schmilzt, starre ich in die Wildnis des Gletschers. Der Petersgletscher fließt nach unten und geht in das dunkle Grün und das Braun der Tundra über, die sich nordwärts in das Innere Alaskas erstreckt. Nirgendwo kann ich einen Menschen entdecken. Die Bergsteiger, die ich vorhin gesehen habe, sind weitergegangen. Wir sind völlig allein. Ich finde dies auf eine befremdliche Weise angenehm. Noch vor nicht allzu langer Zeit hätte ich mich in dieser Einsamkeit sehr unbehaglich gefühlt. Ängste werden allmählich überwunden. Wachsendes Können, Ehrgeiz und Erfahrung haben meine Angst vor dem Ausgesetztsein und der Isolation verschwinden lassen. Die Erfahrung hat meine existenzielle Angst vor diesem Universum aus Fels, Eis und Schnee vertrieben.

Aber dann schaue ich nach unten, und mir wird klar, dass wir uns 1200 Meter hoch in einer noch unerforschten und undurchstiegenen Wand am höchsten Berg Nordamerikas befinden. Ich schließe die Augen und hole tief Luft, um meine aufkommende Besorgnis zu bekämpfen, und schaue nach oben. Ich muss die Wand in Passagen aufgliedern, sage ich mir. Wir haben 600 Meter technisches Eisklettern über uns und darüber vielleicht vier Stunden in einfacherem Gelände, bis wir wieder auf die West-Buttress-Route gelangen. Von der normalen Route aus können wir in einem Bogen zu den Zelten absteigen, die wir im 3350 Meter hoch gelegenen Lager zurückgelassen haben.

Mit unserer spärlichen Ausrüstung ist es uns nicht möglich, über unsere Aufstiegsroute zurückzukehren: Wir haben nur 50 Meter Kletterseil, ein halbes Dutzend Eisschrauben und eine Handvoll weiteres Kletterermaterial bei uns. Der einzige Weg zurück führt nach oben.

Keiner von uns hat sich jemals so weit gewagt. Wir versuchen dem Vorbild des legendären Bergsteigers Mugs Stump nachzueifern, der im Alleingang in einem Tag den Cassin Ridge beging, versuchen dem Ideal nahezukommen, das Mark Twight und Scott Backes ein Jahr zuvor verwirklicht haben, als sie in 44 Stunden eine neue Route auf den Mount Hunter

…fneten und über diese auch wieder abstiegen. Wir versuchen die Geschichten zu leben, die wir von den Männern gelesen haben, die in Marathontagen von 30 Stunden und mehr die höchsten Berge der Erde bestiegen, sogar den Everest.

Der Gedanke an die Bergsteiger, die uns vorausgegangen sind, lässt meine Zuversicht wieder wachsen. Ich erkenne, dass wir ohne schweres Gepäck wesentlich weiter kommen können, als ich mir bisher vorstellte. Indem wir eine bestimmte Art von Risiko eingehen – nicht genügend Ausrüstung dabeizuhaben, um länger als ein paar Stunden Rast zu machen, unabhängig von der konkreten Situation –, heben wir den Sicherheitsfaktor der Geschwindigkeit auf ein neues Niveau. Je kürzer wir uns in der Wand aufhalten, umso geringer ist die Gefahr, von einem Sturm überrascht zu werden. Mit unseren Steigeisen und Eisgeräten setzen wir diese Idee in die Tat um.

Ein metallisches Zwielicht filtert unsere Welt; alles erscheint in Schattierungen von Grau und Schwarz. Die Dunkelheit wird in Schach gehalten durch die erst kurz zurückliegende Sommersonnenwende und den hohen nördlichen Breitengrad, auf dem wir uns befinden. Unsere Strategie setzt auf die niemals dunkel werdende Nacht Alaskas. Zuversichtlich legen wir unsere Steigeisen wieder an, packen unsere wenigen Habseligkeiten in unsere kleinen Rucksäcke und brechen erneut auf.

Das Klettern ist jetzt einfach, aber gefährlich, da wir ein höheres Risiko eingehen, um schneller voranzukommen. Wir setzen eine Eisschraube, hängen das Seil ein und steigen beide gleichzeitig auf, wobei das Seil gespannt zwischen uns verläuft und die Schraube verhindert, dass wir bis zum Fuß der Wand abstürzen, wenn einer von uns ausrutscht. Ein solcher Sturz würde zu einem qualvollen, langsamen Tod führen. Gebrochene Beine und Arme sind wahrscheinlicher als ein schneller Tod durch den Absturz. Ich überlege, ob es nicht sicherer wäre, wenn wir uns vom Seil lösen würden. In meinem erschöpften Zustand erscheint mir diese Idee aber zu gefahrvoll, als dass ich sie ausspreche. Gemeinsam schleppen wir uns die letzten paar Hundert Meter nach oben.

Ich gehe voraus, und nachdem ich die letzte unserer sechs Eisschrauben angebracht habe, treibe ich meinen Eishammer stabil ins Eis und hänge unser Seil an ihm ein. Ich gehe das Seil aus und setze mein verbliebenes Eisgerät, um Eli an ihm zu sichern, indem ich eine Bandschlinge um die Pickelhaue lege und das Eisgerät als Fixpunkt verwende.

Eli übernimmt wortlos den Vorstieg und wirft einen Seitenblick auf meine Pickelsicherung. Er trägt bereits sämtliche Ausrüstung mit sich, die er beim Nachsteigen der Seillänge abgebaut hat, und es besteht keine Notwendigkeit für Diskussionen, Kritik oder Gespräche darüber, welche Risiken wir schon eingegangen sind.

Wie in Trance bewegen wir uns gemeinsam die Wand hinauf; die Geländeformen, die wir uns anhand von Fotos eingeprägt haben, sehen an Ort und Stelle ganz anders aus. Eine Rinne, von der wir dachten, sie sei 60 Zentimeter breit, misst in Wirklichkeit neun Meter. Passagen, die wir für gerade hielten, biegen schroff zur Seite ab.

Sobald sich die Wand zurücklegt, ungefähr 60 Meter unterhalb der Spitze des Nordwestpfeilers, bleibt Eli stehen. Wir haben die letzten hundert Meter ohne jede Sicherung zurückgelegt; jeder von uns ging praktisch solo, obwohl wir durch das Seil verbunden waren. Es gab keinen Fixpunkt, der uns wie beim Simultanklettern gehalten hätte, denn wir glauben, dass wir in wenigen Augenblicken oben ankommen werden. Mich fröstelt in der Kälte der arktischen Nacht. Eli kniet sich in den Schnee und krümmt sich unter Magenkrämpfen, die durch Dehydrierung verursacht werden.

es ist zu kalt, um mitten in der Nacht stehen zu bleiben und darauf zu warten, dass der Kocher uns labt. »Steh auf, Mann«, ermahne ich ihn. »Wir können nicht hier bleiben.«

»Ich weiß, ich weiß. Gib mir nur eine Minute.«

Ich lege mich auf den harten Schnee, die Arme zur Seite ausgestreckt, und versuche, meiner eigenen Schmerzen Herr zu werden. Die Kälte kriecht schnell in meinen Körper. Ich rolle mich auf den Bauch, stütze mich auf Hände und Knie und richte mich langsam auf. »Komm«, sage ich, und wir machen uns auf zum Ausstieg.

Der höchste Punkt der Father and Sons Wall liegt auf 4700 Metern. Darüber steigt der Bergrücken langsam zum Nordgipfel an, der gut 1200 Meter höher liegt. Im blauen Licht der Alaska-Mitternacht erscheint der Gipfel zum Greifen nahe, aber wir wissen, dass das nicht der Fall ist. Kurze Zeit spüren wir die Versuchung, bis zum Gipfel weiterzugehen. Doch unser Ziel besteht darin, die Wand zu durchsteigen, nicht unbedingt den Gipfel zu erreichen. Eine andere Planung wäre mit unserem geringen Gepäck auch gar nicht umsetzbar gewesen. Eli und ich stehen eine halbe Stunde nach Mitternacht am Ausstieg der Father and Sons Wall.

Wir stolpern durch Schneewehen und über Gletscherspalten nach unten, denn die Flachheit des Geländes sind wir nicht gewohnt. Der Gletscher ist vom Wind verformt, wir gehen über blankes Eis und springen über kaum verdeckte Spalten. Schon bald beginnen wir mit dem Aufstieg über den schneebeladenen Nordabhang des Westpfeilers. Wir haben noch 350 Meter vor uns und kommen nur langsam voran. Ich bleibe alle paar Schritte stehen, um Luft zu holen, und stehe oft bis zum Bauch im Schnee. Ich schaufle den Schnee mit den Händen weg und gehe zwei Schritte nach oben. Eli übernimmt das Spuren. Er macht fünf Schritte.

Die Temperatur fällt weiter, und ein eisiger Wind weht von den höheren Lagen herab und lässt unsere Gesichter starr werden. Ich bewege meinen Kiefer, um keine Erfrierungen im Gesicht davonzutragen, die Haut fühlt sich wächsern und steif an. Als wir schließlich eine Höhe von 4940 Metern erreichen, befinden wir uns wieder auf vertrautem Gelände, der Normalroute, und beginnen mit dem Abstieg. Wir gehen an leise knatternden Zelten vorüber, in denen Leute friedlich schnarchen. Unser Überleben ist gesichert. In ein paar Stunden werden wir in unseren eigenen Zelten liegen.

American Alpine Institute, Bellingham, Washington, September 1995

Weder Eli noch ich haben bisher Fotos von uns in einer Zeitschrift gesehen. Doch jetzt zieren Bilder von uns einen Bericht über die neue Route, der wir den Namen »First Born« gegeben haben, in den Zeitschriften *Climbing*, *Rock and Ice* und schließlich auch im renommierten *American Alpine Journal*. Wegen dieser Veröffentlichungen bin ich hin und her gerissen zwischen Aufgeregtheit und Enttäuschung.

»Diese Leute haben keine Ahnung. Sie können sich nicht vorstellen, was wir auf uns genommen haben, um diese Begehung zu machen.« Ich lege die Zeitschrift zurück in das Regal im Bergsteigerladen.

Ich brauche ein neues Ziel. Ich erinnere mich an eine mögliche Route, die Eli und ich auf unserem Weg zur »First Born« entdeckt haben: eine bislang unbegangene Direttissima auf die Washburn Wall des Denali, zu der man auf demselben Weg gelangt, den wir auch für die »First Born« genutzt haben. Nachdem ich gerade mein Ökologie-Grundstudium abgeschlossen habe, fasse ich den Entschluss, mich nicht um einen Platz im Master-Studiengang zu bewerben, sondern den Winter als Bergführer in Ecuador zu verbringen und den größten Teil meiner dortigen Einnahmen auf die hohe Kante zu legen. Ich verdiene zwar nur 57 Dollar am Tag, doch ich habe viel

Freizeit, die es mir ermöglicht, etwas für meine Fitness zu tun und Erfahrungen in großen Höhen zu sammeln.

Meine Studienkollegen berichten mir von ihren Praktikantenjobs, von endlosen Experimenten im Labor, von 80-Stunden-Wochen, in denen sie die Thesen ihrer Professoren überprüfen müssen. Ich hingegen steige gemächlich zu 6000 Meter hohen Vulkanen hinauf und bedaure es, dass sich mir keine intellektuellen Herausforderungen stellen. Da ich weiß, dass ich mir meine Ziele alle selbst gesetzt habe, lächle ich über jene, die weiterstudieren oder sogenannte echte Jobs angetreten haben. Das ist der ultimative Ausverkauf: für andere zu arbeiten. Seine Seele einzupferchen in eine Hölle aus Büros, Bildschirmarbeitsplätzen und Geldscheinen. Wenn sie das nicht erkennen, haben sie auch nicht die Chance verdient, herauszufinden, wozu sie eigentlich fähig wären.

Ich bin ein Punk auf Steigeisen. Ich lebe, um zu klettern. Ein Glückspilz, gerettet nicht durch meine eigene Brillanz, sondern indem ich in Slowenien die Chance erhielt, eingeführt zu werden in das Wunderland des Bergsteigens. Ich bin sicher, dass die Bergsteigerei mir alles vermitteln kann, was ich als Mensch wissen muss.

Meine Freunde aus der Jugend werden zu Kritikern. Sie versuchen mich mit einer Logik fertigzumachen, die sie ihrem Glauben an den Erfolg entlehnt haben. »Was willst du machen, wenn du eines Tages alt bist und deine Knie kaputt sind? Sorgst du fürs Alter vor?« Ich lache sie aus, es ist das Lachen des in die Enge getriebenen Schurken, der weiß, wie er entkommen kann. Ich werde Erfolg haben, weil ich Erfolg haben muss. Ihre Schlingen und Pfeile sind Entschuldigungen für ihre Unfähigkeit, ebenso tapfer zu sein, für ihr Unvermögen, an sich selbst zu glauben, für ihre fehlende Bereitschaft, sich einer nicht vorgezeichneten Zukunft zu verschreiben.

Ihre wiedergeborene Indoktrination macht sie blind gegenüber den Vorteilen eines Veränderungsprozesses. Ich kaufe die

Aktie der Zukunft für mein Geld. Ihr Eifer bestärkt mich in meiner Überzeugung, dass ihre Vorstellungen von Erfolg bedeutungslos sind. Ich werfe ihnen vor, dass sie von Erwartungen motiviert werden, die nicht ihre eigenen sind; dass sie sich mit schalen Dramen beschäftigen, die sich allein um sie drehen.

Ich habe mir meine eigenen Erwartungen ausgetrieben und das Leben in seinem Hier und Jetzt angenommen. Die sozialistischen Slowenen haben mir durch ihre Taten, ihre geistige Einstellung und ihre Gedanken den Weg gezeigt. Sie lebten in einem Land ohne Zukunft. Erlösung, so dachten sie, erreicht man nur, wenn man Tatkraft, Stil und Stärke an den Tag legt.

So sehe ich es auch. Im Laufe der Zeit mag sich meine Kompromisslosigkeit abschwächen. Vielleicht werde ich irgendwann Lehrer, Wissenschaftler und Taxifahrer mehr schätzen lernen. Und vielleicht wird die Bergsteigerei doch nicht dazu imstande sein, mich all das zu lehren, was ich wissen muss.

Ich habe alle Bücher gelesen und weiß, dass keiner der legendären Bergsteiger bei seiner ersten großen Besteigung älter als 26 Jahre war. Reinhold Messner durchstieg mit 24 Jahren allein in acht Stunden die Nordwand der Droites und revolutionierte dabei das Eisklettern. Tief in meinem Innern weiß ich, dass etwas Großes in mir schlummert, etwas, was zu meinen Stärken passt. Etwas, was mit Hochgebirge, Eis und Hingabe zu tun hat.

Um das zu erreichen, werde ich mich voll und ganz meiner Kunst verschreiben müssen.

Washburn Wall, Denali, Alaska, 20. Juni 1996
Durch einen glücklichen Zufall treffe ich meine Frau Anne, mit der ich seit sieben Monaten verheiratet bin, im 4250 Meter hoch gelegenen Lager am Denali genau an ihrem Geburts-

tag. Aber sie möchte nicht, dass es jemand erfährt, und daher beschränkt sich unsere Feier auf eine Umarmung und einen Kuss. Ich bin auf dem Abstieg von einer erfolgreichen Führung über die West-Rib-Route. Anne absolviert auf dem West Buttress ihre Bergführerausbildung. Eli, der als zweiter Führer mit auf die Rib-Tour kam, bietet großzügig an, die Kunden allein ins Basislager hinunterzubringen. Insgeheim bin ich überglücklich, dass ich hier bleiben kann. Ich habe meine Pläne bezüglich einer neuen Route bisher für mich behalten. Auch Anne habe ich nichts davon erzählt.

Flexibilität ist eine Voraussetzung für Erfolg in Alaska. Ich arbeite an zwei Zielen: der neuen Route, die ich vergangenes Jahr in der Washburn Wall entdeckt habe, und einer schnellen Alleinbegehung des Cassin Ridge. Ich schnorre mir einen größeren Bestand an Lebensmitteln zusammen und leihe mir ein zweites Eisgerät. Annes Gruppe bricht zum Hochlager auf. Ich verabschiede mich von ihr und beginne damit, in meinem Tagebuch Beobachtungen über Bewölkung, Luftdruck und Windrichtung festzuhalten.

Nach mehreren Tagen hat sich anscheinend ein bestimmtes Wettermuster herausgebildet: klar und kalt am Morgen, windig am Nachmittag, stürmisch und regnerisch am Abend. Ich entschließe mich, die neue Route in Augenschein zu nehmen: die Nordwestwand des Westpfeilers. Sie ist allgemein unter dem Namen Washburn Wall bekannt, zu Ehren von Bradford Washburn, der viele der Hauptrouten an diesem Berg erforschte, fotografierte, beschrieb und auch selbst beging.

Ich lege meinen Hüftgurt über meiner mehrfach geflickten Nylonhose an, verlasse das Lager und renne in Plastikschuhen und mit Steigeisen hinunter zur Windy Corner. Ich habe nur eine Wasserflasche bei mir, ein zweites Paar Handschuhe und einige Energieriegel. Von den schwer bepackten Bergsteigern, die mir von unten entgegenkommen, ernte ich

Ich steige eine der ersten Steilstufen der »First Born«-Route an der Father and Sons Wall vor. Insgesamt habe ich drei Routen auf den Denali erschlossen: »First Born« 1995, »Beauty Is a Rare Thing« 1996 und den Masciolipfeiler 1997.

mehr als nur mahnende Blicke. Aber auch ich hege vorwurfsvolle Gedanken. »An diesen Leuten ist nichts leicht und schnell.«

40 Minuten später weiche ich von dem ausgetretenen Pfad ab, hole tief Luft und folge der Abstiegsroute, die Eli und ich letztes Jahr als Erste begangen haben. Mit dem Gesicht zur Wand steige ich einen steilen Schneehang zu einer Eisrinne hinunter, über die ich nach zwei Stunden auf 3050 Meter Höhe zum Fuß des Petersgletschers gelange.

Von hier sehe ich eine 550 Meter breite Eisfläche, die sich im 50-Grad-Winkel zu dem in der Mitte der Wand gelegenen steilen Felsband aus Granit erstreckt. Ich beiße große Stücke von einem Energieriegel ab und nehme ein paar kleine Schlucke Wasser, als ich im Fels weiße Linien wahrnehme, die sich kaskadenförmig über das Gestein ziehen und auf begehbares Eis hindeuten. Oberhalb davon verbindet ein Netz von Rinnen und Eishängen die verbleibenden rund 1200 Meter in einem einfachen, direkten Muster.

Ich gehe auf weichem, glänzendem Eis hinauf. Kein Seil, kein Partner. Nur zwei, drei, manchmal vier Metallzacken, die

... am Berg halten. Gelegentlich wirbelt harmlose Spindrift zu meiner Linken vorbei, als ich mich zum Rand des Eisfeldes vorarbeite. Ich konzentriere mich auf den Rhythmus des Eiskletterns. Während ich höherkomme, erscheint der Denali immer größer und verdeckt die Sonne. Ich klettere in den Schatten.

In der Nähe des Felsbands mache ich eine Pause und schaue immer öfter und mit wachsender Beunruhigung nach oben. Ich bleibe stehen, hacke eine kleine Plattform in das Eis und hänge meine Geräte ein. Mein Weg hat so schnell sein Ende gefunden, wie er begonnen hat. Es gibt kein Eis an der Stelle, wo ich die Route vermutet hatte. Der blanke Fels ist zu steil, zu abweisend, um ihn allein zu erklettern.

Der Quergang nach rechts, hinüber zu der einzigen existierenden Route in der Wand, sieht nicht übel aus. Diese Route wurde vor einigen Jahren von einem Team erfahrener Bergsteiger begangen, das aus Phil Powers, Greg Collins und Tom Walters bestand, und scheint auch für mich leicht machbar zu sein.

Nachdem ich meine Enttäuschung verwunden habe, erforsche ich die Wand über mir und entdecke plötzlich einen vertikalen Strom von hellbraunem, wässrigem Eis, der im kupferfarbenen Gestein kaum auffällt. Es ist nicht mehr als 30 Meter von meinem Standplatz entfernt. Mein Herz schlägt schneller, als ich nervös mit den Augen mehrere Hundert Meter weit den Wellenlinien folge, bis sie unter einer Aufwölbung verschwinden. Ich zwinge mich dazu, mich hinzusetzen und über meine Möglichkeiten nachzudenken. Eine Stunde lang beobachte ich die Stelle, aber nichts fällt auf meinen neu gefundenen Weg herab.

Als ich auf die vereiste Verschneidung zugehe, erinnere ich mich daran, was auf dem Spiel steht: mein Leben. Zur Schönheit von Alleingängen gehört auch, dass die Risiken so groß und so offensichtlich sind. Ich sage mir flüsternd meine Vorsätze vor. »Steige nirgendwo hinauf, wo du nicht mehr abklettern kannst. Höre auf deine Intuition.«

Beim ersten leichten Hieb des Eispickels schreie ich: »Aaargh.« Ich schreie, um Zweifel zu vertreiben und mich zu vergewissern, dass ich wach bin. Ein Adrenalinstoß durchfährt mich; niemals zuvor habe ich mich lebendiger gefühlt.

Mit jedem Meter an Höhe, den ich gewinne, wächst meine Entschlossenheit. Ich habe kein Seil, mit dem ich mich abseilen oder das ich als Sicherung einsetzen könnte. Kein Funkgerät, um Hilfe zu holen. Lediglich ein Denali-Bergführer, ein Mann, mit dem ich seit Jahren befreundet bin, weiß, wohin ich heute gegangen bin. Ich befinde mich auf einem glatten, grauen Eisfeld 60 Meter über dem Felsband. Das Eis ist hier nur knapp 30 Zentimeter breit und nahezu senkrecht. Ich denke an die Hochzeit meiner Schwester nächste Woche. Ich darf sie ihr nicht durch meine Beerdigung verderben. Über mir verbreitert sich das Eis und flacht sich auf einen Neigungswinkel von 60 Grad ab, bevor es abermals senkrecht wird und aus meinem Gesichtsfeld verschwindet.

Während des Kletterns rede ich mit mir selbst. »So steile Kletterei kann an einer Hochgebirgswand nicht endlos weitergehen.« Und: »Dieses Eis ist unglaublich.« Weiter oben sage ich: »Ich könnte an diesem Eisgerät sogar sichern.« Als die Rinne steiler wird, ist all meine Kraft gefordert. Ich mache einen Schritt nach links und stelle mich mit dem Steigeisen auf eine stabile Kante, um das Gleichgewicht halten zu können. Meine Selbstgespräche gehen weiter. »Umsichtig klettern, Steve. Technik. Entspannen und atmen. Umsichtig klettern, Steve. Entspannen. Atmen.«

Ich schaue hinunter auf meine Füße; die Wand breitet sich unter mir aus. Mit Schnee durchsetzte Eisfelder und nasse Felsbänder fallen absatzlos hinab zu dem jungfräulich weißen Gletscher. Angst erfasst mich, und ich stelle mir vor, wie ich das Eis hinabrutsche, auf die Felsen krache und vom Berg geschleudert werde. Ich wäre tot, bevor ich unten ankäme.

Das Eis ist jetzt nicht mehr ganz senkrecht. Ich klettere vorsichtig in eine kleine Nische, wo ich stehen kann und nicht fürchten muss, dass ich durch einen kleinen Fehltritt mein Leben lasse. Links über mir erhebt sich eine große Rinne, die steil ansteigt bis zu einer Stelle, wo sie durch lose, verwitterte Platten blockiert ist. Drei weitere Eisrinnen erstrecken sich rechts des Kamins, jede weiß und nahezu senkrecht. Die erste Rinne ist weniger steil, die mittlere ist am breitesten, größten und steilsten, und die am höchsten gelegene ist wieder weniger steil, doch Steine ragen durch die dünne Eisschicht.

Ich klettere den ersten Eisstrom hoch, jeder Schritt ist eine Entscheidung, Ergebnis einer wohlabgewogenen Beurteilung. Ich fühle mich sehr erfahren, unbesiegbar. Das Eis wird dünner, und ich halte inne. Rechts läuft ein kleines Eisfeld aus und endet in steilem, glattem und unüberwindbarem Fels. Darüber bietet weniger stark geneigtes kombiniertes Gelände eine Ausstiegsmöglichkeit. Einige Körperlängen höher bleibe ich abermals stehen. Hier muss ich entweder zu Drytooling übergehen oder absteigen. Sorgfältig klettere ich Schlag für Schlag die letzten 30 Meter wieder zurück.

Der höchste Eiskanal ist weniger steil, und das Mixed-Klettern, das hier erforderlich ist, sieht einfacher aus als in dem Abschnitt, den ich gerade hinter mich gebracht habe. Ich steige hoch zum Anfang der Eisrinne und beginne mit den ersten Kletterzügen. Nachdem ich zwei Körperlängen vorgedrungen bin, prüfe ich den Fels mit dem Hammer. Die Eisschicht, die das Gestein festhält, bricht auf, und ein Steinhagel fliegt an meinen Füßen vorbei. Ich klettere wieder zurück.

Nun habe ich nur noch die Möglichkeit, die mittlere Eisrinne zu versuchen oder über die gesamte Wand abzusteigen. Ich habe schon oft mit Toprope-Technik den Abstieg über senkrechtes oder nahezu senkrechtes Eis geübt, um mich auf

Der Denali von Westen gesehen, mit der Father and Sons Wall links und der Washburn Wall rechts.

eine solche Situation vorzubereiten. Einmal war es auch erforderlich, senkrechtes Wassereis im Vorstieg abzuklettern. Wenn ich aber jetzt dieses senkrechte Stück hochsteige und später gezwungen bin, darüber auch wieder abzusteigen, dann ist das keine Übung, sondern blutiger Ernst. Ich schließe die Augen, hole dreimal tief Luft und schlage den Pickel in die mittlere Rinne. Das Eis am Anfang ist dünn und fast senkrecht. Ich teste es mit meinen Geräten an verschiedenen Stellen und prüfe die Dicke und Stärke des Eises. Zufrieden stelle ich fest, dass es mich tragen wird, ohne zu brechen. Ich setze den rechten Fuß nach außen, stemme mich dagegen und schlage die Eisgeräte weit oben ein.

Jeder Augenblick erfordert eine präzise Beurteilung. Die Konsequenzen einer einzigen falschen Entscheidung will ich mir gar nicht vorstellen. Alle meine Instinkte, alle meine Sinne sind gefordert. Ich habe Ohren, um das gleichmäßige Knirschen der an den richtigen Stellen angesetzten Steigeisen zu hören. Augen, um die warme Bläue von hartem Eis zu erkennen. Haut, um zu fühlen, ob die Temperatur über die entscheidende Null-Grad-Marke steigen oder unter minus 18 Grad und in einen für den Menschen nicht mehr erträglichen Bereich fallen wird, in dem nur noch der Berg existieren kann.

Oben wird das Eis dicker, und die Neigung flacht sich auf 55 Grad ab. Ich wende mich nach links. Jetzt sehe ich die einfache Rinne. Von hier habe ich noch immer gut 1200 Meter vor mir, doch dieser Abschnitt wird im Vergleich zu dem hinter mir liegenden einfach sein, und ich werde relativ schnell vorankommen. Doch noch bin ich nicht aus dem Gröbsten heraus.

Zwischen mir und der Erlösung liegt eine kurze Mixed-Passage. Der Fels ist nahezu senkrecht und besteht aus Blöcken. Doch es ist nicht weit, ich muss nur drei Meter horizontal klettern. Ich schlage einen Pickel in das Eis, so nahe am Fels wie möglich. Das Gerät sitzt bombenfest und wird mich halten, wenn ich auf dem ersten Meter abrutschen sollte. Ich erreiche einen größeren Tritt und schlage mit dem Fuß dagegen. Beruhigt, dass er stabil ist, trete ich darauf. Mit meinem anderen Gerät prüfe ich ein paar mögliche Griffe. Sie alle sind stabil. Ich lasse den Eishammer los, der nun an meinem Handgelenk hängt, und kralle meine Finger in den besten Griff.

Ich erreiche die Rinne und stoße einen Juchzer aus. Als ich auf die Strecke zurückblicke, die ich geklettert bin, empfinde ich Befriedigung und Freude. Ich schaue auf meine Armbanduhr und den Höhenmesser: 6.45 Uhr und genau 3658 Meter. Später gebe ich dieser Route den Namen »Beauty Is a Rare Thing«.

Ich überlege, was ich eigentlich vom Bergsteigen erwarte. Was soll es mich lehren? Heute hat mir das Bergsteigen eine mutige, starke Seite von mir gezeigt, eine wunderbare Tapferkeit. An anderen Tagen habe ich an mir eine erbärmliche Schwäche erlebt. Ich habe mich mit mulmigem Gefühl über Felslandschaften kriechen sehen, die mir Angst machten. Das Bergsteigen hat mir gezeigt, dass ich all das bin: stark und schwach, tapfer und feig, sowohl immun gegen Todesangst, ihr aber auch ausgeliefert, alles gleichzeitig.

Das Risiko ist der Preis, den man entrichten muss, um diese Lektionen zu lernen. Die Kosten sind nicht verhandelbar. Es ist ein Preis, den ich bislang gern zahle.

Kapitel 6
Alex Lowe

Cody, Wyoming, 16. Dezember 1995

Auf der Anzeigetafel über der Straße blinken abwechselnd rote Ziffern auf: 6.20 Uhr, −14°. Ein weiterer Windstoß schüttelt mein kleines Auto. Als die Heizung anspringt, kommt mir der Gedanke, ich könnte am falschen Ort sein. Ich drehe mich auf meinem Sitz um und betrachte das Hotelschild. Big Bear Inn. Oder könnte es der falsche Tag sein?

Ich hatte Alex Lowe und Steve Swenson vor einem halben Jahr auf einem Gletscher in Alaska kennengelernt. Letzte Woche haben Alex und ich uns verabredet, über dem South Fork des Shoshone River bei Cody in Wyoming gemeinsam zum Eisklettern zu gehen. Alex ist derzeit einer der bekanntesten Eiskletterer der Welt. Er ist berühmt dafür, auf dünnem Eis und in Mixed-Routen zu klettern, an die sich niemand sonst heranwagt. Zudem ist er ein hervorragender Felskletterer – er ist fähig, *on sight*, also ohne Vorkenntnis der Route, den Schwierigkeitsgrad 5.12* zu klettern –, besitzt vielfältige Erfahrungen mit Expeditionen, hat ein Ingenieurdiplom, eine wachsende

---

* Der Schwierigkeitsgrad 5.12 der US-Skala entspricht einem Grad XIII+/IX der in Mitteleuropa gebräuchlichen UIAA-Skala.

Alex Lowe bei der zweiten Begehung der Route »Legal at Last«; ihre Erstbegehung machte er zwei Jahre zuvor. Die Route »Barely Legal«, auf der ich vorstieg, verläuft links davon. Damals, im Dezember 1995, zählten beide zu den schwierigsten Mixed-Routen weltweit.

Familie und spielt eine führende Rolle im »Dream-Team« der Firma North Face. Sein Nimbus ist fast mit Händen zu greifen. Es gibt kaum eine Ausgabe der Zeitschrift *Climbing*, in der sich keine Meldung über eine neue, bahnbrechende Begehung durch den berühmten Alex Lowe findet.

Ich bin etwas aufgeregt, dass ich mit ihm klettern werde. Ich bin nur ein junger Bergführer, der ihn zufällig auf dem Gletscher getroffen hat. Nähe meine Kleidung selbst, um Geld zu sparen. Fahre ein kleines, spritsparendes Auto. Habe gerade mein Ökologiestudium abgeschlossen, für das ich sechs Jahre brauchte und das mir keine besondere Auszeichnung einbrachte. Während ich überprüfe, ob die Heizung auf die höchste Stufe eingestellt ist, denke ich darüber nach, wie ich hierhergekommen bin. Ich blicke auf, als ein großer Geländewagen auf den Parkplatz rollt und auf mich zufährt – das einzige Auto weit und breit –, und steige aus, um meinen Gastgeber zu begrüßen. Ich trage die fleckige Daunenjacke, die ich gebraucht gekauft habe. Alex springt aus dem Wagen, die Beifahrertür öffnet sich, und ich bin überrascht, einen zweiten Mann zu sehen.

»Hallo«, sagt Alex. »Wie geht's? Hattest du eine gute Fahrt?«

Er ergreift meine Hand und klopft mir überschwänglich auf die Schulter. Ich öffne den Kofferraum meines Autos, um meine Ausrüstung zu holen, dann schüttelt mir der zweite Mann, Brad Johnson, die Hand und stellt sich vor. Alex wirft meinen Rucksack in seinen Wagen, bevor ich mein Auto absperren und meine Schuhe holen kann. Ich setze mich auf den Rücksitz, und der Wind schlägt die Tür für mich zu.

Bei Sonnenaufgang stapfen wir schon durch windzerzauste Salbeisträucher und über schneeverwehte Hänge bergauf. Ich überlege nervös, ob ich werde Schritt halten können, und falle prompt hinter Alex zurück, der nicht bereit zu sein scheint, sein Tempo zu drosseln. Brad, dessen Rucksack mit Kameras, Filmen und Objektiven vollgepackt ist, bleibt schon nach ein paar Metern zurück. Als ich das bemerke, entspanne ich mich. Alex sieht, dass Brad nicht mitkommt, und wird langsamer. Unser Atem gefriert vor uns, die Stille des Winters wird nur vom dumpfen Knirschen unserer Stiefel auf dem kahlen, gefrorenen Boden durchbrochen. Als wir um eine Ecke biegen, taucht ein gefrorener Wasserfall vor uns auf, und Alex steigt mit atemberaubender Geschwindigkeit den Hang hinauf. Ich lasse ihn ziehen, denn ich bin froh, weiterhin vor Brad zu sein, der jetzt seinen Rhythmus gefunden hat.

Bevor wir ins Eis einsteigen, legen wir unsere Rucksäcke ab, und ich steige in meinen Klettergurt. Alex hat seinen Gurt bereits an und zieht einen Beutel mit klirrenden Eisschrauben hervor. Ich rücke meinen Helm zurecht, als sich Brad hinkniet, um ein paar Fotos von Alex zu schießen, der hier in seinem Element ist.

Alex blickt auf meine Ausrüstung und greift nach dem lindgrünen Eishammer. »Cool. Piranhas. Die Dinger sind toll!«

Piranhas werden von Simond hergestellt, einer unkonventionellen französischen Firma, die sich auf Eisgeräte und

Steigeisen konzentriert und deren Ruf auf der Tatsache beruht, dass ihre Fertigungsstätte in der Hauptstadt des Alpinismus liegt: in Chamonix. Den grauen Pickel habe ich von Caroll geerbt, der vor ein paar Monaten starb und dessen Tod mich noch immer schwer belastet. Den grünen Eishammer habe ich einem anderen Bergführer für 40 Dollar abgekauft, und so habe ich ein gut zusammenpassendes Set.

»Diese Sachen hier sind auch gut.« Alex deutet auf die neuesten Produkte von Charlet Moser. »Ich bin ebenfalls mit Piranhas geklettert, bevor ich angefangen habe, für diese Jungs zu arbeiten.« Für Sponsoren zu arbeiten ist zweifellos eine unzutreffende Bezeichnung. Klettert er denn nicht jeden Tag? Ich habe mir oft überlegt: »Was könnte ich alles machen, wenn ich hauptberuflich Bergsteiger wäre und kostenlos auf Expeditionen gehen könnte?«

Das ist Alex' erste Bemerkung über seine Sponsoren, doch die Tatsache ist offensichtlich, wenn man unsere Ausrüstung vergleicht. Sein brandneuer gelb-schwarzer einteiliger Anzug kostet mehr als 1000 Dollar, mehr als ich im gesamten August verdient habe. Meine Faserpelzhose wurde aus zwölf Dollar teuren Fleeceresten zusammengenäht, wie man an den Farbunterschieden deutlich sehen kann. Mein einfach geschnittenes, elf Jahre altes Oberteil ist ausgeblichen und geflickt. Die Ausrüstung von Alex dagegen ist farblich optimal aufeinander abgestimmt, bis hin zu seinen gelb-schwarzen Steigeisen.

Ich nehme das Seil aus meinem Rucksack und öffne es, sodass wir zu klettern beginnen können. Brad macht weitere Fotos. Ich versuche mich natürlich und ungezwungen zu verhalten, aber ich weiß nicht genau, wie das geht.

Alex bietet mir an, ich könne vorsteigen. Da ich erkenne, dass dies die einfachste Seillänge des Tages sein wird, möchte ich einwilligen, da mischt sich Brad ein.

»Ich gehe«, ruft er. Ich bin nicht enttäuscht, eher erleichtert.

»Ich sichere dich«, sage ich.

Brad klettert etwas langsam, und Alex beginnt zu murren. Es frustriert ihn sichtlich, dass das Seil nicht schneller nachgezogen wird. Er brennt darauf, hochzugehen. Ich bin froh, dass ich nicht vorgestiegen bin, aber ich vermute, ich wäre etwas schneller vorangekommen als Brad, da ich keine Kameraausrüstung zu tragen habe. Am nächsten Stand bietet mir Alex nicht mehr den Vorstieg an; er übernimmt ihn selbst. Ich habe nichts dagegen und erhebe keinen Widerspruch.

»Ich sichere dich, Alex.« Ich schaue Brad an. »So kannst du Fotos machen.«

Alex klettert schnell. Ich rechne schon fast damit, dass irgendetwas Übernatürliches geschieht: dass aus seinen Steigeisen Funken schlagen, dass jeder Pickelschlag perfekt sitzt, ein Schwung, ein Schlag. Doch während seine Bewegungen ein hohes Maß an Sicherheit und Kraft erkennen lassen, sehe ich mit Erleichterung, dass auch er manchmal zwei oder drei Versuche braucht, um den Pickel in das kalte, spröde Eis zu treiben. Er klettert zehn Meter, nicht gefährlich weit, bringt eine solide Eisschraube an, und klettert ruhig, doch vorsichtig weiter, dem Ausstieg zu. Er ist kompetent und erfahren, zweifellos, aber auch nur ein Mensch.

Brad und ich schließen auf einem großen Felsvorsprung zu Alex auf, wo wir uns ohne Probleme aus dem Seil lösen und umhergehen können. Wir sind jetzt hoch über dem breiten, windgepeitschten Tal von Wyoming. Zugefrorene Arme des Shoshone River kommen aus dem Yellowstone-Nationalpark westlich von uns.

Alex hat uns von unterhalb eines großen weißen Eiszapfens sechs Meter über seinem Kopf gesichert. Ich weiß, dass dieses Eis über ihm zu einer Route namens »Barely Legal« gehört, die Alex erstbegangen hat.

Als er die Geschichte erzählt, lacht er laut darüber, wie erschöpft sein damaliger Partner gewesen sei, der nachstieg. Der habe »wie ein Materialsack« in der Wand gegangen. »Ich

... .e liebend gern einen Flaschenzug dabeigehabt! Ha!« Schnell fügt er hinzu, dass auch er selbst erledigt war. »Der Weg ist supersteil.« Offensichtlich.

Ungefähr 30 Meter rechts von uns hängt ein weiteres Bündel von Eiszapfen, mehrere lange weiße Tentakel, die bis zum Boden reichen, aber dort nicht anstoßen. Auch diese Route wurde bisher erst einmal begangen, ebenfalls von Alex. Ich habe schon ein paar Dutzend große Eisrouten hinter mir, aber bei allen hat das Eis den Boden berührt.

Alex geht hinüber zur zweiten Route, sie heißt »Legal at Last«, und ordnet die Fels- und Eisausrüstung an seinem Gurt. Ich weiß nicht so recht, wie er etwas derart Steiles klettern will. Brad zückt seine Kamera und eilt mal hierhin und mal dorthin, um sich eine günstige Position für seine Aufnahmen zu suchen.

Ich ziehe unter den Eiszapfen die Seile ein und sichere Alex, der sich in die Enden einbindet. Mit einem direkten Blick, der signalisieren soll, dass er startbereit ist, stößt Alex sich vom Boden ab. Er klettert eine Eissäule, die so breit ist wie ein menschlicher Körper, drei Meter weit hinauf und macht nur so lange Pause, wie er benötigt, um an ihrem Ansatz eine Eisschraube einzudrehen. Er verlässt das Eis, setzt die Hauen seiner Eisgeräte in einen Riss im Fels und zieht den Schaft der Pickel nach außen, damit sich die Hauen im Riss verkeilen. Genauso wie wir es vor Jahren in Slowenien gemacht haben. Aber dort war es nicht so steil wie hier, denke ich mir.

15 Meter weiter oben wickelt Alex eine Reepschnur um einen großen Felszacken. Über ihm haften in unregelmäßigen Abständen helmgroße Eisklumpen am senkrechten Fels. Die Eisklumpen werden allmählich größer, je näher er an die gefrorenen Eistentakel herankommt, die über ihm schweben.

Er bleibt vor dem herabhängenden Eiszapfen kurz stehen, um zur Sicherung einen Felshaken einzuschlagen. Während er hämmert, wird mir klar, dass ich gerade Zeuge einer Neudefinition des Eiskletterns werde. In Slowenien bin ich im Winter viele weniger steile Felsrouten geklettert, doch hier ist das Terrain senkrecht, teilweise sogar überhängend und mit Wassereis durchsetzt, das man sonst in den Bergen nur selten findet.

In den 45 Minuten, die Alex benötigt, um die Seillänge vorzusteigen und an einem Baum 60 Meter über mir Stand zu machen, verändert sich meine Vorstellung davon, was beim Bergsteigen möglich ist, grundlegend und dauerhaft.

»Ich komme!«, rufe ich. Ich hole ein paar Mal tief Luft und verlasse den Boden. Ich vibriere vor Spannung und kann meine Aufregung kaum unter Kontrolle halten. Mühsam konzentriere ich mich auf meine Bewegungen. Nach 20 Metern sind meine Arme so übersäuert und ich bin so gepumpt, dass ich beinahe stürze. Doch der Gedanke, dass ich eines Tages als schlaffer Materialsack beschrieben werden könnte, treibt mich voran, obwohl mir alle Muskeln wehtun. Ich lege den steilsten Abschnitt schnell zurück und komme bei Alex am Stand an, kurz bevor mich meine Kräfte vollends verlassen.

»Was meinst du, Steve?«, fragt mich Alex am nächsten Morgen. »Willst du's probieren?« Er blickt hinauf zu der Route, die wir gestern schon kurz gesehen haben, zur »Barely Legal«. »Komm, versuch es wenigstens!«

Benommen drehe ich den Kopf und fasse die riesige Eissäule über mir ins Auge. »Ja, ›Barely Legal‹ – an der Grenze des Erlaubten«, erwidere ich.

»Komm, Steve! Ich habe gestern gesehen, wie du in Fahrt gekommen bist. Der Rauch ist dir förmlich aus den Ohren geschossen!« Alex lacht, und einer solchen Aufmunterung kann ich mich schlecht entziehen.

Bevor ich am Abend einschlief, hatte ich tatsächlich darüber nachgedacht, ob ich in einem solchen Gelände vorsteigen könnte. Ich hatte mich gestern die »Legal at Last« hochgekämpft, ohne ins Seil zu fallen. Das hat mich zum Nachdenken gebracht. Jetzt will ich es wissen.

»Steig bis zu diesem Absatz hinauf«, sagt Alex und deutet auf ein Podest drei Meter über dem Boden, das zweieinhalb auf zwanzig Zentimeter groß ist. »Dann kannst du da einen Messerhaken setzen.« Er zeigt auf einen kleinen Riss fünf Meter weiter oben. »Und einen Winkelhaken dort in den Sockel. Dann hängst du dein Eisgerät in die Schlinge, streckst dich und schnappst dir den Burschen.« Alex springt beinahe von seinem Platz auf. Er ist so aufgeregt, dass ich mich frage, ob er nicht doch sein Angebot zurückziehen wird, dass ich vorsteigen soll.

Ich greife mir das Klettermaterial, während Alex mir weiterhin begeistert Ratschläge gibt. »Steck den Messerhaken direkt vor dir hinein. Du musst ihn mit einer Hand in den Riss schieben, während du dich mit dem linken Gerät an dieser Leiste hältst.«

Meine Handflächen sind trotz der Kälte heiß und schweißnass, als ich den Messerhaken griffbereit an die rechte Seite meines Klettergurts hänge. Dahinter kommt ein Winkelhaken. Ich nehme meine neueste, schärfste Eisschraube und hänge sie hinter den Winkelhaken. Das wird meine erste Sicherung sein, wenn ich hinaufsteige zu der Stelle, wo der Eiszapfen an der Wand hängt. Unterhalb dieses Punktes ist es gefährlich, eine Schraube einzudrehen, denn wenn man zu viel Druck ausübt und von dem Eiszapfen ein Stück abbricht, kann einen das Gewicht des herabstürzenden Eises am Seil in die Tiefe reißen.

»Eins noch, Steve«, sagt Brad. »Könntest du vielleicht den hier anziehen?« Er holt seinen bunten einteiligen Anzug heraus.

»Hm. Meinetwegen.« Ich erkenne, dass Brad hier ist, um Geld zu verdienen, und wenn Alex nicht klettert, dann soll ich die Fahne hochhalten.

»Ich hoffe, du nimmst es mir nicht übel. Aber deine dunkle Hose ist da oben nicht so gut zu sehen.«

»Ja, kein Problem. Es gibt ja keinen Interessenkonflikt.« Ich lache darüber, dass ich keinen Sponsor habe.

»Tut mir leid, Steve«, sagt Alex, nachdem Brad sich entfernt hat und ich mir den Anzug überstreife. »Ich hatte nicht die Absicht, dich hier als Werbeträger zu missbrauchen. Normalerweise ist das mein Job.«

»Ist schon okay ... Ist ja wirklich ein schöner Anzug.«

Ich ziehe meinen Hüftgurt über meinen neuen Nylonanzug und nehme noch einige Eisschrauben und Schlingen mehr, um die von Alex empfohlene Ausrüstung abzurunden. Nervös überprüfe ich alles mehrmals. Nachdem ich mich vergewissert habe, dass alles in Ordnung ist, bleibt mir nichts anderes mehr übrig, als die Enden des Doppelseils zu nehmen und mich einzubinden. Alex hat mich bereits in der Sicherung. Er gibt mir noch einen Klaps auf die Schulter. »Auf geht's, Steve!«

Die ersten zwei Meter sind leicht; es gibt einige gute Leisten, auf denen ich stehen kann, bevor die Wand überhängend wird. Die Felsvorsprünge werden kleiner, und ich muss meinen linken Arm weit ausstrecken, um den Pickel an der flachen Kante anzusetzen.

»Ja«, ruft Alex von unten. »Das ist er. Steig jetzt nach und treib den Messerhaken mit deinem Gerät rein.«

Als ich hinabschaue, um die Tritte zu finden, fühle ich mich bestärkt durch Alex' intensiven Blick und seine Haltung an der Sicherung, die beruhigende Wachsamkeit und Eingreifbereitschaft ausdrückt. Ich konzentriere mich auf die Wand und entdecke ein paar kleine Absätze im Fels. Als ich höhersteige, habe ich die Leiste, auf der meine Eisgeräte aufliegen, auf Augenhöhe und halte Ausschau nach dem schmalen Riss. Ich lasse den rechten Arm sinken und den Eishammer an der Handschlaufe baumeln, um den Haken vom Gurt zu nehmen.

Alex und ich feiern den Tag im Big Bear Hotel in Cody, Wyoming, mit einer zweiten großen Tasse Espresso. Ich habe eine Elektropfanne dabei, mit der wir unser Frühstück zubereiten können. Alex hatte Doug Chabot und mir Milchkaffee ans Bett gebracht.

Ich wende mich dem Riss zu, taste mit dem Haken umher und versuche, die Stelle zu finden, die es mir ermöglicht, ihn in die Öffnung zu treiben.

Ich strecke den Arm hoch, ziele mit der dünnen Metallspitze auf den Riss und drücke den Haken perfekt in die schmale Öffnung. Obwohl ich ihn nur ein paar Millimeter hineinschieben konnte, sitzt er stabil, als ich vorsichtig meine Hand wegnehme. Die Muskeln meines linken Arms schmerzen höllisch, weil sie mein ganzes Gewicht halten müssen. Ich fasse nach dem gummierten Schaft meines rechten Geräts, setze es schnell auf die Leiste und nehme mein linkes Gerät weg. Endlich kann ich meinen linken Arm hängen lassen. Er tobt und brennt von der Anstrengung. Ich schüttle meine Hand kräftig und atme tief ein.

»Gut, Steve. Ruh dich aus. Und atme«, ruft Alex mit ruhiger Stimme von unten.

Das Brennen in meinem linken Arm lässt nach, aber jetzt tut mir der rechte Arm weh. Ich setze mein linkes Gerät erneut und ziehe mich zu der Position hoch, wo ich in Augenhöhe mit der Leiste bin. Ich nehme mein rechtes Gerät weg und schüttle mein Handgelenk, um die Hammerseite der Haue nach vorn zu drehen. Unbewusst halte ich den Atem an, als ich behutsam den Haken einzuschlagen beginne. Durch einen einzigen falschen Schlag könnte er weggeschleudert werden, und mit meinen schmerzenden Armen würde ich kaum wieder nach unten absteigen können, ohne zu stürzen.

Mit jedem vorsichtigen Schlag dringt der Haken ein Stück tiefer ein, und allmählich steigere ich die Kraft der Schläge. Nun beginnt der Stahl zu singen, während ich ihn ganz in den Riss hineintreibe.

»Gut so!«, jubelt Alex. »Mach weiter, Mann!«

Einen Augenblick später habe ich das Seil in meine erste Zwischensicherung eingehängt und bin damit vor einem möglichen Absturz geschützt.

Ich beginne in Richtung der kleinen Ausbuchtung im Riss zu klettern, wo ich den Winkelhaken anbringe. Nach ein paar mühelosen Kletterzügen komme ich dort an und versenke schnell den zweiten Haken, während ich auf einem breiten Felsband stehe. Nachdem ich eine Bandschlinge in diesen Winkelhaken eingehängt habe, verbinde ich sie mit dem Seil. Hier muss ich technisch klettern. Ich angle mir die Schlinge mit einem Eisgerät und strecke mich aus, um den Eiszapfen mithilfe des anderen Geräts zu erwischen.

Technisches Klettern bedeutet, dass man sich an Fixpunkten nach oben zieht, die normalerweise zur Sicherung gegen einen Absturz eingesetzt werden. Das ist zwar nicht so »sauber« wie freies Klettern – nur mit den Händen oder mit Eisgeräten am Fels und im Eis zu klettern –, aber manchmal ist es notwendig. Und dies hier ist ein solcher Fall.

Während mein rechtes Gerät die Schlinge fixiert, strecke ich mich nach oben und stelle fest, dass ich mit meinem anderen Gerät die Spitze des herabhängenden Eiszapfens ganz knapp berühren kann. Mein Magen verkrampft sich, als ich mich wieder herunterlasse, und ich atme jetzt schneller.

Der Plan besteht darin, meinen Pickel in dieses Eis zu schlagen. Dann muss ich die Schlinge loslassen, mich mit meinem ganzen Gewicht hinausschwingen auf diese gefrorene Masse und mich an einem Arm festhalten.

»Und jetzt?«, frage ich mich. Es sieht wirklich schwierig aus, und der Eiszapfen ist ein gutes Stück von mir weg. Ich habe mir vorgenommen, dieses Stück zu bewältigen – oder beim Versuch zu stürzen. Ich bin beim Eisklettern noch nie abgestürzt. Für Eiskletterer gilt das ungeschriebene Gesetz, dass derjenige, der vorsteigt, niemals abstürzen darf. Für diese Regel gibt es zwei Gründe. Zum einen lässt es sich meist nur schwer beurteilen, wie gut die Eisschrauben halten werden, die von Hand ins Eis eingedreht werden. Und zweitens kann auch schon ein kurzer Sturz zu Verletzungen führen, weil man so viele spitze Stahlteile mit sich herumträgt.

Als habe er meine Gedanken gelesen, ruft Alex herauf: »Geh weiter, Steve! Du hast zwei gute Haken. Du bist sicher.«

Ich hole zweimal tief Luft, um mich wieder zu fokussieren. Dann lehne ich mich nach außen, strecke mich so weit es geht und hole mit dem Arm in Richtung der Mitte des herabhängenden Eiszapfens aus.

Es klappt. Ich habe zwar nur die Spitze erreicht, aber ich kann meinen Pickel durch das Schmelzloch schieben, auf das ich gezielt habe. Das ist eine der besten Stellen, da dadurch das Eis am wenigsten in Mitleidenschaft gezogen wird. Ich hole tief Luft, löse mein Gerät aus der Schlinge und pendle wie ein Affe hinaus in die Luft. Meine Beine schwingen weit hinaus, und mein Körper dreht sich um den einen Arm, an dem ich hänge.

Ich habe nicht die Kraft, mich an nur einem Arm hochzuziehen. Mit zappelnden Beinen setze ich die Haue meines rechten Geräts über der des linken Geräts und kann mich dann mit beiden Armen hochhieven. Ich ziehe mein Kinn auf Handhöhe hoch und blockiere. Ich hole mit dem rechten Gerät aus, um es ein Stück höher in den Zapfen einzuschlagen, doch dann versagt mein linker Arm. Verzweifelt taste ich nach einem höheren Halt am Eiszapfen, aber ich verfehle ihn und lande tiefer, als ich beabsichtigt hatte. In diesem Augenblick gibt der Eiszapfen ein ohrenbetäubendes Geräusch von sich, das Eis bricht, und ich schaukle sanft am Ende des Seils.

»Ja, weiter so! Jetzt bist du dieses brüchige Zeug los!«, brüllt Alex von unten. »Reite ihn, Cowboy!«

Ich bin völlig benommen und baumle lange Zeit hin und her, genieße die Pause und frage mich, ob ich die Kraft für einen weiteren Versuch habe.

»Willst du runter?«, fragt Alex ruhig.

»Nein«, antworte ich mit neu gewonnener Entschlossenheit. »Noch ein letzter Versuch. Wenn ich wieder falle, kannst du raufkommen.«

Ich greife hinüber, angle mir abermals die Schlinge mit meinem Gerät und verlange mehr Seil. Ich wiederhole den Zug und stelle fest, dass ich ein bisschen höher komme, wo der Eiszapfen dicker ist. Wie ein guter Cowboy steige ich noch einmal auf und reite. Diesmal reicht meine Kraft. Ich klettere die Säule hoch bis zum dicken Eis und bringe meine Eisschraube an, drehe sie mit erschöpften Armen ein. Kurz darauf bin ich oben und binde das Seil um einen großen Baum. Alex brüllt und schreit vor Freude, als er nachsteigt.

Kapitel 7
Die Gruft

**Nant-Blanc-Gletscher, Französische Alpen,
22. August 1996**
Plötzlich rutscht mir der Fuß weg; ich knalle auf das Eis und beschleunige schnell. Ich versuche den Absturz zu stoppen, indem ich meinen Eispickel in den Hang presse. Kurz werde ich etwas langsamer, aber dann sind meine Beine schwerelos. Und dann mein Körper. Ich drehe mich und wirbele nach hinten durch die Luft. Eiswände rasen an mir vorbei.

Ich falle auf weichen, nassen Schnee. Ich bin auf einer Schneebrücke in der Gletscherspalte aufgeschlagen, kann nichts sehen, trete um mich und winde mich, um meinen Kopf aus dem Loch zu bringen. Sofort, automatisch gewissermaßen, versuche ich, den Spalt zu überbrücken. Mein linkes Bein berührt die eine Seite, meine Schulter die andere. Mein rechtes Bein tut höllisch weh.

Was ist mit meinem Bein?, überlege ich.

Der Schmerz ist so intensiv, so ganz anders als alles, was ich bisher erlebt habe. Ich kann meine Augen nicht auf einen bestimmten Punkt fokussieren. Ich lehne mich zurück und blinzle, dann greife ich hinab zu meinem Bein, kann aber den Druck meiner Hand nicht spüren.

Scheiße. Das ist schlecht. Niemand weiß, wo ich bin. Das ist wirklich übel.

Der Nant-Blanc-Gletscher fließt aus dem Bergkessel unterhalb dieser eindrucksvollen Gipfel, die sich über Chamonix erheben: Aiguille Verte, Aiguille Sans Nom sowie Grand (hier verdeckt) und Petit Dru. Ich wäre dort beinahe in einer Gletscherspalte begraben worden. Im darauffolgenden Sommer kehrte ich zurück und bestieg in sechs Stunden im Alleingang die Route über die Nordwand des Petit Dru.

Mein Gesichtsfeld schrumpft von außen her immer mehr, dann wird es dunkel. Ich reiße die Augen weit auf und schüttle den Kopf. Ich starre auf meinen rechten Schuh und bewege die Zehen, kann sie aber nicht fühlen. Meine Hüfte tobt vor Schmerzen – es ist ein glühender, langsam pochender Schmerz. Mühsam reiße ich mit dem Pickel den Stoff meiner Hose auf, um das Bein genauer zu untersuchen. Ich sehe nur Haut.

Ich drücke den Kopf gegen die Eiswand. Ich liege in einer Gletscherspalte. Verdammter Mist. Ich bin in einer Gletscherspalte, bin allein, und niemand weiß, dass ich hier bin.

Ich schaue nach rechts. Die nach unten leicht schrägen Wände aus hartem Eis verschwinden in der Dunkelheit. Ich weiß, dass die Spalte irgendwo einen Boden hat. Der Druck des Gletschereises presst die Wände in einer Tiefe von 20 bis 25 Metern zusammen. So sterben Leute in Gletscherspalten. Sie werden in die schmale, sich verengende Spalte hineingedrückt. Durch ihre Körperwärme schmilzt das Eis um sie herum, und ihr Körpergewicht sorgt dafür, dass sie immer tiefer in ihren selbst gemachten Sarkophag einsinken. Sie werden zusammengepresst, und das Atmen fällt ihnen immer schwerer. Ihre Körpertemperatur sinkt stetig, unwiderruflich, bis sie null Grad erreicht und sie tot sind. Die Schneebrücke hat mich – bis jetzt – vor diesem Schicksal bewahrt, vor meinem schlimmsten Albtraum.

Ich lege die Hand auf mein Bein, ziehe und drücke den Oberschenkelknochen, um festzustellen, ob er gebrochen ist. Anscheinend nicht. Das ist gut. Vor ein paar Monaten hat sich Julie Cheney-Culberson, von der ich das Führerhandwerk lernte und mit der ich befreundet war, den Oberschenkelknochen gebrochen, als eine Schneewechte brach und sie und ihren Mann Matt in Kanada in eine Schlucht riss. Sie ist verblutet.

Die Vorderseite des Oberschenkels ist anscheinend in Ordnung. Die Muskeln vom Knie zum Gesäß schmerzen heftig. Der untere Teil des Rückens tut weh, und in den Knien toben stechende Schmerzen. Ich bewege mich nicht, und allmählich lassen die Schmerzen nach. Als sie weitgehend abgeklungen sind, versuche ich mich aufzusetzen und ziehe die Beine an. Sofort kehren die Schmerzen erbarmungslos zurück. Sie schießen in mein Innerstes, ich zucke zusammen und lege mich flach auf den Boden. Die Schmerzen verbreiten sich und strahlen aus wie Hitze, die meinen gesamten Körper und mein Bewusstsein erfasst. Es ist unmöglich, an irgendetwas anderes zu denken.

Ich stöhne. Jeder Augenblick erscheint mir wie eine Ewigkeit. Nur meine Brust bewegt sich, den Rest meines Körpers halte ich ruhig, damit die Schmerzen abklingen können.

Ich liege ruhig da, atme schnell und flach. Ich höre, wie mein Herz dumpf und laut schlägt, denke darüber nach, wo ich bin, und erstelle im Kopf eine Karte. Ich liege in einer Gletscherspalte auf der rechten Seite des Nant-Blanc-Gletschers, gegenüber der Nordwand des Petit Dru, die mein Ziel war. Das Wetter war heute zu schlecht gewesen, um die Wand zu begehen. Daher hatte ich länger geschlafen und zum Frühstück zwei Croissants und ein Pain au Chocolat gegessen, aber nach dem zweiten Espresso bin ich doch losgezogen. Ich wollte mir die mächtige Wand anschauen, die ich mir schon lange vorgenommen hatte. Ich hätte eine Nachricht für Mike hinterlassen sollen, meinen Zimmerkollegen im Hotel Le Touring in Chamonix, und ihm mitteilen sollen, wohin ich gehen wollte.

Mein geistiges Auge schweift weiter in die Ferne. Der Nant-Blanc-Gletscher schiebt sich zum Mer de Glace, einem weiteren Gletscher, dessen Wasser nach Chamonix hinabfließt. Die Alpen. Europa. Mein Leben versickert in diesem fließenden Eis und treibt über diesen fernen Kontinent. Kalte Schneeflocken fallen schwer vom Himmel herab und decken mich zu. Ich kriege keine Luft. Ich kann nicht entkommen.

Ich werde allein hier sterben, niemand wird mich jemals finden, ich werde im Eis begraben sein. Dass ich sterben muss, ist schlimm genug, aber spurlos zu verschwinden ist noch viel schrecklicher.

Ich winde mich mit den Schultern auf der Schneebrücke ein Stück weiter hoch, um mir einen Überblick über meine Situation zu verschaffen. Ich liege mehr als sechs Meter tief. Die bergaufwärts gelegene Seite der Gletscherspalte, von der ich hineingestürzt bin, besteht aus überhängendem, betonhartem Eis. Die andere Seite ist nahezu senkrecht. Diese müsste ich hochklettern können. In meinem Rucksack befinden sich ein Paar Steigeisen, eine Wasserflasche und eine Kamera. Auch mein Eisgerät habe ich noch bei mir. In diesem Sommer bin ich die Route »Beauty Is a Rare Thing« im Alleingang geklettert. Ich müsste es eigentlich schaffen, von hier rauszukommen.

Als ich oben von den Felsen auf den Rand des Gletschers stieg, habe ich meine neuen leichten Aluminiumsteigeisen nicht angelegt, bevor ich das nur wenige Meter breite steile

Schneefeld zum flacheren Teil des Gletschers überquerte. Ich wollte nicht riskieren, dass die weichen Metallzacken durch unter dem Schnee verborgene Steine stumpf werden könnten. Deshalb bin ich auf einer zugeschneiten Eisplatte ausgerutscht und in diese Spalte gestürzt.

»Wenn ich nicht so dumm gewesen wäre, würde ich jetzt nicht in diesem Loch liegen!«, sage ich laut. Zum ersten Mal seit dem Sturz höre ich meine Stimme.

»Hallo.« Der Klang der menschlichen Stimme wirkt beruhigend. »Hallo, hallo, hallo. Hör zu, du Spalte, ich komme hier raus.«

Die Aluminiumsteigeisen stecken noch in meinem Rucksack. Ich schaue auf meine Armbanduhr: 12.45 Uhr. Vorsichtig, um ihn nicht fallen zu lassen, greife ich nach dem Rucksack und hole die Steigeisen heraus.

Ich lege sie in den Schoß und schaue hinab auf meine Füße. Mein linkes Bein ist gegen die Wand gedrückt. Mein rechtes Bein hängt schlaff herab und wird von der Schneebrücke getragen. Ich kann es nicht anziehen. Am erträglichsten ist es, wenn ich es möglichst gerade ausstrecke. Die Schmerzen, die von der Rückseite des Beins ausgehen, dringen in mein Bewusstsein.

Wenn ich mein linkes Bein zu mir ziehe, um das Steigeisen anzulegen, verliere ich mein Sicherheitsnetz – meine gespreizte Position in der Spalte – und belaste die Schneebrücke mit meinem ganzen Gewicht. Ein kalter Schauer durchläuft mich. Ich habe keine Wahl. Wenn ich hier bleibe, sterbe ich.

»Okay. Versuchen wir's«, sage ich laut und drücke meinen Rücken vorsichtig auf die Schneebrücke, darauf gefasst, mich abzufangen, sollte sie brechen. Sie hält einstweilen. Langsam ziehe ich mein linkes Bein an und lege es quer über mein rechtes. Die Bindung des Steigeisens rastet ein, und ich stemme meinen linken Fuß wieder gegen die Wand; die Metallzacken dringen beruhigend ins Eis, und winzige Stückchen davon fallen hinab in die Dunkelheit.

Ich betrachte mein nutzloses rechtes Bein. »Was soll ich jetzt mit dir anfangen?«

Ich beuge mich vor, um den ausgestreckten Fuß zu ergreifen, da schießt ein stechender Schmerz durch das Bein. Schnell setze ich mich zurück, schließe die Augen und stöhne leise.

Mit der rechten Hand fahre ich durch das aufgerissene Loch in meiner durchnässten Hose und betaste die kalte Haut. Meine Hand umschließt den hinteren Teil des Beins; es fühlt sich an, als wäre es voller Flüssigkeit.

»Oder Blut«, sage ich zu der Gletscherspalte. Auf diese Weise ist Julie gestorben, sie rang um ihr Bewusstsein, während sie immer mehr Blut verlor. Sie lag allein und verletzt zwischen den Felsen, während ihr Ehemann Hilfe holte, die nicht mehr rechtzeitig eintraf.

Ich versuche mein Bein zu untersuchen, kann aber durch das dunkle Loch nicht viel sehen. Ich lege das Steigeisen in den Schoß und presse die Finger etwas oberhalb des Knies fest um das Bein, wobei mein Daumen oben liegt und sich die Finger tief in den Oberschenkelmuskel eingraben. Behutsam beginne ich den Fuß zu mir zu ziehen, doch sofort stoßen die Nerven in meinem Oberschenkel wieder einen Protestschrei aus. Ich bin erschöpft vor Schmerzen. Meinen linken Fuß drücke ich gegen die Eiswand, denn ich fürchte, die Schneebrücke könnte einstürzen.

Ich wünschte, ich hätte heute gearbeitet. Dann würde ich mich nicht in diesem Schlamassel befinden. Ich würde vor meinen Kunden den Berg hochsteigen, einen Standplatz aufbauen und sie sorgsam die Route hinaufgeleiten. Und dann würde ich auf irgendeinem windumtosten Gipfel das zufriedene Lächeln auf ihren Gesichtern beobachten.

Langsam lockere ich den Druck auf die gegenüberliegende Wand. Was soll ich tun, wenn die Schneebrücke einstürzt?

Dieser Gedanke ist zu existenziell, um ihn dem Abgrund anzuvertrauen. Wenn ich das Steigeisen nicht an den anderen Fuß kriege, kann ich nicht herausklettern. »Und wenn ich nicht herausklettern kann, dann sterbe ich hier«, sage ich laut. Von der Gletscherspalte kommt nur ein bedrohliches Schweigen.

Ich sinke zurück auf die Schneebrücke und umfasse mit beiden Händen mein nahezu bewegungsloses Bein knapp unterhalb des Knies. Nach einem tiefen Ausatmen beiße ich die Zähne zusammen und ziehe. Dabei versuche ich, das Stöhnen zu unterdrücken, aber es dringt durch meine Zähne und treibt mir Tränen in die Augen. Ich blinzle sie weg und nestle an den Riemen des Steigeisens, bis es sicher an meinem Fuß befestigt ist.

Ich lasse das Bein gebeugt und lege mich zurück auf die Schneebrücke. Dann drehe ich mich um und schaue, wie lang meine Gruft ist. Die beiden Wände gehen ungefähr 15 Meter weit parallel von mir weg, bis sie am Ende der Gletscherspalte zusammenstoßen.

»Der Petit Dru wäre ein toller Grabstein.« Meine Stimme klingt dünn in dem eisigen Gefängnis. Wie viele Menschen sind in diesem Gletscher schon begraben worden? Ich will nicht hierbleiben, ich will meine Frau wiedersehen, will wieder Mutters Obstkuchen essen.

Ich drehe mich so, dass ich auf der Seite liege. Ich spanne meinen Quadrizeps an, um das verletzte Bein auszustrecken. Seltsamerweise schmerzt es nicht so stark, wie ich erwartet habe. Ich setze mich auf und lasse dieses Mal das rechte Bein über die Seite der Schneebrücke hängen. Dann richte ich mich auf und schlage meinen Pickel in das harte Eis der Wand der Gletscherspalte. Ich ziehe mich hoch auf das linke Knie und betrachte aufmerksam die Schneebrücke.

»Wenn sie zusammenbricht, dann jetzt.« Während ich warte, brechen ein paar Brocken Schnee ab und verschwinden geräuschlos in der Dunkelheit. Nichts geschieht. Ich ziehe den Pickel heraus und schlage ihn so schnell es geht ein Stück weiter oben in die Wand. An diesem neuen Fixpunkt ziehe ich mich hoch, bis ich aufrecht stehe; mein rechtes Bein knickt ein und protestiert gegen jede Bewegung. Ich umklammere den Pickel und ergreife mit der linken Hand die Haue, um mich abzustützen. Ich atme aus. Die Brücke hält.

»Hier werde ich nicht bleiben.« Vorsichtig ziehe ich den Pickel heraus und gewinne wieder einige Zentimeter.

Mit Entsetzen bemerke ich ein weiteres Problem. Wenn ich die Schneebrücke verlassen habe, werde ich über fast senkrechtes Eis klettern müssen, wo hohe Absturzgefahr besteht. Selbst wenn ich es bei einem Sturz schaffen sollte, wieder auf der Brücke zu landen, statt in die eisige Leere zu fallen, dürfte die Schneebrücke wohl kaum einem weiteren Aufprall standhalten. Ich habe nur ein Bein und ein Eisgerät, also nur eine brauchbare Hand. Mein rechtes Bein ist nutzlos. Das Steigeisen an meinem linken Fuß sitzt stabil im Eis. Der Eispickel, den ich heute dabeihabe, ist vor allem für Gletscherbegehungen geeignet, weniger für das Klettern in senkrechtem Eis.

Ich kann den Pickel nicht mehr herausziehen, um ihn weiter oben einzuschlagen. Ich benötige alle vier Gliedmaßen, um herauszuklettern. Versuchsweise schmiege ich meinen Körper an das Eis und lockere meinen Griff um die Axt. Ich sitze fest.

»Ich. Will. Nicht. Hier. Bleiben.« Ich stoße die Worte hervor und schlage bei jedem Wort mit der Stirn gegen das Eis.

Ich mache einen Schritt zurück auf die Schneebrücke und verlagere mein Gewicht ganz auf das linke Bein, bevor ich meinen Griff lockere und den Pickel herausziehe. Mir kommt eine Idee. Mit der Spitze der Haue schlage ich einen kleinen Haltegriff für meine linke Hand aus dem Eis und darüber einen weiteren. Außerdem haue ich Tritte für meinen rechten Fuß aus dem Eis. Diese mache ich sehr groß. Durch die heftigen Schläge wirbeln mir Eissplitter ins Gesicht. Ich grabe eine fünf Zentimeter tiefe Stufe. Insgesamt schlage ich fünf solcher Stufen im Abstand von jeweils einem halben Meter, so weit ich nach oben greifen kann. Als ich fertig bin, säubere ich den Pickel von schmelzendem Eis und schlage die Spitze so weit oben ein, wie ich mit ausgestrecktem Arm reiche.

Ich ziehe mich am Pickel hoch und stoße mein linkes Steigeisen in das steile Eis. Während ich den Kopf des Pickels in der Linken halte, schlüpfe ich mit der rechten Hand durch die Schlaufe am Ende des Schafts. Ich schaue nach unten und beiße die Zähne zusammen, während ich meinen Quadrizeps abermals anspanne, um mein verletztes Bein zu strecken. Ich verdrehe meine Hüfte, um das Bein anzuheben, und setze die Vorderzacken des rechten Steigeisens vorsichtig auf die herausgeschlagene Stufe. Versuchsweise greife ich in einen der herausgemeißelten Haltegriffe und lockere den Griff meiner rechten Hand.

»Aaah!« Mein rechtes Bein knickt unter dem Gewicht ein. Schmerzen schießen mir in den Kopf und machen mich benommen; Sterne tanzen vor meinen Augen. Ich steige zurück auf die Brücke und lehne das Gesicht an das kalte Eis.

»Atmen. Atmen.« Das gefilterte blaue Licht der Gletscherspalte wird mir wieder bewusst, und ich blicke nach oben. Nasse sommerliche Schneeflocken fallen herab und werden rasch vom Abgrund verschluckt. Der Himmel ist grau und voller Wolken, aber seltsam hell. Ich atme aus und blicke hinab auf mein lahmes Bein. Ich fasse die Eiswand ins Auge, über die ich klettern muss, richte mich auf und belaste mein linkes Bein. Unter Anspannung des Quadrizeps setze ich abermals mein rechtes Steigeisen auf die vorbereitete Stufe. Ich halte den Quadrizeps gespannt, lockere erneut meinen Griff am Pickel und verlagere mein Gewicht langsam auf die Beine.

Es klappt. Wenn es mir gelingt, den Quadrizeps angespannt zu halten, dann kann ich mein verletztes Bein belasten. Ich greife mit der linken Hand nach dem Griff im Eis und nehme vorsichtig den Pickel weg. Einen Augenblick lang stehe ich auf meinem unversehrten linken Bein, dessen Steigeisenzacken im Eis stecken, und auf dem rechten Steigeisen, das auf der kleinen Eisstufe balanciert. Ich strecke den rechten Arm aus und schlage den Pickel fest ins Eis. Splitter fliegen in meine offene Jacke. Ich packe den Pickel mit beiden Händen und ziehe mich mit den Armen hoch, setze meinen linken Fuß nach oben und ziehe den rechten hinterher.

Ich erreiche die letzte Stufe, die ich von meinem Stand auf der Schneebrücke aus herausgeschlagen habe. Die Steilheit hat etwas abgenommen. Ich halte auf beiden Beinen und mit dem letzten linken Haltegriff das Gleichgewicht, während ich die nächsten Stufen und Haltegriffe herauszumeißeln beginne, wobei ich darauf achte, dass der letzte linke Haltegriff groß genug ist, damit ich mich mit einer Hand darin einhängen kann, während ich mit dem Pickel in meiner Rechten den nächsten Satz Griffe und Stufen erstelle.

Bald nähere ich mich dem Rand der Gletscherspalte. Der Himmel ist hell, obwohl immer wieder nasse Schneeflocken herabfallen, die auf meinem Gesicht liegen bleiben und jucken, wenn sie schmelzen. Ich kann nicht loslassen, um sie wegzuwischen.

»Und jetzt?« Hier oben klingt meine Stimme schon viel lebendiger. Ich muss den Pickel nun ganz anders einsetzen, nicht mehr senkrecht, sondern im waagrechten Eis. Dazu muss ich so weit nach oben kommen, dass ich mit dem gesamten rechten Arm über die Kante hinausgreifen kann.

Ich bewege die Finger, die den Pickel halten. Sie werden allmählich müde und schmerzen leicht, ein sicheres Zeichen für einen Erschöpfungszustand, der durch die Übersäuerung der Muskeln hervorgerufen wird. Ich lockere meinen Griff und greife mit der linken Hand die Haue des Geräts, um die rechte zu entlasten. Eine letzte große Kraftanstrengung ist nötig, um hier herauszukommen. Ich lehne die Stirn an meinen linken Handrücken und schaue nach unten. Die Schneebrücke unter mir sieht erschreckend klein aus.

Ich hebe den Kopf, hole tief Luft und mache meinen letzten Schritt rückgängig. Sorgfältig ergreife ich den letzten guten Haltegriff und ziehe den Pickel heraus. Ich arbeite mit knappen, kurzen Schlägen. Ungefähr 60 Zentimeter unterhalb des Spaltenrands meißele ich einen stabilen Haltegriff mit einer breiten Kante heraus. Ich atme aus und mache wieder einen Schritt auf die höchste Stufe. Mein Herz rast. Ich entspanne die Finger der rechten Hand ein wenig, greife hoch zu dem linken Handgriff, den ich gerade erstellt habe, und schlage meinen Pickel oben ein, genau unterhalb des Randes, bevor ich die Füße nach oben setze. Zuerst den linken, dann vorsichtig den rechten.

Ich richte mich so weit wie möglich auf und kann knapp über den Rand der Gletscherspalte hinausschauen. Ich prüfe, wie stabil der Haltegriff im Eis ist, indem ich die Spitze des Pickels etwas lockere. Ich ziehe den Pickel heraus und beginne zu taumeln; ein Ausrutscher würde den Tod bedeuten. Ich strecke den Arm aus, um zu sehen, wie weit ich nach oben greifen kann; mein Ellbogen reicht bis zum Rand der Spalte. Es ist eine gefährliche Position, um von hier aus mit dem Pickel auszuholen. Wenn ich mich verschätze, könnte ich zuerst mit dem Arm in das Eis schlagen und mich in die eisige Tiefe zurückkatapultieren.

Ich führe die Hand, in der ich den Schaft des Pickels halte, hinter das Ohr und hole aus, um kräftig zuschlagen zu können. Ich brauche einen stabilen Halt, um mich herauszuziehen. Meine ganze verbliebene Kraft lege ich in den Schwung des Pickels. Die Haue steckt stabil in der Wand oberhalb des Randes, doch die Spitze ist leicht schief eingedrungen. Der Sitz ist nicht so gut, wie er sein müsste. Ich ziehe die Haue wieder heraus. Wassertropfen perlen von meinen Handschuhen und sprühen mir ins Gesicht, als ich einen zweiten harten, schnellen Schlag ausführe. Ich keuche vor Anstrengung, doch jetzt sitzt der Pickel fest und sicher. Nun kann ich mich an ihm halten und mein linkes Steigeisen ins Eis schlagen. Ich lege die kalten Finger meiner linken Hand um den Kopf des Pickels und ziehe mich hoch auf den flachen, verschneiten Gletscher.

Ich liege im Schnee, während schwere Flocken mich zudecken. Meine Hände sind taub, meine Hose ist durchnässt.

Es ist kurz nach 14 Uhr.

Mir bleiben noch knapp drei Stunden, um von diesem Gletscher herunterzukommen und 500 Höhenmeter zur Seilbahnstation von Grands Montets abzusteigen. Ich drehe mich um, mein Bein schmerzt wieder, aber ich ignoriere das, so gut es geht. Ich werde kriechen müssen. Es wird eine Weile dauern, bis ich wieder als Bergführer arbeiten kann. Aber ich werde Anne bald wiedersehen. Vielleicht kann ich auch meine Schwester in Portland besuchen. Ich werde mich einige Zeit erholen müssen. Aber zuerst muss ich zu der Seilbahnstation kommen. Ohne auf das Abklingen der Schmerzen zu warten, mache ich mich auf den Weg.

Ich bin umgeben von Gletscherspalten. Ich schleppe mich nach unten, um vom Gletscher wegzukommen, aber das Eis unter mir ist stark zerfurcht. Ich weiß, dass dies Randspalten sind, entstanden durch Reibungen zwischen dem Felsgestein und dem relativ dünnen Eis des Gletscherrandes, und krieche zur Mitte des Gletschers, wo ich stabiles Eis zu finden hoffe.

Die Wolken hängen tief, und die Sicht beträgt nur fünf Meter. Es schneit jetzt stärker. Ich weiß nicht, ob ich mich aus diesem Gewirr von todbringendem Eis werde befreien können, biege um die Ecke und stoße auf einen weiteren Gletscher. Ich schleppe mich an zwei kleineren Spalten vorbei und ziehe mich mit einem Seufzer der Erleichterung hoch auf das schneebedeckte Gewirr von Felsblöcken am Rand des Gletschers.

Ich schaue hinauf in den Nebel und versuche die Hindernisse zu ermessen, die noch auf mich warten. Wenn ich die letzte Seilbahn verpasse, könnte ich in meinen nassen Kleidern erfrieren. Ich stütze mich auf den Schaft meines Pickels wie auf einen Stock und mache einen Hopser, dann noch einen und noch einen und einen vierten. Erschöpft beuge ich mich nach vorn.

»Das wird schwierig.« Ich atme entschlossen ein, raffe mich wieder auf und zähle dabei vor mich hin. »Eins, zwei, drei, vier.« Keuchend atme ich ein und beginne wieder zu zählen. Noch ein paar Wiederholungen, dann sitze ich auf der Kante eines Felsblocks. Ich bin erschöpft.

Um 16.30 Uhr, eine Viertelstunde bevor die letzte Seilbahn abfährt, schleppe ich mich die Stufen zur Station empor. Der Schaffner mustert mich, während er an seiner Zigarette zieht. Erschöpft und schwitzend vor Anstrengung lasse ich mich auf das Metallpodest vor der Station sinken. Endlich bin ich draußen aus dem wirbelnden Schnee. Der Mann betrachtet mich einen Augenblick länger, wippt dann auf den Fersen leicht zurück, bläst Rauch durch die Nase und führt die Kippe abermals zum Mund.

Auf der Fahrt nach unten erkundigt sich ein wohlgenährter Tourist nach meinem Bein. Ich erzähle ihm, dass es gebrochen ist. Er ist skeptisch, bietet mir aber an, mich in Chamonix in die Klinik zu bringen. Ich humple in die Notaufnahme des Krankenhauses von Chamonix, wo mich die Krankenschwester anschaut und etwas sagt, was ich nicht verstehe.

»*Ma jambe.*« Ich deute auf mein Bein, das ich zum Empfangsschalter nachgezogen habe. Sie fragt etwas, das ich ebenfalls nicht verstehe, aber dann sagt sie: »*Anglais?*«

»*Non, American.*« Die Schwester wendet sich lächelnd ab und geht weg.

Ich weiß nicht, was ich jetzt tun soll, aber ich bin so müde, dass ich nicht mehr stehen kann, und humple zu einer Reihe von harten Plastikstühlen. Ich stelle meinen Rucksack auf den Boden und versuche mich auf den Rand des letzten Stuhls zu setzen. Mein Bein tut weh, und ich kann es nicht entspannen, daher packe ich den Rand des Stuhls mit den Händen und lasse mich auf den Boden des leeren Raumes nieder. Ich stoße den Stuhl weg, lege den Kopf auf meinen Rucksack und schließe die Augen.

»*Hallo. Hallo.*« Jemand rüttelt mich. Ich schlage die Augen auf und sehe einen jungen Mann in einem weißen Kittel mit pechschwarzen Haaren, der mir einen Fuß in die Rippen drückt. Es ist der Arzt. Ich schaue auf die Uhr. Ich bin schon seit zwei Stunden hier.

»Können Sie aufstehen?«, fragt der Arzt.

»*Oui.* Ja. Wenn ich den Quadrizeps anspanne.« Ich beginne mich hochzurappeln, um es ihm zu demonstrieren.

»Ihnen fehlt nichts. Gehen Sie heim«, sagt der Weißkittel, dreht sich um und geht weg. Ich richte mich auf. Ich will ihm folgen. Sollte ich denn nicht geröntgt werden? Sollte er mich nicht wenigstens untersuchen? Mich abtasten?

»Verdammter Franzose«, sage ich, als ich die Tür der Notaufnahme aufstoße.

Es hat zu regnen begonnen. Ich schultere meinen Rucksack, schlage die Kapuze meiner Jacke hoch und humple durch die Stadt zu meiner Unterkunft. Ich wünschte, ich hätte Krücken.

Eine Woche später fliege ich nach Hause. Ich habe weder eine Krankenversicherung noch das Geld, um eine medizinische Behandlung zu bezahlen. Aber das nächste Mal werde ich besser aufpassen. Auch in leichtem Gelände kann man umkommen.

Kapitel 8

Akzeptiert werden

Nordostoregon, März 1997
Flecken verkrusteten Schnees verteilen sich über die 40 Hektar große Waldfläche, auf der wir diese Woche Bäume pflanzen sollen. Der Winter hält sich in den Blue Mountains. Außerdem stecken die 14 000 Setzlinge – ein Jahr alte und zehn Zentimeter hohe Miniatur-Ponderosa-Kiefern, Douglasien, Blautannen und Amerikanische Lärchen – noch immer in der Baumschule in Zentraloregon im Boden.

Am Wochenende verbringe ich meine Zeit mit einer eigenartigen Beschäftigung. Mit einem Traktor schiebe ich große Stapel von altem, ausgelichtetem Gestrüpp zusammen und verbrenne so viel wie möglich davon. Den Boden für die Setzlinge vorzubereiten ist eine schwere und schmutzige Arbeit. Die überdimensionierte Motorsäge lässt meine Hände taub werden, verursacht mir Rückenschmerzen und erzeugt einen ohrenbetäubenden Lärm.

Meine Begeisterung wird auf eine weitere harte Probe gestellt, als ich erfahre, dass sich die Lieferung der Setzlinge noch um mindestens eine Woche verzögern wird. Am Abend sitze ich im kleinen Wohnzimmer meiner Eltern und lese, als das Telefon läutet. Es ist Joe Josephson, der aus Canmore in Alberta anruft. Ich versuche meine Aufregung zu verbergen und frage, wie es ihm geht.

Joe Josephson bei unserem ersten Versuch an der Emperor-Wand. Diese Begehung endete nach einem Drittel der Wandhöhe, als wir auf steiles Gelände trafen, das sich nicht absichern ließ.

»Nun, nicht besonders gut«, antwortet Joe. »Barry und ich haben vor, den Mount Robson zu besteigen, aber Whipper, unser dritter Mann, kann jetzt nicht mitkommen. Also haben wir überlegt, ob du nicht Lust hättest, uns zu begleiten?«

»Wohin?«, frage ich, obwohl ich den Namen bereits gehört habe, als er ihn zum ersten Mal erwähnt hat.

»Zum Robson. Wir wollen eine neue Route durch die Emperor-Wand versuchen. Der Robson, Mann, der König.«

Vierzig Stunden später lenke ich mein kleines Auto auf den Parkplatz des Besucherzentrums am Mount Robson. Der lockere Keilriemen quietscht, als ich auf die Kupplung trete und neben Jojo und Barry zum Stehen komme. Ihre Ausrüstung ist auf dem Boden in der Sonne ausgebreitet.

Emperor-Wand des Mount Robson,
Kanadische Rocky Mountains, März 1997 (zehn Tage später)

Ich schiebe meinen Arm hinter den angewachsenen Eiszapfen, wobei das Gewebe meiner Jacke durch die Kälte knistert. Ich komme nur knapp dahinter und spüre das Ende der Reepschnur mit den Fingerspitzen. Ich ziehe sie durch, binde sie ab und hänge mein Vorstiegsseil mit einem Karabiner an ihr ein. Ich treibe die Zacken meiner Steigeisen in den Eiszapfen, klettere behutsam an ihm vorbei und in eine kleine, mit Schnee gefüllte Rinne, die von senkrechten Wänden aus schwarzem Fels eingefasst wird.

Ich bin dran, um ein paar Seillängen vorauszusteigen, und der kurze Wintertag neigt sich bereits dem Ende zu. Nichts deutet darauf hin, dass es hier einen Platz geben könnte, wo wir uns hinsetzen oder die Nacht verbringen könnten. Die Rinne geht allmählich in einen weiteren Steilaufschwung über, der die Schlüsselstelle dieses Tages darstellen dürfte.

Ich sehe, wie sich Jojo in seinem großen roten Anorak an der Sicherung nach hinten lehnt. »Gute Arbeit«, ruft er. Als ich den Eiszapfen passiere, lässt sich auch Barrys etwas gedämpfte Baritonstimme vernehmen: »Gut, Steve, gut.«

In den vergangenen zehn Tagen haben wir eine waghalsige direkte Route über die zentrale Wand zu begehen versucht und sind daran gescheitert. Der steile, schneebedeckte Fels bot weder Sicherungsmöglichkeiten noch Standplätze. Nach zwei Seillängen wurde das Klettern immer schwieriger. Nachdem Barry im Vorstieg beinahe gestürzt wäre, traten wir den Rückzug zu unseren Skiern an, überquerten in kurzer Zeit den zugefrorenen Berg Lake und erreichten nach drei Kilometern eine Schutzhütte. In diesen zehn Tagen sind wir schnell Freunde geworden; die Liebe zu dem, was wir tun, verbindet uns. Barry und Jojo akzeptierten mich in ihrer Welt.

»Das war schon eine sehr komische Sache«, erzählte mir Barry eines Abends, als ich den Holzofen mit einem abgestorbenen Ast schürte, den wir in dem verkümmerten Fichtenwald ergattert hatten. »Ich saß an meinem Schreibtisch und schrieb.« Ich drehte mich um und sah, dass er seine Hände vorstreckte, die Handflächen nach unten, als säße er vor einem Computer. »Ich arbeitete an einer Geschichte über die Bege-

Barry Blanchard verzieht in dem ziemlich kalten Biwak unterhalb der Spitze der Emperor-Wand des Mount Robson das Gesicht. Wir hatten nur minimale Ess- und Trinkvorräte dabei. Das Seil über ihm gehört zu unserer Sicherung.

hung des Mount Fay, die David und ich mit Carl Tobin unternommen hatten.« David Cheesmond war einer von Barrys engsten Freunden gewesen und die treibende Kraft des alpinen Bergsteigens in Kanada, kam aber 1987 am Mount Logan ums Leben. »Ich hatte angefangen und erzählte gerade vom Sturm. Und dann kam ich zu dem Punkt, wo David diesen phantastischen Vorstieg während des Sturms absolvierte. Er brachte uns aus der Wand heraus, rettete uns das Leben. Ich war also mit diesem Teil der Geschichte beschäftigt und versuchte sie gut hinzubekommen, da kam dieses Lied im Radio, Jackson Browns ›Running on Empty‹. Das war Davids und mein Lieblingslied. Ich konnte die Gegenwart von David spüren. Ich schwöre, er war direkt bei mir, mitten im Raum. Ich konnte ihn spüren. Sofort griff ich nach einem neuen Blatt Papier und schrieb David einen Brief. Ich kann dir das nicht erklären. Denk, was du willst. Aber ich habe keine Erklärung dafür.«

Durch ein System von Rinnen auf der rechten Seite dieser gut 1800 Meter hohen Wand haben wir jetzt zwei Drittel des Weges zurückgelegt. Ich lächle, als ich den Arm ausstrecke und

Bei Tagesanbruch steige ich die erste Seillänge einer neuen Route namens »The Silver Lining« vor, die Barry, Jojo und ich im Frühjahr 1998 begingen, nachdem wir uns vorgenommen hatten, »es nächstes Jahr noch einmal zu versuchen«.

den breiten Riss über mir von Schnee säubere. Ich lege unseren größten Friend und verklemme die Hauen meiner Pickel im schmalsten Teil des Risses. Ich ziehe mich an den Geräten hoch, trete auf kleine Eispolster und überwinde die Schlüsselstelle schließlich mit dem dumpfen Geräusch eines gut platzierten Eisgeräts.

Ich steige noch mehrere schwierige Seillängen vor, durch Eisrinnen, die sich durch festen, blanken Fels zogen. Die schönsten Seillängen der Route – Seillängen, die auch Alex gern geklettert wäre, denke ich. Im letzten Licht des Tages entdeckt Barry einen Felsvorsprung rechts von uns. Wir setzen unsere Stirnlampen auf, und ich quere hinüber zu dem 60 Meter breiten, dreifach gestuften Band: das ideale »Zimmer mit Aussicht«.

Als ich den Standplatz aufbaue, spüre ich, dass ich nach den Anstrengungen des Tages erschöpft bin. Die Kälte und die 20 Stunden Klettern waren sehr kräftezehrend. Ich habe meinen Traum verwirklicht und eine neue Route auf den König der Berge begangen, zusammen mit zwei der besten Bergsteiger in den Rocky Mountains. Barry und Jojo trauen mir anscheinend zu, dass ich auch auf komplexem, schwierigem Terrain sicher und schnell klettern kann. Das ist für mich die höchste Auszeichnung. Als ich sie über das Band nachsichere, denke ich über den Ernst unserer Lage nach. Wir befinden uns auf einer Höhe von 1200 Metern in einer Nordwand; die Temperatur fällt rasch auf minus 30 Grad. Vor vier Stunden haben wir den Rest unseres Wasservorrats aufgebraucht, es kommt Nordwind auf, in dem unsere ungeschützten Gesichter zu erfrieren drohen. Trotzdem macht es mir Spaß. Ich habe meine eigenen Erwartungen übertroffen. Die Angst, umzukommen oder verletzt zu werden, hat sich während des Kletterns verflüchtigt.

Ich lächle und blicke hinauf zum Vollmond am Horizont. Auch meine Versagensängste lösen sich auf. Das Schwerste, das Schlimmste, liegt zweifellos hinter uns. Der Gipfel – und damit der Erfolg – ist gesichert. Morgen wird es kalt und klar sein: ein prächtiger Tag für den Gipfelversuch. Ich stoße einen lauten Juchzer aus. In der Dunkelheit, 30 Meter entfernt, schließt sich Barry an.

Barry kommt bei uns auf dem Band an, und wir bauen eine Sicherung für die Nacht auf. Meine Steigeisen sprühen Funken, als ich einige störende Steine von meiner auserwählten Schlafstatt wegtrete. Ich öffne meinen Rucksack, ziehe den Kocher heraus und reiche ihn Jojo. Ich krame weiter nach meinen Fäustlingen. Die Kälte kriecht in den Körper.

»He, Steve, auf der Benzinflasche fehlt die Pumpe.«

»Wirklich?«, frage ich zurück, und Jojo hält mir die Flasche entgegen, damit ich es selbst sehe. »Verdammt! Die muss irgendwo in meinem Rucksack sein.«

Ich hebe den Rucksack hoch, durch den verblichenen gelben Stoff ziehen sich Dutzende kleinere oder auch größere Risse. Sorgfältig durchsuche ich alles. Jeden Gegenstand nehme ich heraus und hänge ihn sicher an einen Karabiner, damit er nicht in die Tiefe fallen kann. Ich schiebe meine taube nackte Hand in den Rucksack und schüttle ihn, um mich zu vergewissern, dass er leer ist. Keine Benzinpumpe.

Langsam verstaue ich alles wieder und prüfe dabei jeden Gegenstand noch einmal. Keine Benzinpumpe. Ich kann es nicht glauben. Ich spüre, dass Barry und Jojo mich anschauen. Abermals nehme ich alles wieder heraus, inspiziere es noch einmal und hänge die Sachen am Stand ein. Ich überprüfe meine Taschen. Ich schaue auf, Barry sitzt auf seinem Schlafsack und starrt mich an. Ich überprüfe die obere Außentasche des Rucksacks und stopfe alles wieder in ihn hinein. Mich fröstelt. Ich untersuche den Felsvorsprung, auf dem ich stehe, hebe die Füße, um nachzusehen, ob ich vielleicht auf der Pumpe stehe. Ich leuchte mit der Stirnlampe die Wand hinab. Ein paar Meter steiler Fels und Schnee verlieren sich in der Dunkelheit.

»Also«, sage ich und lasse meine Arme an den Seiten herabsinken, »ich habe sie wirklich nicht.«

Jojo und Barry schauen sich an. Mir ist übel. Ich würde mich am liebsten losmachen und vom Felsvorsprung stürzen. Schnell durchdenke ich die Konsequenzen. Ohne Benzinpumpe haben wir keinen Kocher. Ohne Kocher haben wir kein warmes Wasser. Ohne Wasser haben wir kein Essen. Ohne Essen und Wasser können wir nicht weitergehen. Wir werden morgen nicht auf dem Gipfel stehen. Selbst das Biwak bei diesen Temperaturen und in unserem angeschlagenen Zustand könnte in einer Katastrophe enden. Erfrierungen, Hypothermie und sogar Tod drohen Bergsteigern, die in einer Verfassung sind wie wir: erschöpft, hungrig und dehydriert.

Ich lehne mich niedergeschlagen an die Wand. »Eindeutig. Ich habe sie nicht.« Barry und Jojo sagen nichts.

»Sie muss rausgefallen sein. Sie muss aus meinem Rucksack gefallen sein. Sie hat sich irgendwie von der Flasche gelöst, und vielleicht habe ich sie beim Auspacken fallen lassen. Oder sie ist einfach rausgefallen. Es tut mir leid. Es tut mir furchtbar leid. Scheiße.«

Jojo schlüpft in seinen Biwaksack. Keine Worte. Ich drehe mich um und krame den kurzen Schlafsack heraus, der sich an den unteren Rand meines Anoraks zippen lässt. Nachdem ich hineingeschlüpft bin, setze ich mich auf mein kleines Schaumstoffpolster und ziehe mir den Biwaksack über die Beine.

Es muss doch eine Möglichkeit geben, Druck in diesen Brennstoffbehälter zu bekommen, überlege ich. Wenn wir Druck erzeugen können, haben wir ein Feuer. Sofort beginne ich mit einem Stück Draht aus der Kletterausrüstung und einem Klebeband zu hantieren, das zu unserem Erste-Hilfe-Set gehört. Ich versuche verzweifelt, die Brennstoffflasche unter Druck zu setzen, damit ich den Kocher anzünden und etwas Schnee schmelzen kann.

Nach zwei Stunden habe ich ein paar Flammen zustande gebracht, die ausreichen, um eine Tasse Wasser zu produzieren. Ich reiche sie Barry. Als er nach der Tasse greift, sieht er mich an, sodass mir das Licht seiner Stirnlampe in die Augen leuchtet. Ich halte mir die Hand vor die Augen, um nicht geblendet zu werden.

Er dreht seine Stirnlampe weg und sagt mit ernster Stimme: »Steve, du bist noch jung. Wenn du später einmal alles zusammenzählst, was du in deinem Leben verbockt hast, dann wird dir das hier wie eine Kleinigkeit erscheinen.« Jojo lacht.

»Danke, Bubba«, sage ich schwach, »aber da bin ich mir nicht so sicher.«

Jojo lacht weiter. Barry kichert und reicht die halb leere Tasse an Jojo weiter. Morgen werden wir zum Emperor Ridge queren und auf dieser Route auf 900 Höhenmeter absteigen müssen – ohne Wasser. Wir werden ein paar Kilometer zum Fuß der Emperor Wall gehen, unsere Skier holen und auf ihnen die knapp 30 Kilometer zur Straße zurücklegen. Ohne Kocher – und da das ganze Wasser im Umkreis von Hunderten Kilometern zu Eis gefroren ist, müssen wir so schnell wie möglich wieder in die Zivilisation zurückkehren. Wir werden es schaffen, gemeinsam. Barry und Jojo haben meinen Fehler akzeptiert, mir mein Versagen verziehen. Das ist Partnerschaft.

Es ist dunkel, als wir an der Straße ankommen. Wir fahren in Barrys Truck 50 Kilometer zur nächsten Kneipe. Seit zwölf Tagen sind wir in den Bergen und haben seit mehr als 30 Stunden keinen Schluck Wasser mehr getrunken.

Wir verziehen uns an einen dunklen Tisch in der Ecke. Als die Bedienung kommt, blickt Barry ruhig auf. »Einen Krug Wasser, bitte. Oder besser zwei«, sagt er und hält zur Bekräftigung zwei Finger hoch. »Kein Eis. Oh, und einen Krug Bier, bitte.«

Zum ersten Mal schmeckt Wasser besser als Bier. Nachdem wir beide Wasserkrüge geleert haben, bestellt Barry eine zweite Runde. Jojo füllt unsere Biergläser und hebt dann seines. »Auf den König!«

Wir trinken. Dann schlägt Barry mir auf den Rücken und grinst. »Und darauf, dass wir es nächstes Jahr noch mal versuchen!«

Kapitel 9
Farmboy

Canmore, Alberta, Kanada, 27. März 1999
Ich klopfe mir den Schnee von den Stiefeln und stoße die Tür zum Drake Pub auf. Lauter Jubel empfängt mich. Ich lächle, trete zur Seite und lasse Scott vor mir hineingehen. Jemand pfeift durchdringend, und Beifall brandet auf. Inmitten von Leuten sehe ich Barry am Kopfende eines großen Tisches in der Mitte des Raums. Er hat ein Bein auf den Boden gesetzt. Das andere steckt in einer Plastikschiene, die bis zur Hüfte reicht, und ist auf dem Tisch ausgestreckt. Zwei volle Gläser Bier stehen vor ihm; ein weiteres hält er zu unserer Begrüßung über seinem Kopf.

»Hey«, kichert Barry. Seine noch feuchten Haare hängen um seine Schultern. Seine Haare haben am Ansatz die Farbe von Zinn, die Enden aber sind pechschwarz wie bei seinen indianischen Vorfahren. »Hier kommt die große weiße Hoffnung des amerikanischen Höhenbergsteigens – und der Alte.«

»Ja, Bubba«, sagt Scott, klopft Barry auf die Schulter und legt einen Arm um ihn. »Vielleicht bin ich alt. Aber immerhin war ich mal wer.«

»'n Bier? 'n Haufen Leute sind gekommen«, sagt Barry und deutet mit seinem Glas auf die Umsitzenden. »Catherine hat das alles organisiert. Ich wusste, dass sie eine Party vorberei-

Scott Backes im Vorstieg in der sonnigen Ostwand des Howse Peak. An diesem Nachmittag stieg ich eine Seillänge vor, die als »The Pitch« bekannt wurde – eine extrem schwierige Rinne mit dünnem Eis, die bis zur Abfassung dieses Buches, mehr als zehn Jahre später, nicht wieder begangen wurde.

tet, aber ich hätte nicht gedacht, dass sie so groß werden würde. Bin froh, dass wir gerade noch rechtzeitig runtergekommen sind. Sie war beleidigt, dass wir erst heute aufgetaucht sind. Toll, oder?« Er klopft auf sein geschientes Bein. »Der Doktor sagt, ich habe einen Haarriss im Schienbeinkopf. Sechs Wochen.«

»Das könnte auch länger als sechs Wochen dauern«, meint Scott. Er greift nach den beiden vollen Gläsern und reicht mir eines davon. »Stoßen wir drauf an, dass Bubba noch lebt.« Er hebt die Gläser, und wir blicken uns in die Augen. Scotts Augen leuchten, die von Barry sind dunkel und kühl.

»Auf die Leistung von Steve«, sagt Barry und hebt sein Glas abermals, während er sich den Bierschaum von der Oberlippe leckt.

Scott schaut mich leicht belustigt an. »Die große weiße Hoffnung.«

Ich senke den Blick auf mein Glas. »Du weißt, dass ich diese Bezeichnung nicht mag.« Ich lasse die erfrischende Bitterkeit des Biers auf mich wirken.

Scott lacht. »Ich weiß. Ich weiß. Und das bestätigt mich.«

Ostwand des Howse Peak, Kanadische Rocky Mountains, 22. März 1999 (fünf Tage vorher)

Das Seil ist straff; ich strecke den Arm hoch und treibe ein Eisgerät in den Eiszapfen, der über das schwarze Felsdach herunterhängt. *Thunk.* Ein dumpfes Geräusch, dem das Prasseln von Eisbrocken folgt, die vor meinem neuen, orangefarbenen Patagonia-Anorak in die Tiefe rauschen. Die Jacke gehört zu der kostenlosen Ausstattung, die mir die Firma vor sechs Wochen schickte, wahrscheinlich auf Empfehlung von Barry. Vorsichtig schiebe ich die Haue in das Loch im Eis, das Scott hinterlassen hat. Ich klettere los und versuche mich zu beeilen. Das Gewicht des Rucksacks wird schwerer, als ich das senkrechte Eis hochsteige.

Keuchend erreiche ich den Stand. Der Fels ragt über dem Vorsprung, auf dem Scott steht, nach außen. Zwölf Meter über ihm hängt ein großer Eisdolch, der aussieht wie der Schwanz einer geheimnisvollen, zu Eis erstarrten Schlange.

Nach den letzten Schritten zum Standplatz untersuche ich den umliegenden Fels nach Rissen. Ein oder zwei gute Risse verlaufen von dem Felsvorsprung nach oben, werden dann jedoch durch den dunklen Kalkstein verschlossen, der das Dach sechs Meter weiter oben bildet.

»Keine Sicherungen«, sagt Scott. »Die Risse sind alle zu. Diese Route will uns anscheinend sagen: Verpisst euch alle.«

Ich bin enttäuscht; die Eisschlange war unser neues Ziel geworden, nachdem wir entschieden hatten, wegen der schlechten Wettervorhersage nicht auf den Mount Robson zu gehen. Da erscheint Barry auf dem Vorsprung, auf dem sich der Standplatz befindet. Mit nach oben gerichtetem Blick macht er zwei Schritte nach vorn, dann sinkt er im Schnee in die Knie.

»Sieht nicht gut aus«, sagt Barry. »Überhaupt nicht gut. Keine Risse. Keine Risse, keine Sicherung.«

»Keine Sicherung, kein Raufkommen«, vollende ich den Standardspruch. Es ist der Spruch, den mir Alex in Cody beigebracht hat. Solange man Sicherungen legen kann, kann man es ruhig probieren.

Barry schaut nach unten, lässt seine Ausrüstung in den Schnee fallen und wendet sich dann zu Scott und mir. »Nun, ich habe damit gerechnet. Aber jetzt sind wir schon mal hier. Wollt ihr rübergehen und euch das mal anschauen?«

»Wohin?«, frage ich. Ich will unser Hauptziel nicht ohne Weiteres aufgeben, aber es ist offensichtlich nicht erreichbar, ohne zuvor abzusteigen, einen Satz Bohrhaken zu besorgen und Löcher in die Wand zu bohren, was eigentlich keiner von uns will. Reinhold Messner bezeichnete ein solches Vorgehen einmal als »Mord am Unmöglichen«. Ungewissheit ist das Wesen des Höhenbergsteigens; versucht man sie auszuschalten, zerstört man das Erlebnis.

»Dahin«, sagt Barry und zeigt nach links. Ich hatte mich nur auf die Route vor uns konzentriert. Die Topografie der restlichen Wand ist mir völlig unvertraut. Doch Barry hat anscheinend eine Ahnung, wo sich eine mögliche Route auftun könnte.

»Okay. Geh voraus, Bubba.« Scott reicht Barry den Rest des Sicherungsmaterials, und Barry quert nach rechts. Den nächsten Standplatz baut er weit rechts draußen auf, in der Nähe einer glatten, schwarzen Felswand. Oberhalb und links von ihm erstreckt sich eine unebene Eisfläche, die aussieht wie ein riesiger, halbgarer Pfannkuchen. Sie ist zum größten Teil schaumig weiß, besteht aber nicht wirklich aus Eis, sondern aus einer dünnen Schicht gefrorenen Schnees, die den Fels bedeckt. Blaue Areale weisen stellenweise auf hartes Eis hin. Ich überprüfe meine Eisschrauben und greife zu meinen Eisgeräten.

Scott hängt sich in den Stand und schaut zu der senkrechten Fläche hinauf, dann sagt er halb zu sich und halb zu Barry: »Wie kommt es, dass House immer die schwierigsten Seillängen bekommt?«

»Du bist noch nicht viel mit dem Farmboy geklettert, oder, Scotty?« Barrys Frau Catherine, die mich für einen echten Naturbuschen hält, hat mir den Spitznamen Farmboy verpasst. Barry legt dem größeren Scott die Hand auf die Schulter. »Er kriegt immer die schwierigen Aufgaben.«

»Wie kann das sein?«, fragt Scott und schaut mich mit gespielter Ungläubigkeit an.

»Das weiß nur Gott, das weiß nur Gott.« Barry schüttelt bedächtig den Kopf.

»Gut«, sagt Scott, greift in seinen Rucksack und zieht einen großen Daunenanorak heraus. »Ich bin hier, um mir die Show anzusehen.«

Canmore, Alberta, Kanadische Rocky Mountains, 12. März 1999 (zehn Tage vorher)

»Ich habe für dich meinen Ruhestand unterbrochen. Ich musste es selbst sehen«, sagt Scott, nachdem er seine Packsäcke in Barrys Wohnzimmer auf dem Boden abgestellt hat. Er lacht und fährt fort: »Okay, okay. Ich lüge. Ich hab's auch für Barry gemacht.« Das Funkeln in Scotts Augen betont die grauen Schläfen und die vom Wetter eingegerbten Krähenfüße eines Mannes, der den Großteil seiner mehr als 40 Lebensjahre im Freien verbracht hat.

Als er später am Abend seine Ausrüstung auspackt, setzt er seinen Bergsteigerhelm auf und fragt rhetorisch: »Wie wollt ihr einen alten Knaben dazu bringen, sich am Berg noch einmal den Arsch aufzureißen?«

Barry kichert erwartungsvoll, nippt an einem Glas Scotch und nimmt dann das Thema auf. »Keine Ahnung, Mann. Wie könnten wir es versuchen?«

»Vielleicht indem ihr ihm eine Knarre an den Kopf haltet«, sagt Scott und deutet auf einen Aufkleber an der rechten Seite seines knallroten Helms, der eine schwarze Neun-Millimeter-Glock-Pistole zeigt. Sein Lachen platzt so kraftvoll heraus, dass auch ich mitlache.

Dann wird er plötzlich wieder ernst, setzt den Helm ab und schaut mich an. »Ich bin hier, um die Fackel der Höhenbergsteigerei an euch, die nächste Generation, weiterzugeben. Mugs kann das nicht mehr tun.« Er unterstreicht den Satz, indem er den Zeigefinger hebt. »Twight würde sie noch nicht weiterreichen, obwohl seine Zeit vorbei ist. Und Barry«, er winkt mit dem Handrücken zu Barry, der noch auf seinem Schemel hockt, »Barry weiß noch nicht, dass seine Zeit vorüber ist.« Er hält die Hände vor sich und zeigt mit allen zehn Fingern auf sich. »Also bleibe nur noch ich.«

»In einem Punkt irrst du dich, Scott«, sage ich und deute mit meinem Scotch-Glas auf Barry. »Ich glaube nicht, dass Barry schon zum alten Eisen gehört.«

»Nö«, mischt sich Barry ein, klopft mit dem Absatz auf den Teppich und blickt auf den schlafenden Hund zu seinen Füßen. »Wenn ich ein paar Hundert Jahre früher geboren worden wäre, dann hätte ich Büffel in der Prärie gejagt. Jagen, mich um mein eigenes Überleben kümmern, das hat sehr viel mit Höhenbergsteigen zu tun. Es stimmt zwar, ich werde älter, aber ich jage immer noch gern.«

Am nächsten Tag ist Barry schon früh auf den Beinen, denn er soll eine mehrtägige Skitour führen. Scott und ich wollen die klassische Eisroute begehen, die »Nemesis«. Beim Vorstieg ruft er plötzlich ohne ersichtlichen Grund: »Fuck all y'all«, eine Zeile aus einem Rap-Song.

An diesem Abend stürmt Scott durch die Tür von Barrys Haus und reißt triumphierend die Hände hoch. »Jetzt haben wir auch diesen harten Brocken degradiert. Es sind nur zwei Seillängen. Keine Route mehr mit drei Seillängen, nicht die »Nemesis«! Zwei Seillängen jetzt nur noch!«

Wir hatten ein neues, 80 Meter langes Seil verwendet. Kletterseile sind meist nur 60 Meter lang. Unsere Begehung war nicht besser als die zahllosen Begehungen vor uns, doch Scott hat nun etwas, womit er sich brüsten kann.

Nach meiner Alleinbegehung der neuen Route »Beauty Is a Rare Thing« auf dem Denali im Jahr 1996 hatte mich Scott, den ich damals noch nicht persönlich kannte, in den Bergsteigerzeitschriften als »die große weiße Hoffnung des amerikanischen Höhenbergsteigens« bezeichnet. Wie viele der Spitznamen, die er verteilte, blieb auch dieser an demjenigen hängen, für den er gedacht war.

**Ostwand des Howse Peak,
Kanadische Rocky Mountains, 22. März 1999**
Während ich Scott beobachte, der fröhlich einen Schluck heißen Kaffee aus seiner Thermosflasche nimmt und sich darauf vorbereitet, meinen Vorstieg auf der ersten schwierigen Seillänge dieser Route zu beobachten, kommt mir der Gedanke, dass er überhaupt nichts investiert hat. Für ihn steht nichts auf dem Spiel. Als ich mich vom Stand entferne, wächst meine Verärgerung. »Was für ein Mistkerl«, denke ich. »Er ist hier, um sich das Spektakel anzuschauen. Und ich muss Leistung bringen, oder? Bin ich denn ein Idiot?« Für einen Augenblick spüre ich das Verlangen, meine neue Sponsorenjacke auszuziehen, mich abzuseilen und heimzugehen.

Das Eis geht in die Senkrechte über. Ich halte inne und bringe am Beginn einer schwierigen Passage eine Eisschraube an. Ich schaue zum Eis hoch, versuche mich durch tiefes Einatmen zu konzentrieren und schmecke dabei die frostige Luft. Mit dem messerscharfen Gerät bearbeite ich das Eis über mir. Mit kurzen, scharfen Schlägen suche ich nach den dicksten Stellen, wo das Eis stabil genug ist, um mich zu halten. Auf dem gefrorenen Schnee ist das größtenteils nicht der Fall. Angetrieben von meiner kurzen Zornesaufwallung, lege ich schnell ein paar Körperlängen zurück.

Nachdem ich auf dem senkrechten Eis ein gutes Stück vorangekommen bin, beginnt das Brennen – der Pump in den Armen, der durch das zu feste Umklammern der Geräte hervorgerufen wird. Mühsam treibe ich eine zweite Schraube in das Eis. Stiege ich hier ungesichert weiter, würde ich einen bösen Sturz auf den abfallenden Felsvorsprung riskieren. Ich hänge an meinem linken Arm und drehe mit der rechten Hand eine Schraube ein. Ich drehe und drehe, um sie fest zu verankern. Ich beginne zu hyperventilieren. Mein linker Arm wird taub. Ich lasse von der Schraube ab, bringe schnell mein rechtes Eisgerät zum Einsatz und lasse dann meinen linken Arm hängen, um ihn zu entspannen. Ich atme heftig, aber jetzt wieder regelmäßig. Ich nehme mir abermals die Schraube vor, treibe sie fest in das Eis und hänge mein Seil ein.

Jetzt bin ich vor einem schlimmen Sturz gesichert, doch das Klettern ist schwierig genug. Während ich hochklettere, verflüchtigen sich meine Emotionen, ich bin ganz auf den Moment konzentriert.

Als die früh einfallende Abenddämmerung des Spätwinters in den Kanadischen Rocky Mountains uns umhüllt, sind Barry und ich bei den letzten Handgriffen an einer unserer »Torpedoröhren«. Die Felsbänder in den Rockies sind zu schmal und zu steil, um darauf ein Zelt aufzubauen; bei unserem ersten Versuch auf dem Mount Robson haben wir daher das Modell einer röhrenförmigen Schneehöhle entwickelt.

Zunächst untersuchen wir vorsichtig den Schnee auf dem Felsvorsprung, um die tiefste Stelle zu finden. Dann beginnen wir von einer Seite aus zu graben und bauen eine lange, schmale Schneehöhle parallel zur Wand. Unsere erste Röhre, die nach rechts verläuft, endet schlagartig nach viereinhalb Metern. Barry wendet sich nach links und gräbt eine Röhre, die gerade groß genug ist, damit er mit seinen 1,72 Metern darin Platz findet. Scott arbeitet sich geschickt zum Ende der langen Höhle vor, ich folge ihm. Der Schneetunnel ist eng; ich kann kaum aufrecht sitzen. Auf meiner kurzen Isoliermatte hockend, bringe ich den Kocher in Gang und beginne damit, frischen Schnee zu schmelzen, damit wir unseren Durst mit Tee und Suppe stillen und schließlich Nudeln essen können.

Scott streckt seinen großen, in einem gelben Anzug steckenden Körper auf seiner langen Matte aus und zieht einen wuchtigen, gut zweieinhalb Kilo schweren Schlafsack aus seinem Rucksack – meiner wiegt nur 900 Gramm, aber ich kann davon ausgehen, dass ich die halbe Nacht frieren werde. Er zieht den Reißverschluss auf und holt ein Kissen heraus.

Als er meine Verärgerung bemerkt, lacht er, während er sich zurücklegt, um auf sein Getränk zu warten. »Was soll ich sagen? Ich bin alt und weise.« Er bricht abermals in Lachen aus.

Bär, Bubba, Blanch. In vier Tagen begeht er seinen 40. Geburtstag in seiner Heimatstadt Canmore, und 100 Leute sind eingeladen, mit ihm zu feiern. Einen großen Teil dieser 40 Jahre gehörte er zu den bedeutendsten kanadischen Bergsteigern. Er hat viele Freunde und verfügt über unzählige Erinnerungen. Bubba war mein Idol als Teenager. An der Innenseite meines Schließfachs in der Highschool hatte ich ein Foto von ihm beim Eisklettern angebracht. Eines Tages will ich ihm das erzählen.

Als mich mein Wecker am nächsten Morgen um halb fünf weckt, finde ich einen missmutigen Bubba vor. Der Wind pfiff in seine kleine Schneehöhle und wehte Schnee in seinen Daunenschlafsack, der jetzt feucht und flach ist. Barry fröstelt. Aber er hat den Kocher schon in Gang gebracht und reicht mir einen Becher mit heißem und gezuckertem Instantkaffee, als ich mich aufsetze.

Nach dem Kaffee und einem Snack verlängere ich meine Selbstsicherung, damit ich aus der Höhle komme und meinen Rucksack packen kann. Ich schlüpfe hinaus und schaue hinauf zu der schwarzen Wand. Die ersten Strahlen des Tageslichts erhellen sich verjüngende weiße Streifen, die über den steilen, schwarzen Fels herabfallen. Die Felswand selbst ragt monolithisch und undurchdringlich empor: eine steinerne Ewigkeit.

Wahrscheinlich werden wir heute absteigen, denke ich mir, während der Schlafsack, der Kocher und der Brennstoff in meinem Rucksack verschwinden. Ich weiß nicht, mit welchen Überlegungen Barry hier heraufgestiegen ist. Die einzig mögliche Route sieht verdammt schwierig aus, zu schwierig, um sie von hier aus zu begehen.

»Ich übernehme den Vorstieg, Scott, oder?«, sagt Barry mit gedämpfter Stimme aus seiner Höhle. »Diese Seillänge durch den Schnee gestern zählt nicht.«

»Wie du willst, Bubba«, kommt die Antwort.

»Wo willst du gehen, Barry?«, frage ich.

»Ich glaube, da hinauf und dann links, da ist eine Verschneidung. Die führt zu weißem Zeug, das vielleicht begehbar ist. Ich habe diese Linie bei meinen Streifzügen durch diese Berge schon mal gesehen. Weiter oben sieht es schwieriger aus, aber dort bist dann du mit dem Vorstieg dran.«

Ich hatte noch nicht bemerkt, dass es links eine Linie gibt, aber als ich jetzt genauer hinschaue, kann ich sie erkennen. Quer über den Schnee, über die kleine Felsstufe. Das sieht gar nicht übel aus. Dann nach links in diese Verschneidung. Ja, dort gibt es einen Riss. Die Verschneidung wird oben steiler, aber es hat den Anschein, als würde sie nach rechts laufen, und in der Wand so weit hinauf, wie ich sehen kann. Vielleicht auch bis ganz oben.

»Und was ist über dieser Wand, Barry?«, frage ich.

»Wenn wir es diese erste Wand hinaufschaffen, kommt eine Rinne, die uns zu einer weiteren, dreieckigen Wand hinaufführt. Die ist überhängend, wahrscheinlich muss man von dort nach rechts queren zu der Eisrinne, die George und Joch 1971 geklettert sind.« Die Gemeinde der Höhenbergsteiger ist so klein, dass Barry George Lowe und Joch Gilden nur mit den Vornamen zu benennen braucht.

»Gesichert!«, schreit Barry.

»Das ist Kanadisch für ›Nachkommen‹«, sage ich zu Scott, als wir den Stand abbauen.

»Ja? Das wusste ich schon, als du noch in der zweiten Klasse warst«, erwidert Scott. Ich denke einen Augenblick darüber nach – er könnte recht haben. Ich bemühe mich, langsam und vorsichtig zu klettern, da ich diese Aufwärmphase für die Seillänge weiter oben brauche.

Scott hängt sich wie ich in Barrys Standplatz ein. Er steigt nun vor und klettert zügig und selbstsicher. Die Sonne scheint, und ich stoße einen Schrei aus, sodass er sich umschaut. Ich nehme das Bild in mich auf: ein gelber Anzug vor dem weißen, festen Eis und der schwarzen Wand, die den tiefblauen Himmel teilt.

Ich folge Scott und bewundere sein Können. Er legt ein hohes Tempo vor und setzt solide Zwischensicherungen. Der Abschnitt ist steil und wird immer steiler und anspruchsvoller.

Ich übernehme das Sicherungsmaterial für den nächsten Vorstieg, es ist ziemlich schwer. Die Sonne ist mittlerweile verschwunden, und uns ist nur noch das Dämmerlicht der großen Winterwand geblieben.

»Da rauf, Bubba?«, frage ich und deute zu der Stelle, wo der Riss in einem Durcheinander von Schneepilzen verschwindet.

»Ja, denke schon, vielleicht über die steile Schneerinne. Wenn das nicht geht, könntest du versuchen, nach rechts zu queren, aber dort sieht es etwas dünn aus.«

Ich gehe los, lege ein paar Meter zurück, bis ich meine erste Sicherung lege, den Anfang des Sicherheitsnetzes, das mich halten wird, falls ich abstürzen sollte. Die Route darüber sieht merkwürdig aus. Die Rinne ist überhängend und mit schweren Schneepilzen gefüllt. Als ich sie erreiche, drücke ich ein Gerät in den Riss und lehne mich zurück. Überhängender Schnee zieht sich über mir nach oben. Ich strecke mich und schlage mit der breiten Seite meines Eispickels gegen einen der weißen Klumpen. Er bricht ab, fällt gegen meinen Pickel und reißt ihn mir fast aus der Hand. Die Schneekugel schießt nach unten und zerschellt in der Nähe des Standplatzes an der Wand.

»Vielleicht geht's hier doch nicht«, rufe ich nach unten. »Ich versuch's rechts.«

Rechts ist die Kletterei nicht senkrecht, da sie quer unterhalb eines überhängenden schwarzen Felsens verläuft. Langsam bewege ich mich nach rechts und trete gegen die Schneeklumpen, um eventuell darunter verborgene Kanten zu entdecken. Das Klettern gestaltet sich wie eine Karikatur im Schnee: Die Tritte entblättern sich gewissermaßen, als ich den Schnee wegräume.

Der Wulst oben endet, und die Querung bringt mich auf ein kleines, nicht ganz senkrechtes, hartes Schneefeld. Links von mir bringe ich mein größtes Klemmgerät an. Die Wand geht nun in die Senkrechte über. Ich stehe auf einer Art vereistem Schnee, für den gelegentlich auch die Bezeichnung »Snice« verwendet wird. Anfangs ist er Schnee, der im Laufe eines Sturms an der Wand abgelagert wird und dann in langsamen Schmelz- und Gefrierprozessen immer härter wird. Manchmal ist dieser Untergrund begehbar; bisweilen sieht er auch nur so aus.

Ich schlage immer wieder nach oben und kratze mit meinem Pickel durch diesen Snice. Zehnmal versuche ich es: Ich stoße auf nichts Festes. Zwanzigmal: Der Pickel dringt hindurch, als wäre es Schlagsahne. Ich steige etwas höher und strecke den Pickel weit nach rechts aus. Er sinkt ein, diesmal aber trifft er mit einem knirschenden Geräusch auf einen gewissen Widerstand. Behutsam, um das kostbare Eis nicht abzubrechen, ziehe ich ihn heraus und schlage ihn etwas schneller und fester hinein. Ein lautes Knirschen bestätigt mir, dass der Stahl greift.

Knapp oberhalb des Geräts wird das Eis durch ein zehn Zentimeter vorstehendes Felsdach unterbrochen. Das ist der Wendepunkt. Von hier könnte ich zum letzten Riss abklettern, zum letzten Fixpunkt, und mich wieder in Sicherheit bringen. Nach dem nächsten Kletterzug wird das nicht mehr möglich sein. Ich hole tief Luft und steige weiter.

Vorsichtig setze ich mein Gerät unter das Dach und klettere hoch. Ich sehe die nächste Stelle, wo ich eine Sicherung anbringen kann. Ich atme laut und konzentriere mich auf diesen Punkt. Das Eis wird dünner und droht selbst unter meinen vorsichtigen Berührungen zu brechen. Als ich den Riss erreiche, bricht das Eis unter meinen Füßen weg. Ich versuche wieder Halt für meine Füße zu bekommen und drücke einen Steigeisenzacken auf eine Kante, die unter dem Eis verborgen war. Dann setze ich den rechten Fuß weit rechts nach außen, um eine stabile Stellung zu finden.

Ich verspreize mich zwischen den beiden winzigen Felsstrukturen, lasse meinen Eishammer an meiner Handschlaufe baumeln und greife nach dem mittleren Messerhaken. Ich wende mich nach rechts und schiebe seine Spitze ein paar Millimeter in den Riss. Vorsichtig drücke ich mit der Handkante darauf. Schnell greife ich nach dem Eishammer und ziele bedächtig – ein falscher Schlag, und der wertvolle Haken segelt die Wand hinunter. Mit vorsichtigen Schlägen treibe ich den Haken ein paar weitere Millimeter in die Vertiefung. Nachdem ein Drittel der Hakenspitze in der Fuge verschwunden ist, umfasse ich den Hammer am Ende des Schafts und treibe den Haken mit ein paar harten Schlägen ganz hinein.

Über mir verschmälert sich das Eis weiter und verschwindet unter einem weiteren kleinen Felsdach. Ich stelle meinen linken Fuß auf eine höhere Kante, dann ziehe ich den rechten nach. Das Eis ist zu dünn – nur knapp eineinhalb Zentimeter –, um den Pickel hineinschlagen zu können. Ein falsch gesetzter Schlag, und alles bricht ab und stürzt in die Tiefe, und mir bleibt nichts mehr, worauf ich klettern kann. Ich lege eine Pause ein und blicke umher. Ich versuche mir alles einzuprägen, jede Struktur, jede Wölbung, jede Falte. Es gibt keinen Ansatzpunkt für meine Eisgeräte. Während die Haue des rechten Geräts fest in dem Riss steckt, in dem ich den Haken platziert habe, kratze ich vorsichtig die obere Kante des Eises weg. Stückchen für Stückchen schabe ich weg, bis ich einen kleinen Absatz geschaffen habe, der einen Zentimeter tief und ein paar Zentimeter breit ist, eine Kante, auf der ich die Haue meines Geräts ansetzen kann.

Meinen Oberkörper drücke ich dicht an die Wand, drehe den Pickel zur Seite und schlage die Spitze in die Kante. Während ich den Fuß nach oben schiebe, ziehe ich mich mit dem linken Arm hoch und stoße mich mit den Füßen ab. Ich strecke die Spitze meines anderen Eisgeräts so weit wie möglich nach oben und komme damit gerade über das Dach hinaus. Der Pickel scharrt an strukturlosem Fels. Ich versuche es abermals – etwas weiter links –, und mein Pickel schlägt wieder gegen glatten Stein. Ich setze meinen rechten Fuß ein Stück nach oben, bis ich völlig gestreckt bin, und fasse so weit wie möglich nach oben. Nichts. Behutsam lege ich den Kopf nach hinten, aber nicht zu weit. Selbst solch eine minimale Gewichtsverlagerung könnte dazu führen, dass ich das Gleichgewicht verliere, und ein Sturz an dieser Stelle wäre fatal.

Als ich mich zurücklehne, entdecke ich eine Eisrille. Sie erscheint grau, so sieht Eis aus, wenn es älter wird und die Luftblasen daraus entwichen sind. Ich stelle mir das Eis vor und senke den Kopf, um noch weiter nach oben greifen zu können. Mit voll ausgestrecktem Arm halte ich den Atem an und ziehe meine Hand zurück. *Plopp*. Ich hab's. Die Haue des Eishammers sitzt anscheinend fest. Ich ziehe daran.

Weiter oben wird die Wand flacher, und über einfaches Gelände gelange ich zu einem Platz, wo ich einen Standplatz einrichten kann. Ich habe nur Eisschrauben; sämtliche Felsausrüstung habe ich in der Seillänge gebraucht. Ich verwende alle acht Schrauben, aber nur eine davon geht vollständig ins Eis. Mit meiner verbliebenen Reepschnur und dem Kletterseil baue ich eine Ausgleichsverankerung und hänge die Sicherung ein. Dann rufe ich meinen Kameraden zu, dass sie heraufkommen können. Ich schaue auf meine Uhr; für diese Seillänge habe ich drei Stunden gebraucht.

Mich fröstelt, und mein Schweiß gefriert an der Innenseite meiner Jacke. Barry räumt die Seillänge mittels Steigklemmen aus, die am Seil nach oben, aber nicht nach unten gleiten. Ich höre seine Selbstgespräche, als er die Zwischensicherungen Stück für Stück entfernt. »Ooh. Die war ziemlich gut.« Und später sagt er: »Bin froh, dass er da nicht hineingefallen ist.«

Barry kommt oben an und sieht die acht verbundenen Schrauben, die uns am Berg halten. »Scott«, brüllt er nach unten, »was meinst du?«

Scott klettert eine weitere Körperlänge schweigend herauf, offenbar meditiert er über das zerbrochene Eis und die abgekratzten Felskanten. Er blick hoch und grinst. »Ich glaube, ich bin ganz gut in dieser Art von Kletterei. Und vielleicht hätte ich auch nachsteigen können. Aber ich wette, es gibt nicht mal ein Dutzend Leute auf der Welt, die hier hätten vorsteigen können!«

Später wird dieser Vorstieg als »The Pitch« bekannt, und je öfter die Geschichte erzählt wurde, umso mehr entschwand das Erlebnis im Nebel, wurde gleichzeitig abgeschwächt und aufgeblasen. Ich frage mich mittlerweile, ob es wirklich so schwierig war. Wir nannten die Route »M 16«, in spöttischer

Anspielung an Scotts Glock-Pistole und an M 8, den damals schwierigsten Grad im Mixed-Klettern, der meist in mit Bohrhaken gesicherten Routen nahe an der Straße geklettert wurde.

Aber das würde alles erst später kommen. Jetzt ist mir kalt, ich bin hungrig und von Scotts übertriebenen Behauptungen erschlagen. Ich will das Essen und das Wasser aus seinem Rucksack.

Barry übernimmt die nächste und letzte Seillänge an diesem Tag, ein Eisfeld, das steiler wird und dann in Schnee übergeht. Er kommt zurück, wendet sich den Felsen zu seiner Linken zu und klettert technisch hinauf. Schnell hat er den kurzen Abschnitt hinter sich gebracht und verschwindet in dem Schneekessel über ihm. Wir steigen nach.

Am nächsten Morgen herrscht in unserer Schneehöhle schon vor Tagesanbruch emsiges Treiben. Wir haben uns in die obere rechte Ecke eines großen rechteckigen Schneefelds eingegraben, ungefähr drei Meter entfernt von der Stelle, wo das Eis über die Wand, die wir gestern hochgeklettert sind, hinabfließt. Wir bereiten uns auf den Gipfelvorstoß vor. Während ich meine Sachen in meinen Rucksack stopfe, räumt Scott den Eingang der Höhle frei.

Im Licht seiner Stirnlampe bietet sich uns ein grauenhaftes Bild. Ein Sturm hat über Nacht gewütet, und wir befinden uns nun am Rand einer verschneiten Version der Niagarafälle. Ständig lösen sich Lawinen von der steilen Gipfelwand über uns und rauschen am Eingang unserer Höhle vorbei nach unten in die Schlucht. Das meiste ist Spindrift, doch einige der mit mehr Lärm abgehenden Schneerutsche enthalten Steinbrocken, die uns einen Schrecken einjagen, wenn sie langsam Tausende Meter tief auf den Gletscher fallen.

Wir stecken fest. Scott rückt den Schneeblock wieder zurück, der unsere Höhle verschließt. »Wohl eher nicht«, sagt er. »Wir können weder rauf noch runter.«

»Gut«, hebt Barry an, »dann müssen wir eben ein wenig warten. Wenn es in den nächsten paar Stunden besser wird, können wir es immer noch nach oben versuchen. Wenn nicht, müssen wir morgen absteigen. Wir haben nur noch eine Mahlzeit.«

Da wir sonst nichts zu tun haben, bauen wir unsere Schneehöhle zu einem bequemen Schlafzimmer mit drei Betten und einer zentralen Küche aus. Wir verstärken den Eingangsblock, und Barry bastelt an unseren Fixpunkten herum, damit wir es komfortabler haben, wenn wir eingebunden sind.

Nachdem die Schlafsäcke umplatziert worden sind, kann ich nun nach draußen blicken. Ich spähe durch den Höhleneingang; es schneit noch immer, und die Lawinenabgänge haben noch nicht aufgehört.

Wir richten uns auf einen langen Tag mit Gesprächen und Geschichten ein. Dies ist meine dritte hochalpine Route mit Barry, und an diesem Nachmittag erfahre ich mehr über ihn als an all den vergangenen Tagen, in denen wir zusammen geklettert sind. Er erzählt von einem Liebespaar in Wien, berichtet davon, wie er bei seiner ersten Tour in den Alpen beinahe verschollen wäre, erzählt, wie er mit seinem Onkel, einem Milchhändler, Milch ausgeliefert hat und wie er in einer üblen Ecke von Calgary verprügelt wurde, weil er halb indianischer Abstammung ist.

Scotts Geschichten sind noch schräger: Er erzählt von Punkkonzerten, harten Drogen und von atemberaubend schlechten Aufreißersprüchen, die nichtsdestotrotz funktionierten. Ich berichte von dem Bild an meiner Schließfachtür, was ihn zu einem herzhaften Lachen veranlasst. Während der Highschool habe ich in den Sommerferien auf einer Ranch knapp 40 Kilo schwere Ballen auf Heuwagen gewuchtet. Ich habe meine jetzige Frau Anne in meiner ersten Woche am College im Büro der Outdoor Recreation kennengelernt. Ich habe sie herumgekriegt, weil ich ihr Pepsi brachte, als sie spätabends noch lernte. Einmal bin ich auf meinem Motorrad zufällig an einem Polizeiauto vorbeigekommen und habe es gestreift.

Es wird schon dunkel, als wir Inventur machen: 230 Gramm Brennstoff, eine Packung Fertigsuppe, ein paar Mandeln, vier Energieriegel und 18 Packungen Energie-Gel. Als die Nacht voranschreitet, werfe ich einen Blick nach draußen und sehe das Mondlicht und ein paar Sterne. Wir entschließen uns, früh aufzubrechen.

Es ist 4.30 Uhr. Barry hat schon den Kocher angeworfen, bevor wir anderen wach sind. Der Mond hat die ganze Nacht durch mein Guckloch geschienen, und in der Höhle herrscht große Zuversicht. Wir haben unsere Sachen gepackt, bevor der Kaffee fertig ist. Ich bin als Erster draußen und auch der Erste, dessen Hoffnungen jäh zerstört werden. Es schneit, und es gibt wieder neue Lawinenabgänge. Wir schlüpfen zurück in die Höhle und treffen die naheliegende Entscheidung: Wir werden den Rückzug antreten.

Die Entscheidung ist gefallen, aber als ich an der Wand kauere, muss ich an »The Pitch« denken. Das war meine bisher beste Leistung, das Ideal von hartem Mixed-Gelände hoch oben auf einem Berg. Ich verhalte mich ruhig, während wir die letzte warme Mahlzeit verzehren. Still löffle ich meine Suppe.

Wir sind gescheitert, denke ich. Das ist immer schwer zu verkraften, und ich kann nicht verleugnen, wie sehr ich mir wünsche, diese Linie abzuschließen. Der Vorstieg in der Schlüsselstelle war vergebens. Ich versuche meine Enttäuschung zu überwinden, aber ich will diese Linie zu Ende bringen und von unten zu ihr hinaufstarren können.

Plötzlich verkündet Scott: »Warum steigen wir nicht einfach hoch und sehen, wie weit wir kommen? Wenn wir's nicht schaffen, steigen wir eben ab. Wir sollten nicht einfach aufgeben.«

Barry schreckt auf. »Ja, genau das hab ich mir auch gedacht.«

Als die beiden mich anschauen, starre ich verwundert zurück. »Seid ihr sicher? Ich meine, wir haben kein Essen mehr, wir sollten dieses Wetterfenster vielleicht nutzen, um abzusteigen.«

»Sehen wir den Tatsachen ins Auge, Farmboy«, sagt Scott. »Wie soll ich anfangen? Okay. Barry und ich haben jetzt zusammen rund 40 Jahre Bergsteigerei auf dem Buckel, oder, Bubba?«

»Ja, so ungefähr«, erwidert Barry und schaut Scott aufmerksam an.

»Gut, korrigier mich, wenn ich etwas Falsches sage, Bubba, aber keiner von uns hat jemals einen Bergsteiger gesehen, der eine Seillänge so geklettert ist wie du gestern. Wenn wir jetzt absteigen, wirst du nie mehr imstande sein, das zu wiederholen. Oder das Eis – oder was immer es war – wird sich in den nächsten zehn Jahren nie mehr in dieser Art bilden. Wir müssen diese Route zu Ende bringen, zumindest bis zum Grat, sodass deine Seillänge den Platz einnehmen kann, den sie verdient, nämlich als eine der brillantesten Klettereien, die jemals unternommen wurden.«

Scott macht eine Pause und schaut Barry an. Als er die Augen wieder mir zuwendet, mustert er meine Körperhaltung: die Knie angezogen, die Arme verschränkt, die Stirn auf die Arme gelegt. »Ich weiß, ich weiß. Du hörst das nicht gern. Aber du musst es dir anhören. Du bist jetzt dran, Steve. Ich hab dir gesagt, was ich sehen will, als ich hierherkam. Was ich machen will. Ich bin noch nicht fertig. Wir müssen diese Route zu Ende bringen.«

Darauf war ich nicht vorbereitet. Ich will weitermachen, aber uns dreien muss klar sein, dass wir eine schlechte Entscheidung getroffen haben, und zudem aus höchst zweifelhaften Motiven.

Die Alten wollen es noch einmal wissen! Barry Blanchard, zwei Tage vor seinem 40. Geburtstag, schickt sich an, in die Spindrift im Lowe Couloir einzutauchen, hoch auf der Ostflanke des Howse Peak. Später wird er bereuen, dass er seine Kapuze nicht übergezogen hat.

Ich stehe am Eingang der Schneehöhle und sichere, während Scott mit dem Vorstieg beginnt. Er klettert gut, steigt eine eisgefüllte Rinne hinauf, bevor er mit einer langen Querung über steiles Riffeleis beginnt. Der Quergang trifft schließlich auf das Lowe Couloir, das sich tief in den Gipfel des Howse Peak einschneidet.

Wir seilen uns zehn Meter auf das dicke Eis der Rinne ab und richten uns an der Felswand ein. Barry übernimmt den nächsten Vorstieg und wagt sich hinaus in die Mitte der Rinne. Es fängt wieder an zu schneien: große, nasse und klebrige Flocken – Kuhfladen. Die dicken Flocken häufen sich auf, und alle paar Minuten geht eine tückische Lawine ab.

Jedes Mal wenn eine neue Lawine auf Barry herabrutscht, stoßen Scott und ich laute Warnschreie aus. Barry drückt sich an das Eis und klettert weiter. Würde er sich im falschen Moment zu weit hinauslehnen und der Schnee ihn mit voller Wucht erwischen, würde er so mühelos aus der Wand gepflückt werden wie im August eine Birne vom Baum. Ich weiß, was er tut, ist verrückt, aber ich bin stolz darauf, dass er sich noch immer so ins Zeug legt. Barry zieht das Seil ein und baut so weit wie möglich von der Bahn der Lawinen entfernt einen Standplatz. Scott und ich folgen ihm pflichtbewusst in den Mahlstrom, in den Wahnsinn.

Wir sind nun nahe am Gipfel, doch die Lawinen machen uns nach wie vor zu schaffen. Ich schiebe meine Kapuze ein wenig zurück, um einen Blick auf das harte Eis in diesem tiefen Einschnitt zu erhaschen. Es ist ein derart wilder, unwirtlicher Ort, dass dort niemand lange überleben kann. Selbst unser vorübergehender Aufenthalt stellt ein großes Risiko dar.

Wir ducken uns, um uns gegen den zermürbenden Schneefall zu wappnen. Bubba sichert unter der Gratkante, unmittelbar unterhalb einer Schneewechte. Sie ragt zwölf Meter über die Wand hinaus und schützt uns vor dem Schnee und dem Wind. Über uns liegt der Gipfel, nur noch eine halbe Seillänge entfernt. Windböen wirbeln Schnee über die Wand unter uns.

Hier müssen wir eine Entscheidung fällen. Wir könnten die verbleibenden zehn Meter durch die Rinne klettern. Angesichts des Schnees und des Winds wird dies aber wahrscheinlich noch schwieriger sein als das hinter uns liegende Stück. Dann müssten wir zum Gipfel queren, zum östlichen Grat absteigen, einen weiteren Gipfel queren, dann zu einem Sattel abklettern, die 900 Meter zu unseren Skiern absteigen und auf diesen die knapp zehn Kilometer zum Auto zurücklegen. Oder wir könnten auf unserer Route absteigen, eine dritte Nacht in der Höhle verbringen und uns am Morgen über den Rest der Wand abseilen.

Wir haben jeweils eine Stirnlampe und drei Packungen Energie-Gel. Jedes Päckchen enthält 100 Kalorien. Wir haben kein Wasser. Unsere Schlafsäcke haben wir in der Höhle zurückgelassen, um Gewicht zu sparen. Keiner spricht ein Wort. Ich schaue zu Barry, sein Bart ist von Schnee überzogen. Barry blickt zu Scott.

Scott bricht das Schweigen. »Also, dann bin ich jetzt dran?« Er dreht eine Eisschraube ins Eis und hängt die Seile zum Abseilen ein.

Ich empfinde weder den Schmerz der Niederlage noch irgendein Gefühl des Stolzes. Lediglich Erleichterung, als wir mit jeder Seillänge der Sicherheit unserer Höhle näherkommen. Scott geht als Erster hinunter, richtet die Abseilstände ein und wirft die Seile aus. Jedes Mal wenn ich mich umschaue, sehe ich Schneewechten und Schneehauben, die hinter Wolkenbänken hervorschauen. Mich beschleicht ein mulmiges Gefühl.

»Seil frei, Barry!«, rufe ich, als ich am letzten Standplatz ankomme. Aus der Höhle höre ich das gedämpfte Klappern von Töpfen, als Scott, der als Erster unten war, den Kocher anheizt. Als ich mich an den Fixpunkten sichere, ärgere ich mich darüber, dass Scott die Seilenden nicht eingehängt hat. Das bedeutet, dass Barry über die Wand abstürzen würde, falls die Verankerung sich lösen sollte, während er sich abseilt. Bubba und unsere Seile wären weg.

Ich ziehe die Enden herauf, verbinde sie mit einem Knoten und hänge sie am Standplatz ein. So könnten wenigstens Scott und ich überleben, sollte Barry abstürzen. Während mir dieser Gedanke durch den Kopf geht, höre ich das Donnern einer weiteren Lawine. Eine riesige Staubwolke wirbelt die Rinne hinab. Im Mahlstrom sehe ich dunkle Brocken, die ich nicht identifizieren kann und die auf den Gletscher hinabprasseln. Ich hoffe, dass Barry nicht einer davon war.

»Barryyy!«, schreie ich.

Die Seile ziehen immer noch zum Abseilstand hinauf, also muss er noch da sein. Ich suche nach irgendeinem Zeichen, einer Bewegung. Nichts. Die Rinne ist ein undurchdringliches Weiß.

»Baarrryyyyy!« Lange Sekunden verstreichen, ich atme schwer. In der Höhle hat Scott nichts gehört. Ich stecke den Kopf in den Eingang der Höhle. »Scott! Barry!«, rufe ich und drehe mich gleich wieder um. Meine Lungen schmerzen. »Barrrrryyyyyyyy!«

Ich schaue nach oben und sehe, wie Bubba eine Eisschraube einzudrehen versucht. Er ist an den Rand der Rinne geschleudert worden und hängt an dem einzigen verbliebenen Haken. Der Rest der Verankerung ist weg. Auch sein Rucksack ist verschwunden – er wurde ihm von der Lawine vom Rücken gerissen.

An seinen steifen, unbeholfenen Bewegungen erkenne ich, dass er verletzt ist. Mir wird übel, ich habe das Gefühl, dass sich das Trauma einer neuen Tragödie vor mir entfaltet. Langsam beginnt er sich abzuseilen. Ich ziehe das Seil straff und geleite ihn so zu unserer Zuflucht in dieser Mammutwand. Er ist weiß vom Schnee, seine Jacke, sein Helm, seine Handschuhe, sogar seine Nase ist weiß. Und er ist weiß vom Schock und von der Angst. Nur seine Augen sind schwarz.

Er kämpft sich auf das Felsband hoch, wobei er ein Bein steif hinter sich herzieht. Ich greife nach seinem Hüftgurt, hänge ihn am Fixpunkt ein und lege die Arme um ihn, als er dort liegt. Die Panik weicht Tränen. Barrys Kleidung entströmt der beißende Geruch der Angst. Ich sehe sie auch in seinen dunklen, unfokussierten Pupillen.

Scott ist jetzt neben uns. Er und ich schleppen Bubba zum Höhleneingang. Barry hüpft auf seinem gesunden Bein. Scott geht als Erster hinein, fasst Barry unter den Achseln und zieht ihn hinein. Dann deckt er ihn sofort mit seinem großen Synthetikschlafsack zu.

Wir haben nichts mehr zu essen. Mit dem letzten Rest Brennstoff erhitzen wir Wasser für eine Wärmflasche und eine Tasse Tee für Barry. Als ich in meinem Schlafsack stecke, durchsuche ich den Abfall, falte die verbrauchten Energie-Gels auf und schlecke sie aus. Barry hat nun den Schock überwunden; er und Scott schmiegen sich in den Schlafsack. Ich höre den Wetterbericht über Barrys Funksprechgerät. Die kaum verständliche Vorhersage für den nächsten Tag lautet: klar und sonnig. Erschöpft schlafe ich ein.

Mitten in der Nacht wache ich auf, mein Magen knurrt vor Hunger. Ich erblicke durch den Eingang unzählige Sterne. Der Sturm ist vorbei. Ohne Kalorienzufuhr ist mir kalt, daher mache ich in meinem Schlafsack ein paar Sit-ups, um nicht zu frieren.

Der Ausschnitt des Himmels im Eingangsloch wird allmählich heller. »Hallo, Jungs, es wird Tag.«

Ich stecke meinen Schlafsack und den Biwaksack in meinen Rucksack. Dann werfe ich den nutzlos gewordenen Kocher, den Abfall und meine Stirnlampe obendrauf. Nun haben wir nicht mehr viel; das Packen geht schnell und einfach. Scott und Barry liegen unter dem einen Schlafsack, der wie eine Decke über sie gebreitet ist.

»Konntet ihr schlafen?«, frage ich.

»Nein.« Scott lacht. »Aber Bubba schon, und du hast eine Zeitlang sehr gut einen Holzfäller aus Oregon nachgemacht.«

Barry stöhnt und setzt sich auf, wobei er mit dem Kopf fast an die niedrige Decke stößt. Sein linkes Bein ist vor ihm ausgestreckt. Er hebt es mit den Händen hoch und stöhnt abermals.

»Mein Bein ist kaputt. Es ist richtig steif.« Als er meine Beunruhigung spürt, fügt er hinzu: »Ich glaube, es wird wieder gut werden, wenn wir in die Zivilisation zurückgekehrt sind. Aber ich werde nicht Ski laufen können. Wenn wir auf dem breiten Teil der Wand sind, habe ich einen besseren Funkempfang. Ich werde versuchen, die Parkaufseher zu erreichen, und fragen, ob sie mich auf dem Gletscher mit dem Hubschrauber holen können.«

Ich helfe ihm aus der Höhle. Er steht mit leisem Knurren auf und stellt schnell fest, dass sein Bein bei Belastung schmerzt.

Immer wenn ich vorausgehe, sei es beim Klettern oder beim Abseilen, spüre ich die Last der Verantwortung für meine Partner und darüber hinaus die Hoffnungen und Ängste jener, die ihnen nahestehen und sie lieben. Diese Liebe wiegt an diesem Morgen besonders schwer, als ich anfange, in der Falllinie durch die Rinne abzuseilen. Nach kurzer Zeit sind wir draußen in der leuchtenden Weite der Wand. Die Sonne wärmt uns schwach.

Als ich die nächste Abseilstelle verlasse, sehe ich, wie Barry sein Funkgerät hervorholt, um sich bei den kanadischen Parkaufsehern zu melden.

»Hast du sie erreicht?«, frage ich, als er zum nächsten Stand herunterkommt.

»Ich bin durchgekommen, aber sie waren nur sehr schwer zu verstehen. Ich weiß nicht, wie gut sie mich hören konnten. Ich habe verstanden, dass Caroline sie angerufen hat, weil sie sich Sorgen machte. In den vergangenen Tagen hat es in Canmore geregnet.«

Der letzte Abseilstand ist lediglich die Haue eines Eishammers, die hinter einer Schuppe verklemmt ist. Barry ist noch auf dem mühsamen Weg nach unten, als wir das Geräusch eines Hubschraubers hören. Über das Funkgerät können wir keinen Kontakt zu ihm aufnehmen; es ist mittlerweile ausgefallen.

Ein Retter schwebt am Ende eines 30 Meter langen Seils auf die Wand zu. Er ist ein wenig zu hoch und vielleicht etwas zu voreilig. Er prallt heftig gegen die Wand und schwingt zurück.

»Autsch«, bemerkt Scott. »Das hat weh getan.«

Der Hubschrauber fliegt zurück, steht einen Augenblick in der Luft und versucht anscheinend die Wand besser zu erfassen. Der Retter schwebt abermals heran. Diesmal wirbeln seine Steigeisen wild über unseren Köpfen. Wir ducken uns, und der Helikopter fliegt abermals zurück.

Der Pilot lässt den Hubschrauber erneut in der Luft stehen und unternimmt dann einen dritten Versuch. Wieder kracht der Retter gegen die Wand. Dieses Mal ist er aber ein bisschen tiefer, und die Zacken seiner Steigeisen durchbohren genau den Knoten der Schlinge, in die wir alle eingehängt sind. Barry schaltet schnell, greift nach der Selbstsicherungsschlinge des Retters und hängt ihn in dieselbe um die Pickelhaue geknotete Schlinge ein, die unser Standplatz ist.

Unser Gast macht sich schnell von der Rettungsleine des Helikopters los und spricht in sein Helmmikrofon. In der Wand kehrt wieder Ruhe ein, als der Hubschrauber sich entfernt und zur knapp zehn Kilometer entfernten Straße fliegt.

»Willkommen in unserer Welt«, sagt Scott.

Der Retter reagiert nicht darauf, sondern fragt: »Also, wer will als Erster?«

Keiner von uns will; keiner will sich auf diese seltsame Luftakrobatik einlassen. Der Retter erklärt sich einverstanden, sich zusammen mit uns abzuseilen und dann zum Gletscher abzusteigen. Dann entdeckt er unseren Fixpunkt, den verklemmten Pickel.

»O nein. Ich habe Kinder zu Hause. Daran seile ich mich nicht ab. Auf keinen Fall.«

Zehn Minuten später werden Barry und der Parkaufseher hochgezogen und schweben weg von der Wand. Scott und ich kauern auf dem Steilhang, allein in der Stille.

Scott greift nach unten, nimmt unsere Seile und hält sie mir hin: »Nach dir, Farmboy.«

Kapitel 10
Tod in leichtem Gelände

**Rund 30 Kilometer außerhalb von Bozeman,
Montana, 17. Oktober 1999**

Ein Wachmann überprüft meinen Ausweis, sucht meinen Namen auf der Gästeliste und winkt mich dann durch das Tor. Ich fahre weiter und stelle den Wagen auf einer zum Parkplatz umgewandelten Wiese ab. Ein großes Haus steht an einer Ecke des Feldes. Daneben hält eine leicht ramponierte Scheune neben einem niedrig gelegenen pavillonartigen Gebäude Wache.

Viele Leute fahren auf den Parkplatz und steigen aus ihren Fahrzeugen. Alle tragen schwarze Hosen und Jacketts oder lange Kleider unter förmlichen Mänteln. Ich habe meine beste Jeans und ein schwarzes T-Shirt an. Mich fröstelt. Ich habe das Gefühl aufzufallen. Während ich auf das Gebäude zugehe, entdecke ich Barry, der in schwarzen Cowboystiefeln, verblichenen Jeans, einem langen schwarzen Western-Shirt und einer türkis- und silberfarbenen Krawatte daherkommt.

»Hallo, Barry. Hi, Catherine. Na, wir sind wohl die Jeans-Truppe.«

Barry kichert leise. »Ja, sieht so aus.«

Wir gehen gemeinsam weiter. Barrys Frau Catherine legt tröstend ihren Arm um mich.

Ich halte mich hinter den beiden, als wir den offenen Pavil-

Der Beginn der Lawine am Shisha Pangma, durch die Conrad verletzt und Alex und Dave getötet wurden. Die Zeitschrift Outside *kürte Alex posthum zum »besten Bergsteiger der Welt«. Alex hatte einmal gesagt: »Der beste Bergsteiger der Welt ist derjenige, der am meisten Spaß hat.«*

lon erreichen. Conrad Anker steht in der Ecke, er dreht sich um und schaut mich an. Conrad wurde von derselben Lawine erfasst wie Alex Lowe und David Bridges. Conrad rannte nach rechts, Alex und Dave geradeaus. Conrad überlebte, Alex und Dave kamen ums Leben. Ich begegnete Conrad zum ersten Mal in Cody in Wyoming, als ich mit Alex beim Klettern war. Wir sind nie zusammen geklettert. Seine Pupillen sind dunkel und verengt, seine Augen glasig und rot gerändert. Sein Gesicht ist blass; rote Abschürfungen bedecken seine hohlen Wangen. Über seinen stoppligen Schädel ziehen sich mehrere Reihen aufgequollener Stiche.

Mit einem flüchtigen Blick bestätigen wir, dass unsere Mitgliedschaft in dieser Gemeinschaft von Leuten, die hohe Risiken eingehen, eine zweischneidige Angelegenheit ist. Auf der einen Seite hat sie meine Wahrnehmungsfähigkeit geschärft, mir geholfen, meine Ziele zu definieren, und meinen Ehrgeiz gemäßigt. Heute aber werden wir an unzählige Erlebnisse mit sehr guten Freunden erinnert, die nicht mehr leben. Wir werden nie mehr durch ein Seil miteinander verbunden sein, keine Mahlzeiten mehr gemeinsam zubereiten, keine Weinflaschen mehr entkorken.

Ich freue mich, Conrad zu sehen, möchte ihn umarmen. Ich möchte Unternehmungen mit ihm planen, ein paar kostbare Augenblicke mit ihm erleben, bevor die Möglichkeit dazu ebenfalls vorbei ist. Er senkt den Blick und geht in den großen Raum, bevor ich meine Gedanken in Worte fassen kann.

Drinnen verliere ich Conrad aus den Augen, während meine Augen sich an das gedämpfte Licht gewöhnen. Dann sehe ich ihn nach vorn gehen. Er setzt sich zu einigen der Expeditionsmitglieder. Sie tragen zum Anlass passende schwarze North-Face-Fleecejacken. Ich mache kehrt und nehme an der Rückwand Platz. Als die Zeremonie beginnt, steigt Traurigkeit in mir auf.

Jenny Lowe und ihre drei Söhne betreten das Podium. Der jüngste ist noch sehr klein, vielleicht drei Jahre alt. Ich frage mich, welche Erinnerungen ihm von Alex bleiben werden. Der älteste, Max, wird sich zweifellos an ein schönes Erlebnis erinnern. Er erzählt von einer Klettertour mit seinem Vater auf den Grand Teton vor zwei Monaten.

Alex' Vater versagt während seiner Ansprache die Stimme. Seine Frau Dorothea folgt ihm vom Podium. Berühmte Bergsteiger, Expeditionskollegen und Freunde, sie alle sagen ein paar Worte. Danach führen uns Alex' Brüder – Andy und Ted Lowe – durch Tom Pettys »Wildflowers«. Wir alle singen beim Refrain mit; mit jeder Zeile werden wir mutiger. Wir singen den Refrain dreimal. Beim dritten Mal schmettern wir ihn hinaus und lassen unseren Gefühlen freien Lauf.

> You belong among the wildflowers,
> You belong in a boat out at sea,
> You belong on a very tall tower,
> You belong to all the world and me.

Die Musik endet. Alle haben Tränen in den Augen. Als die Musiker vom Podium herabsteigen, ist das Echo der Trauer, das vom abgenutzten Ahornboden aufsteigt, das einzige Geräusch im Raum. Mich packt die Angst; irgendetwas stimmt hier

Alex und Jenny mit ihren drei Söhnen Max, Isaac und Sam (von links) auf der Veranda ihres Hauses.

nicht. Anstatt Distanz zum Geschehen zu wahren, der Schwäche nicht zu erliegen, die es auslöst, fühle ich den Schmerz der Angehörigen und ihr Leiden. Ich fühle meinen Schmerz.

Bislang hat mich meine rationale Herangehensweise gepanzert. Wenn ich jetzt diesen Schmerz zulasse und ihn selbst empfinde, wie soll ich dann noch jene Berge besteigen, die ich besteigen muss?

Alex hat keine Fehler gemacht, denke ich und wiederhole die vertrauten Begründungen: zur falschen Zeit am falschen Ort. Ein zufälliger Tod. Ein Tod in leichtem Gelände. Ein Glücksspiel. Leises Schluchzen hallt durch den Raum, ich spüre noch immer den quälenden Schmerz des Verlusts. Meine rationale Verarbeitungsweise funktioniert nicht mehr. Ich drehe mich um und taumle zur Tür.

Als ich den Raum verlassen will, höre ich laute Schritte von der Bühne her. Ich blicke auf und sehe den kleinen Max. Er bleibt stehen und setzt seine Geige unters Kinn. In Begleitung einer weiteren Geige und einer Gitarre spielt er für uns »Whiskey Before Breakfast«, zunächst leise und verhalten, dann temperamentvoll – ein munteres, fröhliches Bluegrass-Stück.

Alex' ältester Sohn hat mich gerettet; die Tragödie wird zur Offenbarung. Da ist er, da ist Alex, in Max: derselbe konzentrierte Blick, die langen, gelenkigen Finger; der Kopf mit den widerspenstigen Haaren.

Alex im Januar 1998 bei der Erstbegehung der »Expanding Horizons« im Hyalitecanyon. Die Route wird mit M 8 R eingestuft. Das M steht für Mixed-Klettern und das R für »Runout«, was bedeutet, dass ein Sturz gefährlich sein kann, wenn die Sicherung hält, und tödlich verlaufen kann, wenn sie versagt.

Als das Flugzeug startet, lehne ich mich in meinem Fenstersitz zurück und schlafe. Im Traum erscheint mir Alex. Ebenso Marija, Jože, Caroll, Julie und Steve Mascioli. Sie sind nicht an einem mystischen oder einem vollkommenen Ort, sie befinden sich einfach nur in einem Raum. Er sieht aus wie das Baumhaus meiner Kindheit. Sie sitzen alle beisammen, locker und entspannt. Ich weiß nicht, wo sie sind, aber sie scheinen mir erreichbar. Ich könnte mit ihnen sprechen, wenn ich es wollte, und sie mit mir. Doch es werden keine Worte gewechselt; es ist das ungezwungene Schweigen zwischen Freunden.

Turbulenzen reißen mich aus dem Schlummer. Ich schaue aus dem Fenster und sehe die Teton Range, Alex' zweite Heimat. Alex ist nicht mehr da; die steinerne Festung dieser Berge bleibt bestehen – unverändert. Auch ich bleibe, aber durch die Bekanntschaft mit Alex habe ich mich für immer verändert. Ich war sein Bewunderer, sein Freund, sein Partner.

Ich bin dieses herablassenden Überlegenheitsgefühls überdrüssig, das Bergsteiger wie ich empfinden, die mit dem Leben davongekommen sind und sich mit geschwellter Brust wissende Blicke zuwerfen, als wollten sie sagen: »Wir sind besser als sie; wir haben überlebt.«

Ich bin der langen schwarzen Kleider und der schwarzen Jacketts überdrüssig. Ich bin des Weinens müde.

Nie mehr werde ich Alex dabei beobachten können, wie er an einem gefrorenen Wasserfall seine Anmut und seine Kraft unter Beweis stellt. Nie mehr werde ich Mascioli an einem Lagerfeuer mit einem Schuss Whisky in meinem Kaffee lauschen können, wenn er eine noch nicht bestiegene Wand in British Columbia beschreibt. Nie mehr werde ich Jože und Marija beobachten können, wenn sie zu einem Himalaja-Gipfel aufbrechen wie zu einem Strandspaziergang.

Diese Gefühle sind in gewisser Weise schizophren. Ich empfinde den Drang, mich aus den Strukturen der Gesellschaft zu befreien, in eine großartige natürliche Umgebung zu ziehen, mich mit mir selbst zu messen, meine Identität zu finden und meinen Wert zu beweisen. Damit in einem labilen Gleichgewicht steht die Angst, dass ich der Nächste sein könnte, der unter einer Lawine begraben oder von einem herabstürzenden Felsbrocken erschlagen wird, bis zum Wandfuß abstürzt, in einer Gletscherspalte eingeklemmt wird oder an Erschöpfung stirbt.

Ich schließe die Augen und stelle mir immer wieder meinen eigenen Tod vor. Ich stelle mir vor, ich wäre an der Stelle von Marija, Jože, Julie, Caroll, Steve Mascioli oder Alex gewesen. Dass ich es gewesen wäre, der erschöpft, erfroren im Schnee lag, der durch Steinschlag, durch eine brechende Wechte, durch eine Lawine getötet wurde. Ich stelle mir vor, wie mein Körper den letzten Atemzug tut.

Glück ist nichts, worauf man stolz sein kann. Jeder dieser kalten, erschöpften Tode hätte meiner sein können – und wird es vielleicht eines Tages auch sein. Letztendlich hängt das Überleben im Hochgebirge davon ab, dass man viel Glück hat. Wie könnte man darauf stolz sein?

Kapitel 11
Partnerschaft

Internationaler Flughafen Anchorage, Alaska, Juni 2000
»Wisst ihr«, sagt Scott Backes, während er, Mark Twight und ich an der Gepäckausgabe auf seine Ausrüstung warten, »den ganzen Weg hierher habe ich mir überlegt, ob ich es vielleicht bleiben lassen sollte. Ich werde nicht jünger. Und abgesehen von den schönen Steinbrüchen daheim in Minnesota bin ich seit einem Jahr nicht mehr geklettert. Wenn ich nicht neulich diese wilde Motorradfahrt gemacht hätte, wäre ich nicht hierhergekommen.«

Er macht eine Pause, schiebt die Hände in die Taschen und drückt die Schultern zurück. »Ich wäre wirklich nicht gekommen. Aber als ich euch beide in der Ankunftshalle gesehen habe, wusste ich, es gibt kein Zurück. Ich habe tief Luft geholt.« Er macht einen langen Atemzug und hält die Luft an. Als sie ein paar Augenblick später ausströmt, fährt er fort: »Und ich habe sie den ganzen Weg über den Flugsteig angehalten, und jetzt bin ich hier und springe wieder mal für jemanden ein. Ihr wisst, für jemand anderen hätte ich das nicht getan.«

Am nächsten Tag kommt an der Startbahn des Flugplatzes in Talkeetna ein gelockter Bergsteiger in verblichenen, ausgebeulten Jeans und verschlissenen Wanderschuhen auf uns zu. Er bleibt vor uns stehen. Wir bereiten gerade unsere Ausrüstung für den Flug auf den Gletscher vor.

Mark Twight und ich in 5300 Meter Höhe auf dem Cassin Ridge. Hinter Mark sind die Spuren der Bergsteiger Mark Westman und Joe Puryear zu erkennen, die ein paar Stunden zuvor aufgestiegen sind. Wir sind seit 56 Stunden auf den Beinen und befinden uns knapp 900 Meter unterhalb des Denali-Gipfels.

»Habt ihr schon gehört, dass ein paar NOLSies euch auf der Route zuvorgekommen sind? Was wollt ihr jetzt machen?«, fragt er.

Scott richtet sich zu seiner vollen 1,94-Meter-Größe auf. In seinen Bergschuhen ist er noch etwas größer. Das ist der siebte, der uns in den letzten zwölf Stunden über die offensichtlich durchaus begabten Kletterer der National Outdoor Leadership School informiert.

»Hör mal«, fängt Scott an. Mark und ich verschränken die Arme vor der Brust und stellen uns links und rechts neben das Opfer; ich sehe, dass Mark ein Grinsen unterdrückt. »Wir sind hier, weil wir unsere eigenen Erlebnisse haben wollen und uns an unserem eigenen Ethos ausrichten.« Scott deutet mit dem Zeigefinger auf den Boden. »Wir sind hier, um in einem Aufwasch über die Slowakenroute aufzusteigen. Wir sind hier, um die schwierigste Route auf den Berg noch schneller zu begehen, mit weniger Ausrüstung und mit der größten Entschlossenheit. Und wir sind bereit, uns für die Verwirklichung unserer Ziele auch in Schwierigkeiten zu bringen.«

Ohne Pause und ohne den Blick von dem Mann abzuwenden, fährt Scott fort, während er den Finger gegen seine Brust stößt: »Meiner Meinung nach ist es sogar gut, dass diese Jungs die zweite Begehung gemacht haben. Sie haben dazu acht Tage gebraucht, oder?« Ein kurzes Nicken. »Perfekt. Das wird der Unterschied zu uns sein, denn wenn wir es packen, dann in zwei Tagen.«

Scott mag sich alt fühlen und die Befürchtung hegen, dass es ihm an Kletterpraxis mangelt, doch er legt eine wiedererwachte Leidenschaft und Begeisterung für die Aufgabe an den Tag. Und er glaubt daran, dass wir es gemeinsam schaffen können. Mark und mir erscheint es noch immer wie eine Art Science-Fiction. Scotts Standpauke ist genau das, was wir brauchen, um uns den erforderlichen Schub zu geben. Noch nie in der Geschichte des Bergsteigens hat jemand eine technisch so schwierige, so hohe, kalte und lange Route in so kurzer Zeit bewältigt, wie wir es planen.

Um erfolgreich zu sein, werden wir sozusagen nackt klettern müssen. Keine Rede von Fixseilen, gut bestückten Lagern und deponierter Ausrüstung. Keine Rede von Zelten. Keine Rede von Schlafsäcken. Keine Rede von fester Nahrung. Wir tragen unsere Kleidung auf dem Rücken, jeder einen wärmeisolierenden Anorak, und zwei Kocher, damit wir während der 48-stündigen Nonstop-Klettertour genügend Flüssigkeit bekommen. Nach den ersten zwölf Stunden werden wir nicht mehr genügend Material haben, um auf demselben Weg wieder abzuseilen; uns wird nichts anderes übrig bleiben, als die Begehung zu Ende zu führen. Jeder von uns weiß: Wenn einer sich verletzt und nicht weitergehen kann, dann müssen die anderen ihn zurücklassen. Und wenn ich derjenige bin, der zurückgelassen wird, um auf meinen Tod zu warten, muss ich Scott und Mark gegenüber genug Liebe aufbringen, um sie ziehen zu lassen.

Mark, Scott und ich beginnen die obligatorische Akklimatisierungsphase auf der West-Buttress-Route. Die Parkverwaltung braucht unsere Hilfe: Ein 62-jähriger Bergsteiger mit angebrochenen Rippen und einer beginnenden Lungenentzündung muss aus dem Lager in 5240 Meter Höhe gerettet werden.

Als wir an diesem Abend wieder im Zelt sind, nachdem wir einschließlich der Rettungsaktion acht Stunden unterwegs waren, fragt Mark: »Warum macht mir das alles eigentlich immer noch Spaß? Warum gefällt es mir, wenn ich diesen Sport gut beherrsche?«

Ich schaue ihn an, unsere Blicke treffen sich, und ich erwarte, dass er dasselbe sieht wie ich. Als er nicht antwortet, tue ich es: »Weil es eine erneute Bestätigung deiner Einstellung ist, dass du zu den Besten gehörst.«

Am nächsten Tag erreiche ich sieben Minuten nach Mark den Gipfel über die West-Buttress-Route. Scott ist 53 Minuten hinter mir. Wir kehren ins Basislager zurück, um unsere Vorräte aufzufüllen, und verbringen ein paar Tage damit, dem Schnee zu lauschen, der leise auf die Zelte rieselt. Zwischen Schneeschauern hören wir mit Marks Mini-Disc-Player, den wir an Lautsprecher angeschlossen haben, Musik. Mark spielt Punk aus den 1980er-Jahren, gemischt mit dem ungestümen Henry Rollins und dem lauten Rock der Gruppe Tool. Wir graben uns Sitze aus dem hart gepressten Schnee und legen sie mit Isoliermatten aus.

Mark und ich kichern, als Scott sich über einen leicht übergewichtigen Bergsteiger amüsiert, der sich anschickt, über den West Buttress aufzusteigen. »Anstatt dein Müsli in kleine beschriftete Beutelchen abzupacken und Stunden damit zu verbringen, orangefarbene Fähnchen um kleine Bambusstöckchen zu wickeln, um eine Route zu markieren, auf der Hunderte andere Leute unterwegs sind, hättest du lieber mehr trainieren sollen!«

Ein Hochdruckgebiet baut sich auf, und wir machen uns mit unseren Skiern auf zum Östlichen Kahiltna-Gletscher. Unter kristallblauem Himmel schlagen wir unser Lager dicht am Fuß des Cassin Ridge auf, um etwas Schutz vor den massiven Eisüberhängen von Big Bertha zu suchen, dem großen Sérac-Band im Zentrum der Südwand. Die Slowakische Direkte führt unmittelbar rechts von der berühmten Cassin-Route in die steile Wand.

An diesem Abend studieren wir eine Routenskizze, die Adam Blažej 1984 nach seiner Erstbegehung zusammen mit zwei Partnern erstellte. Sie arbeiteten mit Fixseilen und wurden von einer weiteren Gruppe aus drei Bergsteigern unterstützt, die sie auf dem Gipfel trafen und die ihnen beim Abstieg half. Elf Tage brauchten sie für die Erschließung der Route und 167 Worte für ihren Bericht im *American Alpine Journal* im folgenden Jahr. Ihre Sätze sind knapp und trocken. »Biwakplätze zu finden bereitete uns große Probleme.« »Wir haben neue Steigeisen und Eisgeräte verschlissen.« »Um 2 Uhr morgens waren wir auf dem Gipfel.«

Wir packen zwei Kocher mit 650 Gramm Brennstoff und für beide einen Kochtopf aus Titan ein. Für Mark und mich Synthetikanoraks, für Scott eine Daunenjacke. Fünfzig Packungen Energie-Gel pro Person. Ein Doppelseil und Sicherungsmaterial für Fels und Eis. Nachdem wir noch die acht Liter Wasser verstaut haben, mit denen wir starten wollen, beträgt das Gesamtgewicht, auf uns drei verteilt, nur 25 Kilogramm. An unserem zweiten Tag im Lager hetzen wir die ersten 300 Meter in 90 Minuten hoch, um zu testen, wie schnell wir sind.

Wir kehren ins Lager zurück, und an diesem Abend bereite ich ein letztes Abendessen zu: Rotelli-Pasta mit Rentierwurst und getrockneten Tomaten. Zum Dessert möchte ich etwas Bitteres auftischen, das einen Kontrast zum süßen Kakao bildet, den wir trinken. Daher lese ich laut aus dem Buch *Sun and Steel* von Yukio Mishima vor: »Der Schmerz, das habe ich erlebt, dürfte sich als der einzige Beweis für die Dauerhaftigkeit des Bewusstseins im Fleisch erweisen, als der einzige physische Ausdruck des Bewusstseins. Als mein Körper Muskeln ansetzte und dadurch Kraft gewann, entwickelte sich in mir langsam die Tendenz zu einer positiven Einstellung zum Schmerz, und mein Interesse an physischem Leiden nahm zu.«

Mishima beging im selben Jahr, in dem er dieses Buch schrieb, *seppuku*, rituellen Selbstmord. In zwei Sätzen hatte er unseren Drang zu klettern beschrieben, ohne den Kontext zu kennen. Wir waren hier, um die Existenz unseres Bewusstseins unter Beweis zu stellen.

Dazu müssen wir zu echter Partnerschaft bereit sein: Scott, Mark und ich müssen aufrichtig und überzeugt glauben, dass wir es gemeinsam schaffen können. Mark und Scott werden mein technisches Können anerkennen müssen. Und ich werde mich Marks unerbittlichem Willen unterordnen müssen.

Internationaler Flughafen Seattle-Tacoma, Washington, 1. März 1998 (28 Monate vorher)

Mark Twight ist kleiner, als ich dachte. Er steht am Rand der Abflughalle, und ich erkenne ihn gleich an seinem Bergsteigerrucksack. Als ich näher komme, fällt mir sein kantiges Kinn auf. Ich gehe auf die wasserblau schimmernden Augen zu, die mich ebenfalls erkennen.

Mark gehört zu den besten und bekanntesten Höhenbergsteigern der Welt. Als Oberstufenschüler in der Highschool habe ich seinen Artikel »The Rise and Fall of the American Alpinist« gelesen, in dem er die Ansicht vertrat, dass die desolate Lage des amerikanischen Alpinismus von einem Mangel an Training und Willen herrühre. Die Amerikaner versagten an den großen Bergen, weil sie nicht in den Kanadischen Rockies trainierten und nicht zusammen mit Partnern aus Europa oder Kanada kletterten. Zudem versuchten sie sich auch nicht an den großen alpinen Routen im Himalaja.

Heute, zehn Jahre später, frage ich mich, ob ich mein Leben unbewusst danach ausgerichtet habe, die These von Mark zu widerlegen. Ich bin im Begriff, eines meiner großen Idole kennenzulernen. Ich fürchte, ich könnte seinem Blick nicht standhalten.

Wir treffen uns hier, um gemeinsam nach Alaska zu fliegen, wo wir im Spätwinter neue Routen begehen zu können hoffen. Wir rechnen damit, dass die massiven Wände der Ruthschlucht von Eis überzogen sind. Auf dem Flug zeige ich ihm Bilder von Stellen, wo wir uns meiner Meinung nach umsehen könnten. Mark reicht sie über den Gang zurück, und ich bemerke, dass sich seine blauen Augen nervös auf den Boden senken.

»Wieder ein fehlbarer Held«, denke ich. »Ein Mann mit Fehlern und Ängsten, genau wie ich.« Seit ich damals seinen Artikel gelesen habe, hat er sich ernsthaft bemüht, seine zahlreichen Ideen auf eine tragfähige Grundlage zu stellen. Er hat seinen Punk-Haarschnitt abgelegt und sieht jetzt wie ein Marinesoldat in einem Werbevideo aus. Aber nicht so jungenhaft, eher wie ein Marinesoldat, der schon 15 Jahre Dienst tut: der Kiefer starr geworden durch Härte, das Gesicht sonnengebräunt, das Haar von grauen Strähnen durchzogen.

Wir treffen uns mit Marks langjährigem Freund Jonny Blitz und klettern eine schwierige neue Route durch die Südwand des Mount Bradley. Am zehnten Tag der Tour zögert Mark, den Vorstieg bei der schwierigsten Seillänge zu übernehmen. Es ist ein entscheidender Moment. Ich weiß, ich kann diesen fragilen Eiszapfen hochklettern, der sich zehn Meter nach unten zieht und frei hängend endet. Doch ich muss behutsam vorgehen, nicht beim Klettern, sondern bei der Übernahme des Vorstiegs. Ich will Marks Selbstwertgefühl nicht verletzen und mir nicht die Möglichkeit verbauen, dass wir auch in Zukunft zusammen klettern können.

Als Mark zum Stand zurückkehrt, bitte ich ihn um das Sicherungsmaterial. Er schaut mich einen Augenblick an, beugt den Kopf und reicht es mir wortlos. Ich nehme es, etwas zu schnell, und gehe los. Ich lege zwei Keile in einen Riss hinter dem Eiszapfen, stelle mich auf die Zehenspitzen und schlage die Haue meines Eishammers in den Zapfen. Dann ziehe ich mich hoch, einmal, zweimal. Meine Arme schmerzen. Ich mache einen dritten Zug und stelle einen Fuß an die Felswand, um einen Teil des Gewichts von meinen Armen zu nehmen. Ich halte meinen Körper dort – die Zehen am Fels, einen Arm vollständig angezogen – und hole mit dem anderen Gerät aus. Der Eiszapfen gibt ein lautes Geräusch von sich und bricht. Ich rutsche auf ihm abwärts und spüre einen leichten Ruck, als die erste Sicherung herausgerissen wird. Die zweite hält; sie ist jetzt die einzige Zwischensicherung zwischen mir und dem Stand. Ich baumle am Ende des Seils, mein Hinterteil landet auf dem Band.

Ohne Pause klettere ich zurück zum Klemmgerät und treibe meine Pickel in den Riss hinter dem abgebrochenen Eiszapfen. Am oberen Ende des Risses bringe ich zwei weitere Keile an, lehne mich nach außen und schlage in den Zapfen. Er hält.

Es war richtig gewesen, dass Mark zurückging. Weiter oben – obwohl dort das Klettern weniger schwierig ist – werden die Risse flacher und verschwinden schließlich. Der Granit ist kalt und glatt. Ich klettere sieben Meter ohne Sicherung und riskiere, schwer verletzt zu werden. Es wird schon dunkel, als ich den Standplatz erreiche und mich auf das Band abseile, das Mark und Jonny für unser Biwak eingeebnet haben.

»Es tut mir leid«, fange ich an, als ich bei ihnen ankomme. »Das war zu gefährlich, was ich dort oben gemacht habe.« Marks gerunzelte Augenbrauen entspannen sich, und Jonny schaut ihn an, während er weiter mit den Schuhen Schnee vom Felsvorsprung räumt.

Schließlich kichert Mark leise. »Ja, das hab ich mir auch gedacht. Und Blitz und ich haben uns gerade darüber unterhalten, ob du überhaupt solche Risiken eingehen solltest. Wenn einer von uns ausfällt, sind wir alle erledigt.«

»Ich weiß«, erwidere ich kleinlaut.

Am nächsten Tag klettern wir die Route fertig und kehren gegen 2 Uhr nachts ins selbe Biwak zurück. Als wir in unseren Schlafsäcken sitzen und darauf warten, dass der Schnee im Kocher schmilzt, zucken grüne und violette Lichter über den Himmel. Schweigend beobachten wir das Nordlicht eine Stunde lang, bis die Müdigkeit unsere Augen schließlich zufallen lässt und wir einschlafen.

Am Beginn der Slowakischen Direkten, Südwand des Denali, Alaska, 24. Juni 2000

Gegen 6 Uhr verlassen wir das Zelt und klettern solo – ein Akt des Vertrauens, der Zuversicht erzeugt. Um 8 Uhr haben wir das zweite Biwak in der Slowakenroute hinter uns gelassen. Wir halten an, um zu sichern, und ich binde mich zum Vorsteigen in beide Seile ein. Wir wollen uns abwechseln, jeder soll sechs Seillängen vorsteigen. Gegen 11 Uhr sichere ich in der Nähe des dritten Biwaks. Wir haben in fünf Stunden geschafft, wofür die anderen drei Tage brauchten. Zunehmend sind wir davon überzeugt, dass wir es schaffen können. Scott übernimmt nun den Vorstieg und klettert über Wassereis, das über eine strahlend weiße Granitverschneidung herabfließt. Die Sonne wärmt uns. Scott schlägt seine Geräte in die steile Verschneidung, zieht sich hoch und geht weiter. Wir beeilen uns, ihm nachzusteigen.

Am oberen Rand des ersten Eisfelds überquert Scott den Bergschrund, das Ende des Eisfelds. Aus dem Routentopo weiß ich, dass hier das vierte Biwak war. Während Scott 60 Meter über uns am Schrund vorbeiklettert, erreichen Mark und ich einen Absatz. Es ist der Vorsprung für das Biwak, der von Mahoney und Gilmore aus dem Schnee herausgehauen wor-

Unsere Begehung – für die wir 60 Stunden brauchten – war die dritte. Die erste wurde von einem dreiköpfigen Team durchgeführt, das Fixseile anbrachte und beim Abstieg von einer weiteren Gruppe aus drei Leuten unterstützt wurde. Diese Begehung erfolgte 1984 und dauerte elf Tage. Die zweite Besteigung, die erste im Alpinstil, glückte einen Monat vor unserer Tour Kevin Mahoney und Ben Gilmore in sieben Tagen. Die Absätze, die Kevin und Ben herausgeschlagen hatten, halfen uns sehr.

den war, den Lehrern und Führern der NOLS, deren Begehung man uns in Talkeetna unter die Nase gerieben hatte. Dass man einen solchen Absatz wiederfindet, einen Monat nachdem er angelegt wurde, ist schon bemerkenswert.

Mark und ich erkennen gleichzeitig die Chance. Wir sind acht Stunden ohne jede Pause geklettert, und hier bietet sich uns eine ausgezeichnete Möglichkeit, uns ein wenig auszuruhen und zu stärken, bevor wir in die lange Nacht aufbrechen.

Ich stehe auf dem flachen Vorsprung und hole tief Luft. »Scott!«, schreie ich. Scott klettert im steilen Eis, seine Gliedmaßen bilden ein 1,94 Meter großes gelbes X an der Wand. Er kann den Kopf nicht drehen, um zu uns herzuschauen.

»Ja, was ist?«, ruft er.

»Komm zurück. Wir sollten hier Pause machen. Da ist ein Absatz.«

Scott reagiert nicht. Mark schlägt sein Eisgerät in den gefrorenen Schnee, der die Hälfte des Absatzes überzieht, steht auf und holt tief Luft. »Scott. Komm zurück. Wir trinken hier was.«

Scott klettert zwei Körperlängen zurück über das steile Eis und tritt auf die untere Kante des Bergschrunds. Obwohl er noch weit weg ist, sehe ich, wie er sich zu uns umdreht, und erkenne sofort, dass er wütend ist.

»Verdammte Idioten. Verdammt noch mal.« Er hält inne und holt Luft.

»Ich bin dran. Das ist mein Vorstieg. Ich entscheide, wo wir stehen bleiben, und ich sage, wann wir weitergehen. Und das habe ich schon entschieden, indem ich an diesem Vorsprung vorbeigeklettert bin. Wir sind zu gut unterwegs, um jetzt stehen zu bleiben. Ich folge auch euren Entscheidungen, wenn ihr vorsteigt. Verdammter Mist.«

Mark und ich schauen uns verdutzt an. Mark kennt Scott viel besser als ich, und zu meiner Erleichterung setzt er das Gespräch mit Scott fort. »Scott, du hast recht. Du hast momentan das Sagen. Ich weiß, es ist zu früh, um stehen zu bleiben. Aber da ist dieser sehr praktische Absatz. Ich glaube, wir sollten ihn nutzen.«

Scott stößt weitere Flüche aus, während er sich umdreht und zu uns herabsteigt. Bis er zu uns herunterkommt, habe ich den Absatz vom Neuschnee befreit. Vorsichtig leere ich meinen Rucksack aus, als Scott auf den Vorsprung tritt und die letzten Schneereste mit seinen Steigeisen wegscharrt. Ich baue die beiden Kocher auf, knie mich auf meinen Rucksack, fülle die Töpfe mit frischem Schnee und entzünde das Gas.

Als wir alle auf unseren Rucksäcken hocken, bricht Scott das Schweigen. »Tut mir leid, Jungs. Tut mir leid. Ihr habt recht. Ich hatte so ein gutes Gefühl. Es ist schwer, mit euch beiden Schritt zu halten, ich war der Bremsklotz auf dieser Tour. Gerade als ich so gut drauf war, mich so stark fühlte und im Vorstieg war, da habt ihr mich gebremst.«

Mark und ich sagen nichts, aber wir wechseln einen Blick und schauen dann zustimmend Scott an. Die Kocher geben ihr tiefes, zischend-brummendes Geräusch von sich.

Ich hätte nie versucht, auf dieser Route, der »Barely Legal«, vorzusteigen, hätte ich mich nicht auf die Hilfe und die Begeisterung von Alex Lowe stützen können. Es war die zweite Begehung der Route (Shoshone River, Wyoming).

Joe Josephson, Barry Blanchard und ich (von rechts) beim Herumalbern nach einem Versuch an der Emperor-Wand. Barry und Jojo sind zwei der bekanntesten Eiskletterer in Kanada (Mount Robson, British Columbia).

Joe und ich in einer Passage, die Barry als den »Stummelquergang« bezeichnete, in Anspielung auf die kurzen Eisschrauben, die hier benötigt werden – die erste schwierige Seillänge bei unserem Versuch an der Emperor-Wand des Mount Robson.

Eine Ansicht der Ostwand des Howse Peak an jenem Tag, an dem Scott Backes, Barry Blanchard und ich die Route begingen, die wir anschließend »M 16« nannten (Howse Peak, Alberta).

Scott im Vorstieg, unterhalb der Seillänge, die als »The Pitch« bekannt wurde (Howse Peak, Alberta).

Der Denali von unterhalb des Gipfels des Mount Foraker. Von links nach rechts sieht man hier die Fathers and Sons Wall, die Washburn Wall, den West Buttress, die West-Rib-Route, die Slowakische Direkte und den Masciolipfeiler (Alaska).

Ich steige in der entscheidenden Passage der ersten von drei aufeinanderfolgenden schwierigen Seillängen der Slowakischen Direkten vor. Nach unserem Routentopo sollte das Eis in diesem Abschnitt eine Steilheit von »100 Grad« aufweisen (Denali, Alaska).

Marko Prezelj und ich biwakierten in 6100 Meter Höhe auf der britischen Sherpa-Route am Nuptse. Am Morgen stiegen wir bei Sturm bis auf 6700 Meter auf und entschlossen uns dann, ins Basislager zurückzukehren (Ama Dablam, Himalaja, Nepal).

Dieses Selbstporträt nahm ich am 27. September 2001 auf dem Gipfel des Cho Oyu auf, des sechsthöchsten Bergs der Welt. Ich legte die Strecke vom Basislager zum Gipfel und wieder hinab in 27 Stunden zurück (Himalaja, Grenze zwischen Nepal und China).

Der selten bestiegene, 7821 Meter hohe Masherbrum, von Norden gesehen. Eine pakistanisch-amerikanische Expedition schaffte 1960 die Erstbesteigung und brachte Willi Unsoeld und George Bell auf den Gipfel (Karakorum, Pakistan).

Hajji Ghulam Rasool: Koch, Bergführer und Freund. Von unserem Basislager stiegen wir zum Gondogoro-Pass hinauf. Es schneite und wurde dunkel, bevor wir eine Stelle zum Campieren fanden. Doch Rasool ließ sich seine gute Laune nicht verderben (Karakorum, Pakistan).

Marko Prezelj in der ersten schwierigen Seillänge am North Twin, einer außergewöhnlich anspruchsvollen Passage auf perfektem Fels, die uns einen Vorgeschmack auf das gab, was noch kommen sollte (North Twin, Alberta).

Die letzte schwierige Seillänge vor unserem »Drei-Arschbacken-Biwakplatz«.
Ich verlagere mein Gewicht ganz auf die Frontalzacken und presse meinen
Unterleib gegen den Fels, während ich den Pickel in einen schmalen Riss
zu setzen versuche.

Der vierte Tag unserer North-Twin-Tour war hart. Marko musste ständig vorsteigen, weil ich die Außenschale meines Bergschuhs verloren hatte. Wir hatten seit der Nacht zuvor kein Wasser mehr, und das Wetter wurde schlechter.

Marko steigt das letzte Stück voraus, bevor wir auf einen langen, 50 Grad steilen Eishang gelangen. Für diesen Hang benötigten wir 13 Seillängen, dann biwakierten wir unter der Gipfelwechte.

Mit nur einer Außenschale steige ich eine der vielen Seillängen in mäßig schwierigem Eis nach. Hätte ich die Schale meines Bergschuhs nicht verloren, hätten wir diese 13 Seillängen in ein paar Stunden bewältigt. So aber brauchten wir fast den ganzen Tag dafür.

Der Gipfel des K7 hinter einer Wolke. Der schwierige Weg nach oben führte über die steilen, sonnenbeschienenen Felsen unterhalb der wolkenverhüllten Spitze. Der Gipfel links erhielt von Conrad Anker den Spitznamen »Mo-fo« und war 2009 noch unbestiegen (Karakorum, Pakistan).

Blick aus der Schlüsselseillänge am K7 nach unten, während meiner erfolgreichen Besteigung. Die schmalen Risse unterhalb von mir musste ich in technischer Kletterei überwinden. Das Seil kommt aus meinem kleinen Rucksack, der unter mir liegt.

Während die Sonne am 2. September 2005 die Rupalwand in violettes Licht taucht, überquert Vince Anderson möglichst schnell eine gefährliche Rinne. Hinter ihm haben die Lawinenabgänge des vergangenen Tages den Schnee weggerissen und blankes Eis zutage gefördert (Nanga Parbat, Pakistan).

Vince steigt am zweiten Tag kurz vor Mittag auf 5500 Metern schöne Mixed-Passagen vor. An der Stelle haben wir nach unserem Aufbruch vom Basislager bereits mehr als 1800 Meter bewältigt und noch 2400 Meter bis zum Gipfel vor uns.

Obwohl wir unglaublich exponiert waren, hatten wir Glück und fanden einen Platz, wo wir unser Zelt aufschlagen und auf ebenem Boden liegen konnten. Wir schliefen in unseren Hüftgurten, wobei wir selbst und das Zelt am Seil gesichert waren.

Als wir den Gipfel des Nanga Parbat am 6. September 2005 erreichten, war es bereits Abend. 1990 hatte ich diesen Berg zum ersten Mal gesehen und war von seinem Anblick völlig gefesselt. Seitdem brannte ich darauf, auf seinem Gipfel zu stehen.

Die Rupalwand ragt 4570 Meter über unserem Basislager in Latoba Meadows in die Höhe und 4100 Meter über dem Bergschrund am Fuß der Wand. Der Nanga Parbat ist mit 8125 Metern der neunthöchste Berg der Welt.

»Ich will euch mal was sagen. Ich will euch mal was sagen.« Scott hebt die Arme weit in die Höhe, und auf sein Gesicht tritt wieder ein Lächeln. »Das wird später einmal als der Vorfall auf dem ersten Eisfeld bezeichnet werden. Wenn wir der Sache einen Namen geben, ist sie nicht mehr so schlimm, oder? Aber später, wenn wir wieder sicher zu Hause sind, dann wird diese Geschichte jeden verdammten Tag erzählt. Abgemacht?«

»Abgemacht«, antworten wir gleichzeitig.

Drei Seillängen oberhalb des Absatzes und nach 15 Stunden in der Route ist Mark mit dem Vorstieg an der Reihe. Er arbeitet sich über grobkörnigen Fels und dünnes Eis hinauf, als die weichen Strahlen der Abendsonne die Nordwand des Mount Hunter beleuchten – ein Lockruf des Berges.

Gegen 1 Uhr nachts erreichen wir einen weiteren vorbereiteten Biwakplatz. Es ist kalt, aber ich setze mich nieder und nicke für kurze Zeit ein, während Mark die Kocher beaufsichtigt und Schnee schmilzt. Scott übernimmt um 3.30 Uhr den Vorstieg – das ist Stunde 21. Eigentlich wäre ich dran gewesen, aber da ich schlief, hat Scott das Sicherungsmaterial übernommen und ist losgestiegen. Ich ruhe mich noch ein paar kostbare Minuten aus, während Mark sichert.

»Ich bin froh, dass ich da unverletzt durchgekommen bin«, sagt Scott, als Mark und ich zu dem eilig eingerichteten Standplatz gelangen. Das Topo zeigt über uns Eis mit einer Steilheit von 100 Grad. Eis wird eigentlich nie steiler als senkrecht, also 90 Grad, daher sind wir neugierig, wie dieser Abschnitt beschaffen sein wird. In der Morgendämmerung gegen 5 Uhr früh weiß ich, was ich zu tun habe: Ich muss gut klettern, schnell sein und darf nicht stürzen.

Ich übernehme die Seile von Scott und klettere vom Stand weg. Mit jedem Schlag treibe ich die Eisgeräte fest in das kalte, wächserne Eis, einen körperbreiten gefrorenen Gang, der über makellosen goldenen Granit hinaufführt. Unterhalb eines Eisdachs setze ich eine Schraube. Das muss die 100-Grad-Stelle sein, denke ich. Ich atme durch gespitzte Lippen, bis ich ganz auf den Augenblick fokussiert bin. Beim Klettern führe ich jede Bewegung aus, bevor ich über sie nachgedacht habe. Und ich vergesse jede Bewegung schon wieder, bevor ich sie zu Ende geführt habe.

Ich stoße meine Geräte nebeneinander in morsches, dünnes Eis. Meinen linken Fuß setze ich hinaus in die Granitwand, um mich zu verspreizen. Dreißig Zentimeter oberhalb meiner letzten Sicherung stoße ich die Frontalzacken in einen winzigen Felssaum und greife mit einem Arm um das Dach. Gut versperrt, mit viel Körperspannung, ziehe ich mein rechtes Gerät unterhalb des Dachs heraus und schlage es weiter oben ein. Ich belaste dieses Gerät, setze die Beine nach und ziehe mich über die baumelnden Tentakel des Dachs hoch.

Die nächste Seillänge steige ich vor, bis ich in eine Sackgasse gerate, eine steile, glatte Wand, die vor mir aufragt. Das Eis ist ausgeschmolzen. Ich sichere Mark und Scott zu meinem Standplatz. Sie reichen mir langsam das Material, und ich ordne es schnell.

»Du bist gesichert, Steve«, sagt Scott, bevor ich Zeit habe, von den Eisschrauben, Klemmkeilen und Haken, mit denen ich beschäftigt bin, aufzublicken. Ich steige drei Meter hoch, platziere einen guten Klemmkeil in einem Riss und lasse mich viereinhalb Meter nach links hinunter, um eine Rampe zu erreichen. Laut dem Topo soll hier Eis sein, doch es ist verschwunden. Die Sicherung ist sehr dürftig, zumal ich hier – bei 300 Meter überhängendem Fels unter mir – maximal exponiert bin. Ich mache wieder Stand, und als Mark vor Scott eintrifft, übernimmt er dessen Sicherung. Ich ziehe meine Handschuhe aus, reibe meine klammen Finger und hauche darauf. Flüchtig registriere ich den Sonnenaufgang über dem

Mount Hunter. Wortlos nimmt Mark das Material von seinem Gurt und hängt es bei mir ein.

Die nächste Seillänge beginnt mit einem Steilaufschwung direkt oberhalb des Stands; ich weiß, das wird das letzte Stück dieser Schlüsselpassage sein. Mit einem Kribbeln im Bauch strecke ich mich nach oben, verklemme meine Pickel in einem Riss und schwinge meine rechte Ferse weit nach oben und zur Seite. Da ich zu wenig Gefühl für die Griffe habe, ziehe ich mir mit den Zähnen die Handschuhe aus und stopfe sie in die Jacke. Ich ziehe mich an einer zweieinhalb Zentimeter breiten Kante hoch. Meine Finger sind völlig klamm. Ich drücke sie gegen das warme Fleisch an meinem Hals, um wieder ein Gefühl darin zu bekommen. Ich bringe einen Klemmkeil im Fels an, schlüpfe wieder in die Handschuhe und klettere weiter.

Die nächsten 30 Meter vergehen wie in Trance. Die Kletterzüge werden immer schwieriger, die Sicherungen werden immer weniger, aber ich nehme das kaum wahr. Meine Füße stehen zuversichtlich auf kleinen Unebenheiten in der groben Oberfläche des Granits. Meine Geräte dringen zielstrebig in den hinteren Teil eines verschlossenen Risses. Aber dann verlieren plötzlich und unerwartet beide Beine den Halt, und ich hänge an meinen Geräten. Ich keuche und ziehe mich wieder hinauf. Vorsichtig lege ich die letzten acht Meter zurück.

Da ich in einem einfachen Schneehang sichere, lehne ich meinen zitternden Körper gegen die Verankerung. Der psychische Stress hat mir zugesetzt. Laut Topo müssten die schwierigsten Stellen nun hinter uns liegen. Diese Schneerampe müsste zu einem Eisfeld führen, das fast das gesamte letzte Felsband rechts umschließt. Dann kommen zwei gemäßigte Mixed-Seillängen bis auf 5200 Meter Höhe. Von dort ist es nur noch ein Spaziergang zum Gipfel. Ein steiler, exponierter und gefährlicher Spaziergang, aber zweifellos keine Kletterei im Schwierigkeitsgrad 5.9* mit klammen Händen, Steigeisen an den Schuhen und ohne Zwischensicherungen.

Das war's jetzt, denke ich. Nun kann ich es lockerer angehen. Mark wird noch fit sein, und ich kann jetzt eine Weile entspannen.

Es ist Stunde 33. Der Tag bricht an, und als Mark vorsteigt, zieht Nebel über uns hinweg. »Ist das Hochdruckgebiet schon wieder vorbei?«, überlege ich. Aus den Wolken fällt ein wenig Schnee. Ich hänge an der einen Eisschraube, die unser Stand ist, während Scott das Seil ausgibt.

Ich höre ein dumpfes *Klunk* und schaue nach oben. Ich hatte meine beiden Pickel in das Eis neben unserem Fixpunkt eingeschlagen. Einer von ihnen ist halb herausgerutscht und liegt auf der Seite, im Neuschnee. Es sieht problemlos aus, und ich bin zu müde, um aufzustehen und ihn wieder einzuschlagen. Ich lege meinen behelmten Kopf an das Eis, schließe die Augen, und die Welt verschwimmt. Dann ein *Swosch,* und ich höre, wie das Eisgerät klirrend 1500 Meter tief hinunterfällt auf den Gletscher unter uns.

Ich hebe den Kopf und greife nach dem anderen Pickel, denn ich weiß, dass es eine Katastrophe wäre, wenn ich den auch noch verlieren würde. Wir haben keine Ersatzgeräte dabei.

»Diesen Hammer habe ich seit 1996 auf allen meinen Touren benutzt«, murmle ich vor mich hin und empfinde ein leises Bedauern. Ich weiß nicht, ob Scott mich hört. »Wenigstens ist er im Kampf gefallen – ich muss ihn nicht aussondern, wenn ich ihm nicht mehr vertraue. Er hat mich nie im Stich gelassen. Und jetzt macht es hoffentlich nichts mehr aus. Ihr beiden steigt ja den Rest der Route vor. Ich habe meinen Part erfüllt.«

---

* Entspricht dem Schwierigkeitsgrad VI der mitteleuropäischen UIAA-Skala.

Einige Seillängen später stecken wir in einem gefrorenen Meer fest. Der Nebel ist dichter geworden und wabert gegen die Felsbrocken und das Eis. Die Sicht beträgt kaum eine Seillänge. Mark klettert zu uns zurück. »Da oben ist Schluss«, stellt er fest.

»Seilen wir uns paar Längen ab, wir müssen weiter nach rechts«, sagt jemand. Die akustischen Halluzinationen schwirren umher, verschwinden wieder und vermischen sich mit dem Gesprochenen.

»Da drüben ist Big Bertha«, sage ich. Ich habe keine Lust, unter irgendwelche Séracs zu kommen.

Scott baut eine Eissanduhr, zwei aufeinandertreffende Eisschraubenkanäle, durch die wir unsere Seile fädeln. Nach drei Abseillängen übernimmt Scott den Vorstieg und führt uns rechts hoch. Er bringt vier Zwischensicherungen in einem sehr einfachen 30-Grad-Hang an und braucht zwanzig Minuten, um einen Stand einzurichten. Ich habe noch nie jemanden gesehen, der so erledigt war.

Mark und ich fürchten uns beide, vorzusteigen, daher lassen wir törichterweise zu, dass Scott eine weitere Seillänge anfängt, aber dann sage ich zu Mark: »Er ist zu müde, um weiter vorzusteigen.«

Mark schaut auf seine Armbanduhr. »Er ist schon seit fast einer halben Stunde in dieser Seillänge.« Dann fährt er fort: »Scott würde dieses Stück solo in fünf Minuten bewältigen, wenn er ausgeruht wäre. Wir alle könnten das.« Als ich zum Standplatz komme, nehme ich eines von Scotts Geräten und bitte ihn um seine Enden des Doppelseils.

»Was?«, fragt Scott.

Abermals versucht Mark Scotts Verärgerung zu besänftigen. »Du hast 40 Minuten für diese Seillänge gebraucht. Du wärst da in null Komma nichts solo oben, wenn du ausgeruht wärst. Wir sollten denjenigen vorsteigen lassen, der am schnellsten ist.«

Am Anfang der letzten schwierigen Seillänge in der Slowakischen Direkten. Zu diesem Zeitpunkt klettern wir schon seit 30 Stunden. Wir haben nur zwei Pausen eingelegt, aber nicht geschlafen, außer wenn wir an einem Standplatz unabsichtlich kurz einnickten.

Für kurze Zeit hatten wir drei uns von einem Gefühl der Vollkommenheit mitreißen lassen. Doch das verschwindet nun, da Ammoniak und Laktat unsere Muskeln vergiften und unser Blut sich verdickt. Mark hat recht. Hier müssen wir klug sein, nicht stolz. Ein heftiger Windstoß weht von Big Bertha herüber und wirbelt mir Schnee ins Gesicht, als ich zu klettern beginne.

Es ist jetzt zu kalt, um stehen zu bleiben, aber wir sind schon so lange unterwegs und müssen eine Pause machen. Ich richte unter einem überhängenden Block einen Standplatz ein und sichere Scott und Mark nach.

»Wir sollten hier eine Pause machen. Und auf die Sonne warten«, schlage ich vor.

Eine Stunde lang bearbeiten Mark und ich das Eis. Meine Arme haben noch nie eine Stunde lang auf Eis herumgehackt, nachdem ich schon 40 Stunden oder mehr geklettert war. Irgendwie schaffen sie es, immer noch auszuholen, wobei jedes Mal ein paar Brocken die Wand hinabkullern. Scott schaut uns zu, seine Augen sind glasig, und ab und zu wirft er einen Blick auf das türkisfarbene Eis. Wir sitzen mit dem Rücken zum Felsen. Nach zehn Minuten geht dem ersten Kocher der Brennstoff aus. Es ist jetzt Stunde 48.

Mark greift herüber und dreht den anderen aus. »Ich kann das nicht mehr hören.«

Ich wende mich nach links, um ihn anzuschauen, und sehe, dass wir mittlerweile in separate Einheiten zerfallen sind. Wir sind wie Schildkröten in jeweils ihrem eigenen Panzer. Ich erinnere mich an eine Bemerkung von Greg Child über seine Besteigung des K2: »Da oben, wo jeder den anderen am meisten braucht, ist jeder sich selbst der Nächste.«

Am anderen Ende des Absatzes sitzt Scott mit ausgestreckten Beinen auf seinem Rucksack, er hat den Kopf gesenkt, seine Hände liegen in seinem Schoß und umklammern einen Energiedrink: eine Flasche mit einer warmen, schokoladenartigen Flüssigkeit mit 500 Kalorien.

»Mark, willst du das?« Ich zeige auf Scotts Flasche. Wie Schiffbrüchige teilen wir die Ration des Sterbenden unter uns auf. Scott wird vielleicht erfrieren, er ist bereits zu erschöpft, um zu essen und zu trinken – das Einzige, was ihn retten könnte.

»Nein.« Er greift hinüber, nimmt Scott die Flasche aus den Händen und reicht sie mir.

Ich schaue auf meine Armbanduhr, es ist 6 Uhr früh. Die Sonne wird uns bald zu wärmen beginnen, doch noch kriecht die Kälte tief in uns hinein. Ich sollte jetzt alles austrinken, solange die Flüssigkeit noch warm ist. In zwanzig Minuten wird sie gefroren sein. Ich fühle mich gut, und ich brauche sie, sage ich mir, denn ich werde uns lebend aus dieser Sache herausbringen.

Ich leere die Flasche zur Hälfte. Da ich auch schon meine eigene Ration getrunken habe, dehnt sich mein Magen, um die gierig hineingeschüttete Flüssigkeit aufzunehmen. Ich stürze auch noch den Rest hinunter. Sofort verschlimmert sich der Druck in meinen Eingeweiden. Mit einem Aufstoßen und einem lauten Stöhnen erbreche ich die wertvollen Kalorien.

»Bist du in Ordnung?« Marks Stimme klingt matt.

Ohne mich zu ihm umzudrehen, wische ich mir das Kinn mit der behandschuhten Hand ab und antworte: »Ja, ich stelle nur gerade mein Bewusstsein unter Beweis. Es ist genauso, wie Mishima gesagt hat. Schmerzhaft.«

Ich ziehe mich in mich selbst zurück, wo sich die Gedanken verflüchtigen. Ich drehe mich um und betrachte Marks azurblaue Augen, die weit aufgerissen sind, und sein eingefallenes Gesicht. Ich wende den Blick ab, denn ich weiß, dass Marks Gedanken in ein großes schwarzes Loch gefallen sind. Scott, der sich am anderen Ende unseres kleinen Absatzes befindet, schläft anscheinend, hat sich abgemeldet. Ich hoffe, er findet die Kraft, um weiterzumachen.

Ich lege das Kinn an die Brust und gleite in eine angenehme Dunkelheit. Die Kälte steigt von meinen Füßen in die Beine auf. Ich werde erfrieren, und es macht mir nichts aus. Ich setze darauf, dass die Sonne mich retten wird. Ich muss einen Augenblick schlafen. Nur einen kurzen Augenblick.

Die Sonne berührt mich. Während ich darauf warte, dass ich warm werde, schaue ich zu Mark. Er sitzt halb in der Sonne, halb im Schatten. Scott ist noch im Dunkeln, seine Augen sind offen, sehen aber nichts, sein Gesicht ist ausgetrocknet und düster. Sind wir alle zu weit gegangen?, frage ich mich.

Plötzlich lehnt sich Scott nach vorn und beginnt seine Schuhe zuzuschnüren. Mark steht hinter mir auf.

»Zeit zum Aufbruch«, rede ich mir zu, während ich mich umdrehe, um den Kocher einzupacken, der noch Brennstoff enthält. Ich erhebe mich steif. Mark ist schon munter und bindet sich in die Enden der beiden Seile ein, um den Vorstieg zu übernehmen. Wie ein Boxer, der bei acht wieder steht, dreht sich Scott um, stößt sich mit den Armen vom Boden ab und schwankt leicht, als er aufrecht steht. Ich sichere Mark. Wortlos klettert er los.

»Das war's«, sagt Scott mit einem leichten Zittern in seiner sonst immer festen Stimme. »Erledigt, völlig fertig und beim Versuch umgekommen.« Er lacht. Scott ist wieder da, er ist wieder der Alte. Der Sonnenaufgang, so schön er auch sein mag, inspiriert uns nicht zu poetischen Empfindungen, nur zu Gedanken an das Überleben.

Während ich auf der, wie es mir vorkommt, 60. Seillänge dieser Route nachsteige, staune ich darüber, wie gut es sich hier klettern lässt: gut strukturierter Granit, festes Eis. Schnell kommen wir bei Mark an, der uns an vier abgebundenen Haken sichert. Am Ende der nächsten Seillänge zieht er energisch das Seil ein.

»Was ist mit dem Stand?«, rufe ich.

»Vergiss es. Wir sind da«, ruft er zurück.

Noch immer durch das Seil verbunden, steigen wir den sonnenbeschienenen Hang hinauf, in dem die Zacken laute, scharrende Geräusche von sich geben. In meiner leichten Kleidung wird mir endlich warm. Nach einigen Hundert Metern bleibt Mark an einem Felsvorsprung stehen und zieht die Seile ein. Kurzerhand lassen wir alles zurück, was wir auf 5240 Meter Höhe nicht mehr brauchen: unsere Haken, die Eisschrauben, Keile und Karabiner, ein Seil und alle drei Helme. Nach kurzem Zögern opfere ich meine Windjacke, um auch diese gut 200 Gramm loszuwerden, und hoffe darauf, dass ich sie beim Abstieg nicht brauchen werde. Es widerstrebt mir zutiefst, solchen Abfall zu hinterlassen, aber das ist der Preis fürs Überleben.

Als wir auf 5300 Meter Höhe nach rechts zum Cassin Ridge queren, stoßen wir auf eine gute Spur. Zwei Kletterer rufen uns von weiter oben etwas zu. Wir legen in dem relativ flachen, sicheren Gelände eine Pause ein. Es ist die 56. Stunde, und wir können uns nun mental ein wenig entspannen. Ich knie mich in den Schnee, nehme ein Energie-Gel zu mir und trinke ein paar Mundvoll kaltes Wasser. Scott bringt die Energie auf, ein Foto zu schießen.

»Jetzt bin ich an der Reihe«, sagt Mark und tut den ersten Schritt.

Er folgt den Spuren, und ich steige ihm hinterher. Zunächst bin ich dicht hinter ihm, aber dann lasse ich mich etwas zurückfallen, um mich an Scotts Tempo anzupassen. Wir haben einen Abstieg über 3350 Meter zu unseren Skiern vor uns und dann einen Weg von 17 Kilometern zu unseren Kochern, unserem Essen, zu den Zelten und Schlafsäcken und vielleicht noch 14 Stunden, bevor die tödliche Kälte wiederkehrt. Ich weiß nicht, ob Scott eine weitere ungeschützte Nacht überstehen würde; die Erschöpfung bemächtigt sich seiner, Schritt für Schritt, Stück um Stück. Ich werde überleben, und auch Mark sieht noch kräftig aus.

Wir haben eine Leistungsfähigkeit an den Tag gelegt, die jedem von uns bislang unbekannt war. Welche enorme Kraftanstrengung erforderlich ist, um weiterzuklettern, überrascht mich. Wenn wir stehen blieben, würden wir einschlafen. Einzuschlafen wäre fatal.

Hinter Felsen sprießen Blumen aus dem Boden. Ich höre, wie jemand neben mir stehen bleibt und mir ein Lied vorsingt. Ich halte inne, reiße eine Handvoll der Blumen heraus, werfe sie beiseite und mache mir nicht die Mühe, ihnen hinterherzusehen, während sie zweieinhalbtausend Meter in die Tiefe fallen. Ich blicke auf und sehe, dass Mark weit voraus ist.

Ich konzentriere mich wieder auf den nächsten Schritt. Scott hat nun zu mir aufgeschlossen, aber ich bin weiter vor ihm.

»Ich werde überleben. Ich werde Scott lebend nach unten bringen.« Das wird zu meinem Mantra. Bei jedem steigeisenbewehrten Schritt sage ich mir eine Silbe vor. Ich kenne diesen Berg von uns dreien am besten. Ich versuche wieder klar zu werden im Kopf. Bei jedem Schritt schaue ich nach links und rechts und werfe einen Blick auf meinen Höhenmesser. Ich rede mir ein, dass ich genau weiß, wo wir sind.

Ich beschleunige etwas, und als Mark eine Pause einlegt, überhole ich ihn. Auf fast 6100 Meter Höhe schwenkt der Grat nach rechts. Von hier schlage ich die Richtung nach Westen ein. Ich nehme einen Weg, der uns fast direkt zum Pig Hill führen wird, der letzten Erhebung auf dem Normalweg, 100 Meter unterhalb des Gipfels. Das ist der direkteste Weg nach unten, zurück ins Leben, der Weg zum Überleben.

»Ich werde überleben. Ich werde Scott lebend nach unten bringen.«

Mark bleibt stehen. »Wohin gehst du?«

»Ich bringe uns runter. Dieser Weg führt zur West Buttress, zum Fuß des Pig Hill. Das ist der schnellste Weg nach unten.«

»Nein, wir sollten auf dem vorgegebenen Weg bleiben«, sagt Mark. Scott ist derselben Meinung. Ich beuge mich ihnen, aber als ich weitergehe, kehren meine Gedanken zurück zu dem, was für uns am wichtigsten ist: das Überleben. »Ich werde überleben. Ich werde Scott lebend nach unten bringen.«

Ich denke an die vielen Kilometer, die noch vor uns liegen. Ich stelle mir vor, wie wir die Lager vieler anderer Bergsteiger passieren werden. Wir dürfen ihre Hilfe nicht annehmen. Wir müssen hinabsteigen zum Basislager, wo unser Essen ist, unsere Schlafsäcke und unsere Zelte.

»Ich geh quer rüber, egal ob ihr mitkommt oder nicht«, verkünde ich.

Mark und Scott lenken ein, genau wie ich gehofft hatte. Mark geht voraus und spurt eine Zeit lang. Der Neuschnee auf dem Fels erschwert das Klettern, und die zweieinhalbtausend Meter abfallende Südwestwand liegt zu unserer Linken. Ich bleibe stehen und beobachte Mark und Scott, wie sie sich abmühen. Zu meinen wenigen Fähigkeiten gehört es, dass ich in einem solchen Gelände schnell und sicher bin. Sie straucheln beängstigend. Ich habe einen Fehler gemacht.

Die Schlüsselseillänge der Route »The Gift (That Keeps On Giving)« am Mount Bradley. Mark Twight hatte diese Seillänge in Angriff genommen, hielt sie dann aber für zu gefährlich. Ich übernahm den Vorstieg und baute dabei einen Sturz. Dieses Erlebnis begründete eine enge Partnerschaft und Freundschaft, die bis heute anhält.

»Es tut mir leid. Es wäre einfacher gewesen, wenn wir auf dem normalen Weg geblieben wären«, sage ich zu Mark.

Scott schließt zu uns auf. »Was zum Teufel machen wir hier?«

»Ich dachte, es wäre ein schnellerer Weg als zur Normalroute, zum einfachen Abstieg.« Ich drehe mich um und steige weiter. Ich lege die Spur so gut wie möglich.

Am Ende unserer 60. Stunde überwinden wir eine kleine Wechte und gelangen auf den Pig Hill. Der Gipfel ist jetzt nur noch 100 Meter entfernt. Ich fühle mich dafür verantwortlich, dass keiner dorthin geht. Wir müssen nach unten. Den ganzen Weg. Für Gipfelgeplänkel haben wir keine Zeit.

»Wir leben«, denke ich, als ich nach hinten schaue, um mich zu überzeugen, dass Mark und Scott die Wechte überwinden und den einfachen Hang erreichen. Jetzt können wir nicht mehr abstürzen.

Ein paar Stunden nachdem wir in Talkeetna gelandet sind, muss ich auf einen Zubringerbus. Scott schläft an einem Esstisch ein, während ich die noch immer nasse Ausrüstung in

Packsäcke stopfe. Der Bus kommt, und ich umarme die beiden, weiß aber nicht recht, was ich sagen soll.

Wir waren nach der Slowakischen Direkten schneller heruntergekommen als drei Wochen vorher vom Gipfel. Nach dem Umkehrpunkt an der Wechte auf dem Pig Hill hatten wir zwei Stunden und vierzig Minuten zum 4320 Meter hoch gelegenen Lager gebraucht. Die Nachricht von unserer Begehung traf bereits vor uns im Lager ein, dank der Bergsteiger, die wir weiter oben auf der Cassin-Route gesehen hatten.

Die diensthabende Parkaufseherin Meg Perdue und ihre freiwilligen Rettungshelferinnen luden uns zu sich ein. Wir sind Männer, und wir waren erschöpft. Also nahmen wir die Einladung an. Peinlicherweise geiferte ich auf meine Jacke, als ich eine der Frauen dabei beobachtete, wie sie ein Käse-Sandwich grillte. Sie füllten heißen Kakao in unsere Wasserflaschen und hörten uns geduldig zu, als wir ihnen zu erklären versuchten, was wir gerade durchgemacht hatten. Wir beschränkten unsere Darstellung auf Fakten, weil wir die psychologische Seite unseres Erlebnisses selbst noch nicht ganz begriffen.

Der Bus wartet, ich höre auf zu reden und steige ein. An diesem Abend bringt mich ein Nachtflug nach Seattle, wo mich Anne am Flughafen abholt.

»Wie war deine Tour?«, fragt sie fröhlich. Sie sah schon immer gut aus in abgeschnittenen Jeans.

»Es war toll«, schwärme ich. Ich will ihr erzählen, was ich dort oben empfunden habe. Wie wir drei zusammengearbeitet haben, wie wir Mishimas Erkenntnis unter Beweis gestellt haben – nicht nur jeder für sich, sondern jeder auch durch die anderen. Wie wir noch einen Schritt weiter gingen. Wie sich unsere Individualität in bestimmten Momenten des Kletterns auflöste und verschwamm, als wären wir ein einziger Organismus mit sechs Augen, sechs Armen und drei Gehirnen. Allmählich begreife ich, was sich ereignet hat.

Ich will ihr von unseren Fehlern erzählen. Wie ich es bereute, dass ich nicht auf dem üblichen Weg geblieben war; wie ich wünschte, wir wären auf den Gipfel gestiegen. Ich dachte, ich könnte mit ihr über »den Vorfall auf dem ersten Eisfeld« lachen. Ich dachte, ich könnte den Ausdruck in Marks Augen beschreiben, als der Kocher spuckte und erstarb. Stattdessen gebe ich ihr eine nüchterne Kurzdarstellung und halte mich dabei sehr eng an die nackten Tatsachen. Wie lange wir für jeden Vorstiegsblock gebraucht haben, wie viele Packungen Energie-Gel wir aßen, welche Schwierigkeitsgrade die Seillängen hatten, die wir kletterten.

»Ich habe im letzten Quartal in allen Fächern eine A bekommen«, erzählt sie.

»Toll.«

»Und ich habe die Miete für diesen Monat bezahlt. Aber du musst noch Anzahlungen von deinen Sommerkunden beisteuern, denn es reicht nicht, um die Juli-Miete zu zahlen, und die wird nächste Woche fällig.«

»Okay. Ich glaube, das dürfte kein Problem sein. Ich reise übermorgen nach Chamonix ab, oder?«

In den folgenden zehn Wochen mache ich fast jeden Tag eine Führung. Ich bringe Flitterwöchnern Selbstsicherungstechniken bei, mache Leute, die sich das niemals zugetraut hätten, mit den Wundern des Eiskletterns vertraut und führe Seilschaften auf einige der großen Gipfel der Alpen. Scott rief Mark eine Woche nach ihrer Rückkehr nach Hause an. Sie lachten miteinander und erzählten sich Geschichten. Mark veröffentlichte wieder einen seiner typischen bissigen Artikel im *Climbing Magazine*. Er brannte eine Musik-CD, ließ einen ausführlichen Covertext aufdrucken und gab ihr den Titel »Rechtfertigung einer elitären Haltung«. Dann schickte er sie an alle unsere Freunde.

Anne las Marks Artikel und wurde wütend, als er schrieb: »Ich bin ein elitärer Tropf und glaube, dass Angeber das Bergsteigen beschmutzt haben. [...] Den Gipfel zu erreichen, nicht ihr Kletterstil, ist für sie der Maßstab des Erfolgs.« Ich stimmte ihm zu, aber Anne musste als angehende Bergführerin den Denali besteigen und stellte fest, dass die kalte Luft sie zum Husten brachte. Die schweren Lasten, die bei diesem Kletterstil vorgeschrieben sind, waren für ihre schmächtige Figur zu viel. Sie identifizierte sich mit jenen Bergsteigern, über die Mark sich lustig gemacht hatte. Als sie am Ende der Saison nach Chamonix kam, war ich auf ihren Zornesausbruch nicht vorbereitet.

»Du glaubst wohl, du, Mark und Scott, ihr wärt die Einzigen, die sich als Bergsteiger bezeichnen dürfen? Nur weil ihr so gut seid, dass ihr eine solch wahnsinnige, gefährliche Route begehen könnt?«

»Nun ...«, stammele ich verunsichert.

»Ihr seid doch nur ein Haufen narzisstischer Arschlöcher.«

»Also, komm«, protestiere ich, greife mir den Artikel und überfliege ein paar Zeilen. »Mark spielt mit diesen Worten, um sich in ein gutes Licht zu rücken.« Ich lese: »Am West Buttress am Denali braucht man nicht mal zu klettern. Das sagen nur die Leute, die es hören wollen, um ihr Ego zu päppeln.«

»Siehst du«, sage ich, »er spielt damit, er spielt mit dir, er zielt auf einen Effekt ab. Wenn du am Denali nicht kletterst, was tust du dann? Bergsteigen? Wandern? Wenn man einen Gletscher überquert oder mit Steigeisen an einem Grat aufsteigt, kann ein Fehltritt, wenn man nicht angeseilt ist, den Sturz in den Tod bedeuten. Das ist nichts für Wanderer.«

»Wie siehst du es denn?«, fragt sie.

»Ich glaube, wir haben eine tolle Leistung erbracht. Ich glaube, wir haben etwas geschafft, was noch nie zuvor jemandem gelungen ist. Ich glaube, was ich da oben mit Mark und Scott erlebt habe, das hat mich für immer verändert. Und zwar zum Besseren.« Ich sage einen Moment nichts, dann, fast als würde es mir nachträglich erst einfallen, füge ich hinzu: »Ich habe nicht gewusst, dass eine solche Verbindung zu anderen Menschen möglich ist.«

Nach einem kurzen Moment steht Anne langsam auf, greift nach ihrem Mantel und verlässt den Raum.

Kapitel 12

Weiterentwicklung: Über Amerika hinaus

**Auf 4270 Metern am Infinite Spur,
Mount Foraker, Alaska, 9. Juni 2001**

Ich drehe eine weitere Eisschraube ein, hänge das Seil ein und setze meinen Weg über den anstrengenden Hang fort. Die Frontalzacken meiner Steigeisen prallen gegen das glatte Eis. Ich schlage drei-, viermal dagegen. Schließlich dringen die Zacken ein, und ich steige mit brennenden Wadenmuskeln weiter.

Ich erreiche einen Grat mit vielen kleinen Erhebungen. Erfreut wechsle ich auf die andere Seite, wo es sonniger und auch weniger steil ist. Der Schmerz in meinen Beinen lässt langsam nach, als ich entschlossen Tritte in den Schnee stampfe.

Dass George Lowe und Michael Kennedy diesem Pfeiler nach ihrer Erstbegehung 1977 den Namen Infinite Spur gaben, ist gut nachvollziehbar. Sie absolvierten in elf Tagen 90 Seillängen und kletterten durchschnittlich 14 Stunden am Tag. Mich fröstelt bei dem Gedanken daran, hier mit einem vollgepackten Rucksack klettern zu müssen.

Mein Rucksack wog am Anfang fünfeinhalb Kilogramm. Rolo und ich hatten einen Kocher, einen Liter Brennstoff, einen kleinen Titantopf, jewails 40 Beutel Energie-Gel, acht Packungen Fertigsuppe, etwas Halva, eine Karte, einen Kom-

Rolando Garibotti nach zwölf Stunden während unserer 25-stündigen Begehung des Infinite Spur. Die schnellste Begehung zuvor hatte sieben Tage in Anspruch genommen. Diese Leistung erregte größere Bewunderung und führte zu mehr Reaktionen als die wesentlich schwierigere Begehung der Slowakischen Direkten im Jahr zuvor.

pass, einen Höhenmesser, ein GPS-Gerät, ein Funkgerät, ein 8,8-Millimeter-Seil, ein paar Eisschrauben und Sicherungsmaterial für den Fels, meine Rettungsfolie und unsere warmen Anoraks dabei.

Wir klettern jetzt seit zwölf Stunden. Die technisch schwierigste Stelle haben wir bereits hinter uns, doch das ist im Augenblick nur ein kleiner Trost, denn ich kann keine Sicherungsmöglichkeit finden. Enttäuscht gehe ich 45 Meter aus, bis ich das Seil um eine Wechte legen kann. Wenn jetzt einer von uns stürzt, verfängt sich das Seil hoffentlich an der Wechte zwischen uns und bewahrt uns davor, 1500 Meter tief auf den Gletscher hinabzustürzen. Das ist keine Garantie, aber besser als nichts.

Meine Uhr zeigt das Ende der 13. Stunde unserer Klettertour an, als ich auf eine kleine ebene Fläche stolpere, die in den Schneekamm des Grats hineingeschlagen wurde. Eine kanadische Seilschaft, die vor einem Monat auf dieser Route unterwegs war, muss diesen Absatz für ihr Zelt angelegt haben. Dankbar für die Ruhepause setze ich mich hin und sichere Rolo.

Als er den Absatz betritt, sage ich: »Ich glaube, wir sollten hier eine kleine Pause machen und was trinken. Wir sollten diesen Platz nutzen.«

Rolo nimmt das Seil auf, indem er es so schnell über seinem Kopf herumwirbelt, dass es nur noch undeutlich zu sehen ist. Hier die wichtigsten Fakten über Rolo: argentinische Eltern, in Italien geboren und mit einer Amerikanerin verheiratet. Eine Mischung aus »International Man of Mystery« und »Roadrunner«. Frauen werden in seiner Gegenwart schwach. Vorher wusste ich nicht, was das ist. In zwanzig Sekunden hat er das 60 Meter lange Seil aufgenommen, legt es als Unterlage für sein attraktives Hinterteil auf den Schnee und setzt sich. Ich gehe in die Knie und ziehe den Kocher aus dem Rucksack, während Rolo sauber aussehenden Schnee herbeischafft, um ihn zu schmelzen.

Drei Stunden später weckt mich die Kälte in meinen Armen. Ich schlage die Augen auf und sehe, wie Rolo sich umdreht und eine bequemere Position sucht. Er ist wach, also setze ich mich auch auf und entzünde den Kocher, um einen Topf heißer Suppe zuzubereiten, bevor wir den Gipfel in Angriff nehmen.

Wir haben fast vier Stunden auf dem Absatz verbracht, als Rolo mit dem Vorstieg auf den letzten Seillängen beginnt. Das Eis ist hier weniger steil als vorher, aber wir sind müde – die Folge davon, dass wir im unteren Teil der Route ein so hohes Tempo vorgelegt haben.

Rolo steigt weiter vor. Aus vier Seillängen werden sechs. Kurz vor dem verschneiten Grat übernehme ich den Vorstieg. Rund 30 Meter schlage ich Tritte in den weichen Schnee des einfachen Grats.

Eine halbe Stunde später macht sich Rolos Abneigung gegen Klettern im Schnee bemerkbar. Unsere Geschwindigkeit ist unterschiedlich: Ich bewege mich wie eine Schildkröte, langsam und methodisch. Er ist eher wie ein Hase.

Frustriert rufe ich zu ihm hinab: »Komm, wir binden uns aus, okay?«

Von 50 Meter unter mir kommt die matte Antwort: »Was?«
»Ausbinden!«

Ich habe gerade das Seil aufgenommen, als Rolo zu mir aufschließt und sich hinsetzt. Ich gehe weiter in Richtung Gipfel.

Als ich höherkomme, verlangsame ich meine Schritte. 4500 Meter, dann 4800 Meter. Ich zähle meine Schritte, um die Langeweile zu bekämpfen. Ich zähle bis 200, bevor ich 30 Sekunden Pause mache. Der Schnee sieht aus wie ein weißer Schildkrötenpanzer: höckerig und glatt poliert. In solchem Gelände gibt es häufig Spalten, die von einer dünnen Schneebrücke bedeckt sind. Ich gehe weiter und versuche mich vor dem mittlerweile aufgekommenen kalten Nordwind zu schützen. Ich finde einen kleinen Hügel, der den Wind abhält, und setze mich auf meinen Rucksack, um auf Rolo zu warten. Als er kommt, gehen wir zusammen weiter. Wir stapfen über den Ostgipfel und gelangen in eine helle Mondlandschaft. Wir können nicht genau erkennen, welcher Buckel der eigentliche Gipfel ist, daher gehen wir weiter bergauf.

Das Licht tanzt auf den vielen Hügeln und falschen Gipfeln. Ich erreiche die letzte Erhebung und beobachte meinen Partner, wie er sich durch diese Landschaft des Lichts kämpft. Die einzigen Farben sind Weiß und Blau. Die Isolation hier ist vollständig; es könnten Jahre vergehen, ohne dass wieder jemand hier heraufkommt.

Auf dem Gipfel lasse ich meinen Rucksack fallen. Als ich mich daraufknie, um zu verhindern, dass ihn der Wind davonreißt, kann ich nirgendwo einen Hinweis auf Menschen entdecken. Die unscheinbare kompakte Schneekuppe ermöglicht einen Rundumblick auf die Alaska Range. Sie ist die fünfthöchste Erhebung Nordamerikas und die zweithöchste der Vereinigten Staaten.

Ich verschnaufe auf dem Gipfel des Mount Foraker. Der Foraker ist zwar der fünfthöchste Gipfel in Nordamerika und der zweithöchste Berg der USA, doch zwischen den Besteigungen vergehen Jahre. Hinter mir fällt das erste Licht des Tages auf die wuchtige Südwand des Denali.

Uns gegenüber liegt der Mount Hunter, der dritthöchste Berg der Alaska Range. Wenn man auf dem Flugplatz am Gletscher landet, erhebt sich der Hunter beherrschend im Hintergrund. Aus dieser Perspektive dagegen wirkt er klein; seine Breite von 16 Kilometern ist wesentlich eindrucksvoller als seine etwas mehr als eineinhalb Kilometer hohe Wand. Hinter dem Hunter verteilen sich weitere Berge über den Horizont. Ich habe bislang keinen von ihnen zu besteigen versucht: Mount Huntington, Peak 11300, Mount Dickey, Mount Barille, Mount Dan Beard, Moose's Tooth, Eye Tooth, Broken Tooth sowie Wake, Bradley und Johnston.

Über sie alle herrscht der Denali oder Mount McKinley. Denali bedeutet »der Große«. Und groß ist er tatsächlich. Meine Augen werden von der massiven und steilen Südwand angezogen, die Mark, Scott und ich im letzten Jahr durchstiegen haben. Die Slowakische Direkte führt durch die höchste und schwierigste Wand des Berges nach oben: auf kürzestem Weg auf den höchsten Punkt des nordamerikanischen Kontinents. Darauf kann man stolz sein, denke ich. Ich stehe auf, und Rolo steigt ein paar Schritte ab, um ein Gipfelfoto zu machen. Ich vergesse zu lächeln.

In knapp 7000 Meter Höhe auf einer neuen Route über die Südwand des Nuptse, Nepal, 5. Mai 2002

Ich steige die letzten paar Stufen hoch zu der von Rissen durchzogenen Granitplatte, die Marko Prezelj gerade passiert hat. Barry und Stephen Koch sind zehn Minuten hinter mir. Als ich die Platte zu überqueren beginne, höre ich, wie Marko mehrmals mit dem Fuß ins Eis kickt, um sich einen Tritt zu schaffen.

»Čakaj, Čakaj!« Warte, warte!, ruft er. Ich halte inne und schaue hoch. Er zieht eine kleine Videokamera heraus und stellt sie ein. »Okay.« Ich senke den Blick wieder auf meine Füße, schiebe die Zacken meiner Steigeisen in den waagerechten Riss im weißen Granit und gehe los.

Auf der anderen Seite klettere ich an Marko vorbei zum Kamm des Grats, bleibe stehen, drehe mich um und warte auf ihn. Wir haben uns den ganzen Vormittag gegenseitig angetrieben, unterbrochen nur durch gelegentliche Stopps, damit er Foto- und Filmaufnahmen machen kann, zum Beispiel wie ich eine Eiskuppe wegschlage oder von der Sonne, die über einem benachbarten Gipfel steht und ihre Strahlen über den dunkelblauen Himmel schickt.

Barry nähert sich dem Quergang und schlägt ein Gerät kräftig in das Eis. Er dreht seinen linken Fuß zur Seite und schabt mit den seitlichen Zacken seiner Steigeisen einen kleinen Absatz aus dem Eis, breit genug, um mit einem Fuß darauf zu stehen. Marko beschäftigt sich mit den Einstellungen seiner Kamera.

Barry räuspert sich und betrachtet den Quergang. »Hier wäre ich lieber angeseilt«, sagt er dann.

»Nein. Es geht gut über den Riss. Tritt in den Riss«, fordert Marko ihn auf, während er sich über den Sucher beugt. »Okay. Geh los.«

Barry bewegt sich nicht, und ich spüre, dass es eine Weile dauern wird. Ich wende mich wieder zum Grat und klettere

Barry Blanchard im Alleingang in mäßig schwierigem Gelände während einer Akklimatisierungstour an der Südwand des Nuptse. Hinter ihm erhebt sich die eindrucksvolle Westwand des Makalu.

weiter, um einen Platz für ein Biwak zu finden, wo wir die Nacht verbringen und uns akklimatisieren können. Ich strebe nach oben und gewinne schnell an Höhe. Die erste Gelegenheit zum Klettern während einer Expedition ist immer befreiend. Als sich der Hang etwas abflacht, wird der Schnee tiefer. Ich wünschte, Marko wäre hier, um mich beim Spuren abzulösen.

Nach einer Stunde Klettern geht der Grat in einen steilen Eisturm über, und ich brauche ein Seil und einen Sicherungspartner, um weiterzukommen. Ich setze mich auf meinen Rucksack und hole ein Fladenbrot heraus, das ich am Morgen mit Erdnussbutter bestrichen habe. Als ich mein Mittagessen hinunterspüle, höre ich, dass Marko sich nähert. Dem Geräusch nach muss er mit Höchstgeschwindigkeit geklettert sein, um mich einzuholen, und als er den Hang heraufkommt, bleibt er ein paar Meter unter mir stehen.

Nachdem er wieder zu Atem gekommen ist, ruft er: »Du solltest auf mich warten!« Ich schaue ihn einen Moment an. Ich verstehe ein wenig von seiner Sprache und seiner Kultur. Seine direkte, gebieterische Art nehme ich ihm nicht übel.

»Auf dem Grat kann ich schöne Bilder machen«, fährt er fort. Diesmal unterbreche ich ihn.

»Marko, ich bin zum Klettern hergekommen.«

Marko schaut mich kurz an und macht die letzten beiden Schritte zu meinem Standplatz. Er nimmt seinen Rucksack ab und stellt ihn in den Schnee. Dann holt er seine Kameratasche heraus, nimmt die Videokamera ab, die er schon den ganzen Vormittag um den Hals hängen hat, und verstaut sie in der Tasche. Ich stehe auf, hole unser Kletterseil heraus und packe meine Thermosflasche weg.

»Gut«, sagt Marko und steigt in seinen Hüftgurt. »Dann lass uns jetzt klettern.«

Biwak in gut 7000 Meter Höhe; neue Route über die Südwand des Nuptse, Nepal, 18. Mai 2002

»Steve, bist du in Ordnung? Du sieht ein wenig mitgenommen aus«, sagt Barry.

Wir stecken zu dritt in einem winzigen, für zwei Personen ausgelegten Biwakzelt. Barry liegt halb außerhalb des Eingangs, den wir zu einem Windfang vergrößert haben. Marko ist neben Barrys Beinen eingezwängt. Ich befinde mich auf der anderen Seite. Ich habe gerade einen Topf Suppe geleert und ihn Barry gereicht. Die auf das Zelt prasselnden Schneeflocken klingen wie Reiskörner, die langsam über einem Linoleumboden ausgeschüttet werden.

»Ich weiß nicht«, sage ich und setze mich auf. »Mir ist ein bisschen übel.«

Einen Augenblick später geht es los: Ein starker Brechreiz rollt meine Speiseröhre herauf, und meine Backen blähen sich wie bei Dizzy Gillespie, wenn er den Schlussakkord spielt. Panisch greife ich nach dem nächstbesten Behälter, bei dem es sich zufällig um Markos halbvolle Urinflasche handelt. Mir bleibt ein kurzer Moment, um zu entscheiden: Soll ich die

Lippen an die Urinflasche setzen oder mich auf unsere Schlafsäcke erbrechen? Ich entscheide mich für die Flasche, die sich rasch füllt. Beinahe läuft sie über, aber ich habe mich bald wieder unter Kontrolle und fange die letzten Tropfen mit dem Ärmel auf.

»O Scheiße!«, ruft Barry und hält mir den Topf hin, falls mich eine zweite Welle erfassen sollte. Ich reiche ihm die Urinflasche, nehme den Topf und mache mich auf einen weiteren Brechanfall gefasst, aber mein Magen beruhigt sich langsam.

Marko lacht. »Nett, sehr nett.«

Auch Barry kichert. »Tolle Vorstellung, Farmboy.«

Ich lege mich zurück, mein Kopf streift über die gefrorene Zeltwand, wodurch kalte Tröpfchen in mein Gesicht rieseln. »Hab wohl die Suppe zu schnell getrunken. Das passiert mir ständig. Kann hier oben nicht so viel essen.«

Am nächsten Morgen ist der Wind stürmischer geworden. »Sieht schlecht aus«, sagt Barry, als er den Zelteingang wieder schließt. »Man sieht keine 15 Meter weit. Vielleicht sollten wir eine Stunde warten und dann prüfen, wie es aussieht.«

»Jetzt kommt richtig schlechtes Wetter«, sage ich in Anspielung auf den Koch im Basislager, der bekannt ist für seine stets pessimistischen Vorhersagen.

Am Nachmittag entfernen Marko und ich uns vom Zelt und klettern eine steile Eiswand hinauf. Der Schneesturm scheint nachzulassen. Wir können noch immer nicht weit sehen, aber es hat zu schneien aufgehört. Nachdem wir ohne Sicherung so weit wie möglich geklettert sind, drehen wir eine Eisschraube ein, hängen die Seile und das Sicherungsmaterial in einem Packsack daran und steigen wieder zum Zelt ab. Barry hat für sich bereits entschieden, keinen Gipfelversuch zu unternehmen, bietet aber seine Dienste als Hochlagerkoch an und will uns moralischen Beistand leisten.

»Wie sieht's aus?«, fragt er, als wir auf die Zeltplattform treten.

»Man sieht nicht viel, aber es lässt sich ganz gut klettern.« Ich krieche durch den Eingang und weiter ins hintere Eck und schlüpfe in meinen Schlafsack. Alles wirkt so friedlich, nachdem der Wind das Zelt nicht mehr schüttelt. Ein paar Schneeflocken rutschen über den Nylonstoff nach unten, als Marko mir ins Zelt folgt.

Als er in seiner Ecke sitzt und die Hände zwischen die gebeugten Knie geschoben hat, sagt er: »Jetzt warten wir. Wenn das Wetter morgen nicht besser wird, denke ich, dass wir runtergehen müssen. Der Brennstoff für den Kocher ist alle.«

»Ja«, erwidert Barry. »Wir hatten einen vollen Kanister. Ich glaube, ich kann euch beide morgen früh nach einem guten Essen und lauwarmem Wasser für die Thermosflaschen losschicken, aber heute Abend gibt's keinen Tee und keine Suppe. Ab jetzt nur noch kalte Küche.«

Später werfe ich einen Blick auf meine Armbanduhr: 2 Uhr früh. Das stakkatoartige Vibrieren des Zelts hält mich wach; in einer Stunde wird der Wecker läuten.

Ich döse ein, wenn der Wind vorübergehend etwas nachlässt, und als der Wecker schließlich piepst, setze ich mich auf und spreche zum Zelt, weiß jedoch, dass auch Barry und Marko schon wach sind.

»Sieht aus, als wäre wirklich Schluss für uns.«

»Ja, keine Besserung in Sicht«, meint Barry.

»Scheint so«, entgegne ich.

Als es zu dämmern beginnt, wird das Zelt noch heftiger geschüttelt. Barry kocht einen Becher Kaffee, den wir uns teilen, bevor wir unsere Schlafsäcke verstauen. In dem engen Raum kann sich immer nur einer die Schuhe anziehen. Marko ist als Erster fertig.

Als er zum Eingang kriecht, sagt er: »Ich hole die Seile, ja?«

»Okay«, erwidere ich. Nachdem er gegangen ist, ist es ein Leichtes, sich der Enttäuschung hinzugeben, dass wir den Nuptse nicht besteigen werden.

»Diesmal war's nicht so berauschend, was, Farmboy?«

»Ja, so läuft's eben manchmal.«

»Also, ich glaube, das war meine letzte Tour. Ich bin fertig mit den hohen Wänden. Es ist zu gefährlich, und Catherine und ich wollen eine Familie gründen. Ich bin jetzt 44 und freue mich über das, was ich geschafft habe.«

»Ich verstehe. Es war wirklich zu schade, dass Stephen mit dem angeschlagenen Knie aufgeben musste. Aber Marko mag ich wirklich. Ich bin froh, dass ich ihn mittlerweile etwas besser kenne. Ich glaube, wir werden noch öfter zusammen klettern.«

»Das wäre wirklich toll. Ihr beide kommt gut miteinander aus. Ich sehe, dass der Funke überspringt«, erwidert Barry.

»Da hast du recht. Ich sehe das auch so.«

Kapitel 13
Die innere Leere ausfüllen

**Basislager, Mandu-Gletscher, Masherbrum,
Pakistan, 1. Juli 2003**

Das Satellitentelefon piepst. Hastig nehme ich es von dem ramponierten Metalltisch, drücke auf *Anzeige* und lese die Textnachricht laut vor: »Ab und zu Schneefall.« Marko und Matic lachen laut auf.

»Das ist alles«, sage ich und scrolle nach unten, um sicherzugehen, dass ich auch nichts übersehen habe. »Ab und zu Schneefall.«

»Mist!«, flucht Marko. »So ein Mist aber auch. Immer dieselbe Prognose. Ab und zu Schneefall! Das ist wirklich ein schlechter Witz!«

Nachdem Satellitentelefone erschwinglich geworden sind, habe ich mir eines zugelegt und lasse mir jeden zweiten Tag von einem Meteorologen in den Vereinigten Staaten per Textnachricht die Wettervorhersage übermitteln. Seit zwei Wochen ist die Vorhersage immer gleich, und zu unserem Leidwesen hat sie auch immer gestimmt. Ich stehe auf, ziehe den Verschluss des Esszelts auf und blicke zum Masherbrum hinüber. Seine steilen Flanken sind von Wolken verhüllt. Seit unserer Ankunft im Basislager vor fünf Wochen haben wir den Gipfel erst dreimal gesehen, dafür aber bei unseren Akklimatisierungstouren schon sieben Schneebretter losgetreten.

Die Ostflanke des Masherbrum im ersten Morgenlicht.

Als ich am nächsten Morgen das Esszelt betrete, höre ich Matic gerade auf Slowenisch zu Marko sagen: »Mir reicht's. Für mich ist Schluss. Wenn ihr beide gehen wollt, habe ich damit kein Problem. Schließlich bleibt uns nur noch eine Woche, aber ich finde die Schneeverhältnisse einfach zu gefährlich für einen Versuch.«

Ich setze mich neben ihn. Wir lernen einander gerade erst kennen, wobei Marko das Bindeglied zwischen uns ist. »Bist du dir sicher?«, frage ich.

»Ja. Ich bin mir sicher. Geht ihr ruhig, wenn das Wetter gut wird.«

Am nächsten Morgen blickt Marko gespannt auf seine Armbanduhr. 10 Uhr: Zeit für die Wettervorhersage. Um nicht unentwegt auf das Telefon zu starren, stehe ich auf und trete aus dem Esszelt ins Freie. Heute ist der untere Bereich der Bergflanken zu sehen: Bis auf einige blaue Stellen, wo vor Kurzem Eislawinen abgegangen sind und die Wand blankgescheuert haben, sind sie von strahlend weißem Neuschnee bedeckt.

Das Telefon piepst, und gleich darauf liest Marko vor: »Heute: ab und zu Schneefall. Morgen bis Donnerstag: drei

Tage klarer Himmel. Danach leichter Niederschlag mit schwachem Wind.«

Nach einer kurzen Pause blickt Marko auf. »Okay. Gehen wir.«

»Ja«, erwidere ich. »Wir gehen.«

Am Nachmittag legen wir alles, was wir mitnehmen wollen, auf dem Boden aus: Proviant, Brennstoff, ein kleines Zelt, Schlafsäcke, Isoliermatten, einen Kocher und einen Topf, zwei Feuerzeuge, ein Doppelseil, das Materialsortiment, Fotos von allen Seiten des Berges, falls wir beim Abstieg eine andere Route nehmen müssen, Sonnenbrillen, Daunenanoraks und -fäustlinge und etliche andere Kleinigkeiten wie Filme und Lippenbalsam.

Nachdem wir die Sachen auf unsere beiden Rucksäcke verteilt haben, zieht sich jeder in sein Zelt zurück. Ich mache Tagebuchnotizen und denke über den hoffnungslosen Zustand meiner achtjährigen Ehe nach. Um meine klettertechnische Entwicklung voranzutreiben und immer größere Wände zu durchsteigen, habe ich immer mehr Zeit in das Training investiert und zur Finanzierung der länger und teurer werdenden Expeditionen immer mehr gearbeitet. Meine Beziehung zu Anne hat darunter sehr gelitten. Weil ich ein zielorientierter Leistungstyp bin, ist für meine Ehe nur wenig Energie übrig geblieben.

Marko ruft zu Hause an und spricht mit seiner jungen Frau Katja und seinen beiden Söhnen, dem vierjährigen Bor und dem neunjährigen Tim. Katja ist Chemikerin von Beruf, doch angesichts der schlechten Lage auf dem slowenischen Arbeitsmarkt ist es für die Familie finanziell das Beste, wenn sie zu Hause bleibt und sich um die Kinder kümmert.

Heimweh ist Marko fremd. Als ich ihn darauf anspreche, antwortet er: »Wenn ich auf einer Expedition bin, bin ich auf einer Expedition. Wenn ich zu Hause bin, bin ich zu Hause. Basta.«

Am nächsten Morgen frühstücken wir im Dunkeln. Sobald sich am östlichen Himmel die ersten Lichtschimmer zeigen, machen wir uns auf den Weg über den Gletscher.

»Was hältst du von diesem Hang?«, frage ich vier Stunden später – fünf Minuten nachdem ich eine Lawine losgetreten habe, nun schon die achte seit Beginn unserer Expedition, die mich bis zu den Knien begraben hat. Wir waren eigentlich davon ausgegangen, dass es ein bewölkter Tag werden würde, doch die Sonne des Karakorum brennt auf uns nieder und weicht die Schneeauflage auf, sodass die Lawinengefahr ansteigt. Vor uns liegt ein langer, schmaler, sich scharf nach rechts ziehender Schneehang. Zwar können wir sie von hier aus nicht erkennen, aber wir wissen, dass sich unter uns eine 250 Meter senkrecht abfallende Eiswand befindet. Vom Basislager aus war sie zu sehen, und schon ein kleiner Schneerutsch wie der, den ich gerade ausgelöst habe, würde genügen, um uns über diese Wand in den sicheren Tod zu reißen.

»Ich glaube, das wird mir zu riskant. Mir reicht's«, sagt Marko.

Ich atme erleichtert auf und pflichte ihm bei. »Dieser Hang ist noch gefährlicher als der vorige«, ergänze ich.

Insgeheim hatte ich mir bereits vorgenommen, bei diesen Verhältnissen am nächsten Hang aufzugeben, wollte aber warten, bis Marko den Schlussstrich zog, und war gespannt, wie weit er gehen würde. Nun bin ich erleichtert, dass wir beide der gleichen Ansicht sind. Ich blicke zu dem eindrucksvollen Pfeiler an der Nordwand des Masherbrum hinüber. Es ist eine phantastische Linie, eine der besten an großen Wänden überhaupt. Genauso lang wie die Südwand des Nuptse und noch direkter als die Slowakenroute. Seit der Erstbegehung vor 40 Jahren ist der Gipfel des Masherbrum erst fünfmal erreicht worden.

Doch dann steigt Verbitterung in mir auf. Ich wünschte, die Witterungsverhältnisse wären besser, brenne darauf, den Aufstieg fortzusetzen. Wie ich Marko kenne, geht es ihm genauso. Doch keiner von uns beiden sagt etwas, wohl wissend, dass es besser ist, in solch kritischen Momenten zu schweigen, um unkluge Entscheidungen zu vermeiden. Schließlich bin ich hier, um zu klettern, und nicht, um zu sterben. Ob Held oder Märtyrer: Tot macht das keinen Unterschied.

»Okay. Machen wir kehrt.« Ich drehe mich um, und wir steigen ab.

Charakusa-Tal, Pakistan, 28. Juli 2003

Bei strömendem Regen steige ich mit zwölf Männern aus dem Dorf Hushe den Gletscher hinauf. Vorsichtig schlängeln wir uns um die Felsen herum über das Eis. Der Schnee ist längst geschmolzen, die Oberfläche des Gletschers grau vom darin eingeschlossenen Gesteinstaub oder tiefblau an Stellen, wo Wasserbahnen in Gletscherspalten rinnen. Von den Plastikplanen, die die Träger über ihre Lasten gehängt haben, tropft ihnen Regenwasser über die Stirn ins Gesicht.

Gegen Mittag lässt der Regen nach. Wir springen von einem großen weißen Stein zum anderen, manchmal geraten sie unter uns ins Rutschen, und durchqueren eine Wiese mit hohem Gras, das unsere Hosen durchnässt. Weiter geht es über eine große sandige Ebene mit kleinen Wasserläufen und hausgroßen Felsen, an deren Ende wir nach der Überquerung eines milchigen Gletscherabflusses zu einer kleinen Wiese gelangen. An ihrem linken Rand fließt Quellwasser durch dicke Moospolster in einen Bach, der in Kiesbänken mit violetten und zartgelben Blumen versickert. Dort, zwischen dem Wasserlauf und dem Gletscher, bauen wir unser Basislager auf.

»Ist gut?«, fragt Rasool, der sehr wohl weiß, dass dies ein wunderschöner Platz ist.

Ich antworte ihm mit seiner Lieblingsantwort auf meine vielen Fragen: »Warum nicht?«

Rasools Bart ist um den Mund herum grau, und sein borstiges dunkles Haar ist seit unserer ersten gemeinsamen Expedition vor vier Jahren lichter geworden. Er ist ein Mensch, der gern lacht und immer einen Scherz auf den Lippen hat. Letzten Winter hatte er endlich die 2500 Dollar für den Hadsch, die Pilgerfahrt nach Mekka und Medina, beisammen, die der Islam von allen Muslimen erwartet, die es sich leisten können. Seine Landsleute, die Bewohner Baltistans, die an ihrer Hunza-Mütze, eine dicke Wollmütze mit gerollten Wülsten, leicht zu erkennen sind, nennen ihn jetzt ehrfurchtsvoll Hadschi Rasool.

Ich zahle jedem der Träger für die zwei langen Arbeitstage 1350 Rupien, was umgerechnet etwa 30 Dollar entspricht – ein durchaus ansehnlicher Betrag, wenn man bedenkt, dass das Jahreseinkommen der Pakistani im Schnitt 300 Dollar beträgt. Die Männer falten die Scheine in der Mitte zusammen und stecken sie in die zuknöpfbare Tasche ihres Salwar Kamiz, der traditionellen pakistanischen Bekleidung. Beim Aufbruch schütteln sie mir einer nach dem anderen die Hand, bedanken sich und wünschen mir Glück.

Drei Tage später wache ich um 2 Uhr nachts auf und beuge mich vor, um den Kocher neben mir im Schnee anzuwerfen. Der halbe Himmel ist voller winziger Sterne, deren Lichtpunkte im Schein eines unsichtbaren Vollmonds verblassen. Hinter mir ragt eine riesige Wand in den Himmel, die ich in den vergangenen zwei Tagen mit dem Fernglas abgesucht habe. Der untere Bereich dieses namenlosen und bislang unbestiegenen Bergs wird von einer breiten, anfangs mäßig ansteigenden, aber immer steiler werdenden Eiswand überflossen, die weiter oben schmaler wird und schließlich in trockenes Felsgelände übergeht. Der Fels ist mit teilweise vereisten Risssystemen und Kaminen durchsetzt. Oberhalb dieser Wand, auf der Nordostschulter des Bergs, erhebt sich ein imposanter Granitturm mit einer nadelförmigen Spitze. Diesen Berg habe ich beim gemeinsamen Rückmarsch mit Marko und Matic von unserer Masherbrum-Expedition vor ein paar Wochen zum ersten Mal gesehen. Wenn mir die Besteigung gelingt, werde ich ihn zu Ehren von Rasools Pilgerreise Hajji Brakk nennen.

Um 3.01 Uhr breche ich auf. Eine Viertelstunde später klettere ich schon im Licht meiner Stirnlampe in der Eiswand. Das Eis ist spröde und zersplittert wie ein zerbrechender Spiegel in dünne scharfkantige Scherben, die klirrend die Wand hinuntersausen. Vor meinem inneren Auge sehe ich mich mit einem zischenden Geräusch das Eis hinunterrutschen und dann als verschwommenen Farbfleck durch die Luft fliegen.

Anfangs versuche ich die Filme in meinem Kopf zu stoppen, beschließe dann jedoch, sie ablaufen zu lassen. Vielleicht bin ich sie danach endgültig los. Das Gelände wird steiler, und ich konzentriere mich voll aufs Klettern: Wenn ich mit dem Eisgerät von der Schulter aus zum Schlag aushole, bin ich stets darauf eingestellt, dass meine Steigeisen abrutschen könnten, und nehme auch den kleinsten Riss im Eis wahr, das mich trägt. Ich genieße, während ich klettere, jede einzelne Bewegung.

Als ich das untere Ende der Felswand erreiche, hacke ich eine Standstufe ins Eis und bringe eine Eisschraube an. Ein Blick auf die Uhr: halb sieben. Als ich gerade nach der zweiten Eisschraube greife, durchbricht ein mächtiger Knall die Stille. Zehn Meter rechts von mir platzen die abgebrochenen Teile einer Wechte auseinander und poltern den Hang hinunter, den ich gerade heraufgeklettert bin.

Die Wechte ist genau durch den Eiskamin gestürzt, durch den ich eigentlich hinaufklettern wollte. Ich drehe die Eisschraube wieder heraus und klettere ein Stück weiter links hinauf. Nach 30 Metern hacke ich eine weitere Standstufe ins Eis und setze erneut eine Eisschraube. Nachdem ich auch die zweite Schraube platziert habe, verbinde ich beide mit einer kurzen Schlinge zu einer Ausgleichsverankerung, befestige das Seilende daran und hänge mich mit einer weiteren Schlinge ein. Über mir befindet sich ein zweiter Kamin, der zwar sicherer erscheint, aber schwieriger aussieht.

Ich hänge meinen Rucksack an eine der Eisschrauben und lege einmal rechts, einmal links Seilschlingen auf ihm aus. Ich gebe mir rund sechs Meter Seil aus und knüpfe einen Mastwurfknoten, den ich in einen Verschlusskarabiner an meinem Klettergurt einhänge. Mit dieser Selbstsicherung kann ich den Aufstieg fortsetzen. Dabei werde ich Zwischensicherungen anbringen und das Seil jeweils darin einhängen. Nach etwa sechs Metern werde ich etwas Seil nachziehen, einen weiteren Mastwurfknoten in einen zweiten Verschlusskarabiner einhängen und den ersten Knoten lösen. Es ist ein ganz einfaches System, bedeutet aber, dass ich bei einem Sturz mindestens sechs Meter tief fallen würde. Ich stecke einen Ersatzpickel in einen Halter am Gurt, überprüfe, ob das Material richtig sortiert ist, und klettere los.

Der Einstieg in den Kamin über mir ist von einem Schneezapfen verstopft. Ich klettere bis direkt darunter, setze eine Eisschraube und hänge mein Seil ein. Der Zapfen ist größer als ich, und ich weiß aus Erfahrung, dass er auch viel schwerer ist. Wenn er sich löste, würde er direkt auf mich prallen und mein Selbstsicherungssystem so stark belasten, dass es ausbrechen könnte.

Ich klettere die Wand links des Kamins hinauf. Anfangs geht es ganz gut, doch dann werden die Griffe immer kleiner, instabil und kaum brauchbar. Wenn ich den Schneepfropfen belasten oder versuchen würde, über ihn hinwegzuklettern, könnte er auseinanderbrechen. Als ich nach unten schaue, beginnt in meinem Kopf wieder ein Film abzulaufen: Erst ein drei Meter tiefer Sturz, bei dem ich mir die Fußknöchel zerschmettern würde, dann der Rückzug zu meinem Biwakzelt

Blick auf eine der vier schwierigen Seillängen am Hajji Brakk, dem bis dahin unbezwungenen Sechstausender in Pakistan, den ich im Alleingang an einem einzigen Tag erstbestiegen habe.

mit 20 Abseillängen, bei denen ich auf dem Hintern rutschen müsste, und schließlich die Überquerung des Gletschers bis zum Basislager, auf den Knien kriechend. Ich klettere zu der Eisschraube ab.

Nach einer kurzen Pause versuche ich es auf der rechten Seite. Das Gelände hier ist zwar steiler, aber von einem Riss durchzogen, in dem sich die Hauen meiner Eisgeräte sicher verankern lassen. Als ich den linken Fuß auf eine morsche Felskante setze, zerbröselt sie unter dem Druck. Ich klettere ein paar Züge hinauf, fühle mich unsicher und steige wieder hinunter.

»Los, streng dich an. Du schaffst das!« Nach einem tiefen Atemzug in der frostigen Luft setze ich mich wieder in Bewegung. Kaum habe ich einen Kletterzug gemacht, läuft der Film über meinen potenziellen Sturz und die Folgen eines Fehlers wieder an, und ich klettere wieder ab.

Von meinem Sicherungspunkt aus schaue ich zu dem mit leuchtend blauen und kalkweißen Flecken überzogenen Eisfeld hinunter. Als ich das Gewicht von einem auf den anderen Fuß verlagere, lösen sich Eissplitter und prasseln hinunter, werden jedoch von der Schwerkraft rasch zum Schweigen gebracht. Ich überlege, ob ich absteigen soll. In weniger als fünf Minuten könnte ich die beiden Eisschrauben herausgedreht und eine Eissanduhr gebaut haben, um mich daran abzuseilen. Beim Gedanken an ein warmes Essen unten in der Sicherheit des Gletschers fängt mein Magen an zu knurren. Soll ich jetzt aufgeben, ohne mir bewiesen zu haben, dass die Kletterei wirklich zu schwierig ist?

»Wie weit soll ich gehen?«, frage ich mich. Bis zum Sturz? Muss ich meine Grenzen überschreiten, um herauszufinden, was ich nicht kann? Wenn ich mir hier, mit einem Mastwurfknoten an diesem 8-Millimeter-Halbseil gesichert, einen Sturz erlaubte, wäre das ziemlich dumm. Egal wie stark du dich darauf konzentrierst, was in deinem Kopf vorgeht, egal wie gut du es verstehst, dich mit Phantasien von der Anstrengung und den Unannehmlichkeiten abzulenken, den realen Schmerz einer schweren Verletzung wirst du niemals verdrängen können. Aus einer Kopfwunde strömendes Blut lässt sich durch Tagträume nicht zum Stillstand bringen. Hast du darauf eine Antwort? Natürlich nicht. Das war dir alles schon klar, bevor du hierhergekommen bist. Was also hat sich verändert? Nichts. Rein gar nichts hat sich verändert. Die Frage ist einfach, ob es hinauf- oder hinuntergehen soll. Was denn nun? Hinauf oder hinunter?

Ich schaue zu dem Schneezapfen hinüber. Pech, denke ich. Aber vielleicht ist dieser Pfropfen ja immer dort und wird immer noch da sein, wenn ich längst wieder fort bin. Ich muss eine Zwischensicherung legen, um bei einem Sturz nicht auf die Eisplatte zu fallen. Wieder strecke ich die Hand nach dem Riss aus und mache ein paar Kletterzüge. An meinen Eisgeräten hängend, spähe ich in den Riss. Er ist voller Staub, doch ein Haken könnte halten. Ich suche mir aus meinem Sortiment das dünnste Exemplar heraus und stecke es in den Riss, wobei ich mit der Spitze ein bisschen Dreck wegkratze. Nach einem halben Zentimeter bekommt der Haken Halt.

Keuchend verlagere ich die Füße und versuche die Arme zu lockern, indem ich zuerst die linke Hand und dann die rechte ausschüttle. Nun schiebe ich mich ein Stück nach oben und halte mich mit dem linken Arm fest, während ich mit dem Eishammer in der rechten Hand auf den dünnen Titanhaken klopfe. *Tock, tock, tock.* Bei jedem Schlag klopfe ich ein bisschen stärker, und der Haken dringt immer tiefer ein. Der Ton wird bei jedem Schlag höher, und schließlich sitzt der Haken fest. Ich nehme eine Bandschlinge von meiner Schulter und hänge das Seil schnell in den Haken ein.

Nach 60 Metern stoße ich auf einen guten horizontalen Riss, in dem ich vier Fixpunkte verankere, die nach oben und unten halten. Anschließend seile ich mich ab, um das Material aus der Seillänge zu entfernen, dann klettere ich toprope gesichert wieder hoch und hänge meinen Rucksack am Standplatz ein.

Während ich weitersteige, stochere ich wie ein Zahnarzt bei der Suche nach Defekten im Zahnschmelz in den seichten Rissen und Verschneidungen über mir herum. Und so ähnlich klingt es auch. Weil ich keine brauchbaren Haltepunkte finde, klettere ich eineinhalb Meter bis zu einer Stelle hinunter, die ich in Spreiztechnik überwinden kann, d. h. ich drücke den rechten und den linken Fuß an die gegenüberliegenden Wände. Mit ausgestreckten Armen kann ich meine Eisgeräte in einem zweiten Risssystem verankern.

Zwei Stunden später überwinde ich einen Klemmblock und erreiche einen fußbreiten Eiskanal. Mein eines Hosenbein ist zerrissen, meine Augen sind staubverkrustet. Ich habe sämtliche Felsausrüstung verbraucht. Müde und mitgenommen räume ich mechanisch die Seillänge aus, dabei fällt mir mein Reserve-Eispickel hinunter. Der Weg zur Schulter des Gipfels ist jetzt frei. Die Kletterei ist noch nicht vorüber, die Schlüsselstelle jedoch überwunden. In meinem Kopf sind keine weiteren Filme mehr abgelaufen, und ich genieße das Gefühl der Müdigkeit in meinen Armen und Schultern. Unter den Hauen meiner Eisgeräte und unter meinen Steigeisen nehme ich den Schnee, das Eis und den Fels wahr, ohne erst nachspüren zu müssen. Ich schlage meinen Eispickel ins Eis, wo immer es notwendig ist, trete die Zacken meiner Steigeisen überall hinein, wo ich möchte, und weiß, ohne nachsehen zu müssen, wann das Seil aus ist.

Um 13.30 Uhr befestige ich mein Seil an einem stabilen Granitzacken und seile mich ab, um die letzte Seillänge auszuräumen und meinen Rucksack zu holen.

Als ich wieder oben auf der Schulter bin, setze ich mich hin und belohne mich mit zwei Päckchen Energie-Gel und einem Extraschluck Wasser. Links von mir sehe ich auf den Eisstrom des Charakusa-Gletschers hinaus. Ich zähle acht noch unbestiegene Gipfel, einer davon ein eindrucksvoller Granitturm, dessen Form an den Eckzahn eines Hundes erinnert. Eine Kumuluswolke schiebt sich aus südlicher Richtung vor die Sonne, sodass ich auf einmal im Schatten sitze. »Tick, tock. Tick, tock«, murmele ich vor mich hin.

Meine Steigeisen schrammen laut über den grobkörnigen Fels, als ich mich auf eine Kante hieve, dort erst knie und mich dann aufrichte. Ich halte mich an beiden Seiten einer spitz zulaufenden Felsrippe fest und strecke mich. Auf den Zehen stehend, berühre ich um 16.48 Uhr die Spitze der Gipfelnadel.

Mechanisch blicke ich mich zum ersten Mal an diesem Tag nach allen Seiten um: Auf der anderen Talseite, genau gegenüber von mir, stehen der K6 und der K7, die beide erst einmal bestiegen worden sind. Dahinter ist das riesige Trapez der Chogolisa zu sehen, der Berg, an dem der berühmte österreichische Bergsteiger Hermann Buhl 1957 mit einer abbrechenden Wechte in den Tod stürzte. Wie eine riesige weiße ägyptische Pyramide ragt der K2, der zweithöchste Berg der Erde, in den Himmel. Der benachbarte Gipfel, der schwarze, fast senkrecht abfallende Mustagh Tower, bildet dazu einen eindrucksvollen Kontrast. Der Masherbrum wirkt absolut gigantisch mit seiner deutlich überhängenden Ostwand, der vielleicht steilsten Wand der höchsten Berge der Erde. Wie eine Wolke hängt der Nanga Parbat am südlichen Horizont, zu erkennen an seiner gewaltigen Größe. Während die Sonne auf mich niederscheint, sauge ich begierig die vielen Möglichkeiten in mich ein, wohl wissend, dass ich all diese Berge auch dann nicht besteigen könnte, wenn ich zehn Leben hätte.

Ich mache vier Fotos, drei von den Bergen, eines von mir. Mein Höhenmesser zeigt etwas mehr als 6000 Meter an. Ich lege einen einzigen kleinen Klemmkeil in einen Riss und hänge einen Karabiner ein – die erste von vielen Abseilstellen. Drei Abseillängen später – jeweils an nur einem einzelnen Fixpunkt im Fels – erreiche ich vereistes Gelände, wo ich von Eissanduhren abseilen kann. Während ich meine dritte Eissanduhr baue, bricht die Dämmerung herein, weshalb der weitere Abstieg langsamer vonstattengeht. Nach sechs weiteren Abseilpassagen bin ich erschöpft, die Träger meines Rucksacks drücken mir in die Schultern, und meine Arme werden taub. Wenn ich die Seile auswerfe, gleiten sie nicht glatt hinunter, sondern verhängen sich, sodass ich sie bei jeder Abseillänge mehrmals nach unten schleudern muss. Schließlich lasse ich das Seil von meinem Gurt herunterhängen und klettere ab.

20 Minuten später erlischt das Licht meiner Stirnlampe. Weil das Mondlicht nicht auf die Nordwand fällt, muss ich mich mithilfe des Tastsinns, einer Art Bergblindenschrift, die eisige Wand hinunterkämpfen. Mir knurrt der Magen, und die Waden drohen zu verkrampfen.

Schließlich erreiche ich die Ziellinie – den Bergschrund – und werfe einen Blick auf meine Uhr: 22.05 Uhr. Seit meinem Aufbruch bin ich also 19 Stunden unterwegs. Ich halte die Kamera vor mein Gesicht und reiße die Augen auf, um ein Foto von mir zu machen. Das Blitzlicht macht mich für ein paar Sekunden blind. Dann lasse ich mich von der Schwerkraft leiten und wanke auf mein Biwakzelt zu.

K7-Basislager, Charakusa-Tal, Pakistan, 4. August 2003
Am Morgen meines 33. Geburtstags serviert mir Rasool Pfannkuchen und zwei auf beiden Seiten gebratene Spiegeleier. Fehlen nur noch Speck und Kaffee. Zum Mittagessen öffne ich eine meiner zwei Coke-Flaschen. Abends lese ich bis Mitternacht. Als ich einschlafe, trommelt Regen aufs Zelt.

Am nächsten Morgen klart es nach dem Frühstück auf. »Rasool. Hast du Lust, mich auf den Gletscher zu begleiten? Nur ein bisschen umsehen«, frage ich.

»Warum nicht?«, antwortet er mit einem breiten Grinsen, das seine Stummelzähne zeigt, die vom jahrzehntelangen Verzehr des grobkörnigen Mehls, das in dieser Gegend mit Steinen gemahlen wird, abgeschliffen sind. 20 Minuten später taucht er mit Gamaschen über seinen Bergschuhen und einem Eispickel in der Hand wieder auf.

»Sehr gut«, sagt er und klopft mit dem Zeigefinger an den alten, leicht rostigen Pickel.

»Ja. Sehr schön.« Ich merke ihm an, dass er sich auf dieses kleine Abenteuer freut. Zwei Stunden später haben wir außer Wolken und ein paar Steinbockspuren im Schnee nichts gesehen. Als wir uns umdrehen, haben wir den Wind im Rücken. Am Fuß des K7 werden dunkle Felsen sichtbar.

Während der Wind lautlos die Wolken von den Granitwänden und Felsnadeln vertreibt, kommen immer mehr Türme und Zacken zum Vorschein, die sich, nachdem die nächste Bö eine weitere Schicht weggeblasen hat, als winzige Hörner auf riesigen Wänden entpuppen. Der Berg wird größer und größer. Ohne dass es mir bewusst ist, bin ich stehen geblieben und verfolge dieses großartige Schauspiel. Nachdem der Wind auch die letzte Wolke am Gipfel des K7 zerfetzt hat, fällt mein Blick auf eine Reihe steiler, gefrorener Wasserfälle direkt vor mir.

Ich mache zwei Fotos und nehme den Rucksack ab, um mein Fernglas herauszuholen. Ja, es würde gehen. Das Eis liegt nicht am Fels an, aber rechts davon ist eine kletterbare Rampe zu erkennen, über die man auf das dickere Eis gelangen kann. Diesen Berg muss ich unbedingt besteigen, denke ich. An diesen Berg könnte ich mich verlieren.

Tags darauf verlasse ich vor Sonnenaufgang das Basislager. In dem einsamen Lichtkegel meiner Stirnlampe male ich mir den Ruhm aus, den mir dieses Unternehmen eintragen wird – dies wird die Besteigung des Jahrhunderts werden! Ich stelle mir schon vor, wie ich bei der Verleihung des Piolet d'Or meine Dankesrede halte und dabei kritisiere, dass diese Auszeichnung immer mehr zum Politikum wird, dass bestimmte Ersteigungen und Bergsteiger diesen Preis meiner Ansicht nach nicht verdient haben, während ich meinen eigenen Gipfelerfolg hervorhebe.

Als ich mich dem Wandfuß nähere, höre ich das Gurgeln von Wasser: Das Eis taut kräftig. Kurz darauf löst sich mehrere Hundert Meter über mir eine große Eisplatte vom Fels, worauf sich meine eitlen Phantasien prompt verflüchtigen. Die Platte schwebt einen Augenblick in der Luft, bevor sie gegen die Wand prallt und in unzählige Stücke zerspringt. Während ich zum Basislager zurückgehe, frage ich mich, ob das, was ich gerade erlebt habe, Glück oder Pech gewesen ist.

Auf dem Rückweg fällt mir eine Schwachstelle im Fels ins Auge, die ziemlich leicht solo zu überwinden sein dürfte. Nach dem Mittagessen packe ich meine Sachen für einen weiteren Versuch: Kletterschuhe, zwei Schlingen, fünf Klemmkeile, neun Felshaken und eine Eisschraube, dazu einen wattierten Anorak, mehrere Handschuhpaare, einen Biwaksack, Kocher,

Topf und diesmal etwas Proviant. Ich schätze, dass ich es in 30 Stunden bis zum Gipfel schaffen könnte und für den Rückweg etwa 20 Stunden brauche.

Bis auf ein paar bauschige Kumuluswolken, die aus südlicher Richtung heranschweben, ist der Himmel klar. Der Luftdruck ist um ein Millibar gefallen, was kein Grund zur Beunruhigung ist. Mein Plan sieht folgendermaßen aus: Im Morgengrauen will ich aufbrechen, am Nachmittag eine Rast und ein kleines Nickerchen machen und im Licht des Vollmonds den Grat begehen. Ich gehe davon aus, dass der Himmel nicht bewölkt ist und kein Wind aufkommt. Falls irgendein Teil dieses Plans nicht machbar ist, werde ich abseilen.

Der Anblick des tauenden Eises hat meinen Ruhmesphantasien ein Ende gesetzt und bewahrt mich davor, meine Grenzen noch weiter auszureizen. Man braucht kein großes Vorstellungsvermögen, um vorhersagen zu können, wie das enden würde. Von solchen Erbärmlichkeiten darf ich mich nie wieder motivieren lassen. Was ich jetzt auf keinen Fall brauchen kann, ist Druck. Und auch sonst nichts – keine Gedanken an Auszeichnungen oder Sponsoren, keinerlei Verantwortung für irgendwen.

Im Morgengrauen klettere ich los. Nachdem ich die Eispassage überwunden habe, wird der Fels steiler, und ich ziehe meine Kletterschuhe an. Das Gelände wird mit jeder Passage schwieriger, bis es schließlich nicht mehr möglich ist, ungesichert zu klettern. Ich habe mal gelesen, dass ein Samurai jede Entscheidung innerhalb von sieben Atemzügen zu treffen versucht. Beim sechsten Atemzug habe ich einen Fixpunkt angebracht und seile mich ab.

Um die Wand besser überblicken zu können, laufe ich ein Stück auf den Gletscher hinaus und werfe mein Materialsortiment auf einen großen flachen Felsen. Einem inneren Gefühl folgend, greife ich mir das Seil und etwas Klettermaterial und gehe damit zur rechten Seite der Felswand. Über vom Wasser glatt geschliffene Felsen gelange ich in einen Kamin und treffe dort auf die erste menschliche Spur seit zwei Wochen: einen alten Felshaken. 60 Meter weiter oben stoße ich auf alte, sonnengebleichte Seile. Ich steige weiter, die Kletterei bleibt moderat. Drei Stunden später bin ich fast 500 Meter über dem Gletscher.

Ich habe den Schlüssel zum Berg gefunden! Über mir ist reines Eis- und kombiniertes Eis- und Felsgelände – Kletterei, bei der ich meine Stärken ausspielen kann.

Aus den alten Überresten ist zu schließen, dass schon vor mir jemand versucht hat, durch diesen Felskamin zum Gipfel aufzusteigen. Es ist jedoch nicht die bei der bislang einzigen erfolgreichen Besteigung begangene Route. 1984 brachten acht japanische Studenten im Verlauf von 40 Tagen 450 Fels- und Bohrhaken an und fixierten rund 2500 Meter Seil, um den Gipfel zu erreichen.

Im Basislager kocht Rasool ein köstliches Currygericht. »Essen«, ermahnt er mich. »Kletterer muss sehr stark sein. Muss sehr gut essen.«

Ich schlafe, bis mich am nächsten Morgen wärmende Sonnenstrahlen aus dem Zelt treiben. Das Packen geht schnell. Ich weiß genau, was ich brauche und – noch wichtiger – was ich nicht brauche. Ich ersetze die Klemmkeile, die ich am Vortag bei meinem Rückzug zurückgelassen habe, und nehme noch eine zweite Eisschraube dazu. In meinen Rucksack stopfe ich einen Biwaksack, eine alte Daunenhose und meinen hellgrünen Anorak. Alles zusammen wiegt fünf Kilo. Normalerweise ist dies der Zeitpunkt, an dem ich alles wieder auskippen und jeden einzelnen Gegenstand daraufhin überprüfen würde, ob er mehrfach einsetzbar ist, ob jeder davon wirklich unverzichtbar ist. Nichts wiegt mehr als ein paar Gramm, doch aus Grammen werden Pfunde. Und Pfunde, so heißt es, führen zu Schmerzen. Diesmal jedoch stelle ich den

Rucksack so, wie er ist, ins Vorzelt und ziehe mich für ein Nachmittagsschläfchen zurück.

Gegen Mittag des darauffolgenden Tages habe ich die Stelle erreicht, bis zu der ich bereits gekommen war, habe die Kletterschuhe wieder gegen Bergstiefel eingetauscht und gehe die Eisfelder oberhalb der Felsbarriere an. Es geht in schöner Kletterei von einem Eisschlauch in den nächsten, unterhalb eines Sércas und zwischen exponierten Schuppen aus gelbem Granit hindurch. Es fängt leicht an zu schneien.

Dann erreiche ich einen Bereich mit vertikalem Eis. Wo es überzuhängen beginnt, ist das Eis weich und mehlig. Ich quere nach rechts und versuche mit dem rechten Fuß festen Halt zu bekommen, um mich damit abdrücken zu können. Aus Nervosität schlage ich mit dem Eisgerät so kräftig zu, dass die Haue stecken bleibt. Die Muskeln in meinen Unterarmen fangen an zu brennen. Zwischen präzisen, sicheren Schlägen mit dem Eisgerät mache ich raumgreifende Kletterzüge. Das Gelände ist nicht mehr so steil, aber unglaublich ausgesetzt, und ein Stück weiter oben ragt rechts von mir ein Séric aus der Wand.

Die Sicht wird schlechter, und es schneit jetzt richtig. Ich klettere auf den Séric zu. Während ich näher herankomme, bemerke ich unterhalb des vorspringenden Eisdachs einen Hohlraum. Nachdem ich 30 Meter an der natürlichen Höhle vorbeigeklettert bin, beschließe ich, umzukehren und mein Glück beim Schopf zu packen.

Genau in dem Augenblick, als ich die Höhle betrete, zischt ein Spindrift – vom Wind die Wand hintergeblasener Neuschnee – an mir vorbei. Ich krieche bis zum hinteren Ende der Höhle, setze in die Wand eine Eisschraube und hänge mich darin ein. Dann scharre ich mir mit dem Schuh eine flache Stelle zurecht. Die Dämmerung bricht herein, als ich den ultraleichten, nur 140 Gramm schweren Biwaksack entfalte, den Todd Bibler für mich angefertigt hat – mit der Prophezeiung, dass er nur fünf Biwaks aushalten werde. Als ich die bisher damit verbrachten Biwaks zu zählen versuche und schon bei über 20 bin, wirbelt der Wind den Schnee vom Rand der Höhle auf und schleudert ihn mir ins Gesicht. Beim Aufblicken merke ich, dass der Himmel immer düsterer wird. Die dichter werdenden Sturmwolken verdecken die untergehende Sonne.

Vier Stunden später weckt mich der Alarm meiner Armbanduhr. Als ich mit klammen Fingern an der Uhr herumfummle, fällt sie mir in den Schnee. Im Strahl meiner Stirnlampe schweben Schneekristalle und Nebelschwaden. Der grüne Biwaksack ist von einer weißen Schneeschicht bedeckt.

Weil es zu kalt ist, um weiterzuschlafen, breche ich beim ersten Tageslicht auf. Ich will nicht auf demselben Weg absteigen, den ich hochgekommen bin, weil wegen des Neuschnees, den der Schneesturm auf dem großen Schneefeld hinterlassen hat, Lawinengefahr besteht. Ich arbeite mich an einer steilen, schwach ausgebildeten Schneerippe oberhalb der Biwakhöhle hinauf. Durch diese körperliche Anstrengung wird mir von den Oberschenkeln her warm. Dann quere ich zu einem steilen gefrorenen Wasserfall hinüber, den ich tags zuvor schon gesehen habe, und fange an, mich abzuseilen.

Es regnet, als ich am Spätnachmittag den Gletscher erreiche. Oft ist es bitter, gescheitert zu sein, doch ich bin frohen Mutes. Ich freue mich auf die Herausforderung, die vor mir liegt, bin zufrieden mit dem bisherigen Ergebnis und von der Gewissheit erfüllt, ein Jahr lang für die Besteigung des K7 zu trainieren und von ihr zu träumen.

Kapitel 14

Vertrauen

**Nordwand des North Twin Tower,
Kanadische Rocky Mountains, 4. April 2004**

»Stand, Marko!«, rufe ich. Meine Stimme hallt durch die stille Winterluft.

Während ich mich abseile, hat Marko schon damit begonnen, einen Biwakplatz aus dem Schnee zu graben, der an die vertikale schwarze Wand geweht worden ist. Als ich den Absatz erreiche, hänge ich mich in das Geländerseil ein und nehme das restliche Seil auf.

»Hier ist's doch prima, oder?«, fragt Marko, während er einen großen Block windgepressten Schnees losbricht.

»Ja, toller Platz.« Mit der Längsseite meines Bergschuhs stoße ich den Block von der Kante. »Noch dazu diese grandiose Sicht auf den Mount Alberta.« Der Schneeblock kippt auf der Kante und rollt dann saltoschlagend den steilen Hang hinunter, der 150 Meter unter uns auf dem Gletscher endet.

»Ja, wirklich schön«, sagt er, jetzt auf Slowenisch. »Und das ist eine richtige Bestie.« Er deutet mit seiner Schaufel auf die über uns aufragende schwarze Wand.

Mit einer Bestie ist oft ein wilder Hund gemeint; ich hingegen sehe eine siebenköpfige Hydra vor mir. »Ja, eine richtige Bestie«, bestätige ich.

Ich hatte bei dieser Tour die Außenschale meines linken Bergschuhs verloren und musste das Steigeisen direkt an meinem mit Klebeband umwickelten Innenschuh befestigen. Weil ich mit nur einem Schuh nicht Ski fahren konnte, mussten wir über das Columbia-Eisfeld absteigen.

Heute haben wir 25 Kilometer durch die kanadische Wildnis zurückgelegt, in der kurz nach der Frühlings-Tagundnachtgleiche noch tiefster Winter ist. Wir haben die gefrorenen Nebenarme des Athabasca River überquert, sind auf Skiern, an Luchsspuren vorbei, durch einen Fichtenwald aufgestiegen und haben schließlich den Woolley Creek erreicht. Weiter ging es durch das zugeschneite Flussbett, in dem wir dank einer alten Skispur, die französische Bergsteiger vor einem Monat hinterlassen haben, schneller vorankamen.

Nach zweistündigem Aufstieg zur Woolley-Schulter dominierte die fünf Meilen entfernte Nordwand des North Twin das Panorama. Das unheimliche Schwarz der Wand lässt sie noch steiler wirken und passt zu meiner düsteren Stimmung.

Vor einem Monat habe ich mein Zuhause, meine Frau, mit der ich neun Jahre verheiratet war, und unseren geliebten Lawinensuchhund verlassen. Ich habe mir einen Ford-Transporter, Baujahr '84, gekauft, meine wichtigsten Habseligkeiten darin verstaut und Lebewohl gesagt. Für immer.

Mit 25, als ich Anne an einem regnerischen Novembertag heiratete, glaubte ich, wahre Liebe würde nie vergehen. Ich verstehe nicht, weshalb sich meine Vorstellung nicht bewahrheitet hat, doch während ich auf die 1200 Meter hohe Wand aus schwarzem Kalk schaue, wird mir wieder bewusst, dass diese Berge mein Trost, aber vielleicht auch mein Fluch sein können. Zielbewusstheit hat ihren Preis, doch es liegt nicht nur daran, dass ich so viel unterwegs war. Im letzten halben Jahr ist mir aufgegangen, dass zwischen Anne und mir nicht mehr die Vertrautheit besteht, die ich suche. Dass wir nicht imstande waren, einander klarzumachen, was wir brauchen, hat zu jahrelangem innerem Groll und Unstimmigkeiten geführt. Vom Klettern her weiß ich, dass es zwischen Menschen eine tiefe Verbindung geben kann, und genau das erwarte ich auch von einer Beziehung.

Während das Morgenrot des Himmels einem klaren Blau weicht, steige ich am nächsten Tag am Seil auf. Ich binde mich wieder in die Seile ein und steige über ein Dach zu einem schönen, dünnen Drytooling-Riss vor. Auf einem abschüssigen Band richte ich den Standplatz ein und mache zwischen dem Nachziehen des Rucksacks und dem Sichern ein paar Schnappschüsse von einem freudestrahlenden Marko.

Dann steigt Marko eine kurze knifflige Passage zu einem kleinen, schneebedeckten Eisfeld vor. Nachdem wir das Feld hochgeflitzt sind, geht es weiter durch einen knapp zwei Meter breiten Kamin. Während wir in diesem tiefen Einschnitt drei Seillängen klettern, ist außer unseren gelegentlichen Kommandos, die von den Kaminwänden und der überhängenden Wand darüber widerhallen, nichts zu hören.

Im August des Jahres 1974, als George Lowe und Chris Jones die erste Route an dieser bedrohlichen Wand erschlossen, wurde ich vier Jahre alt. Alpinhistoriker erkennen heute an, dass dies damals die vielleicht schwierigste Alpinroute der Welt war. Als ich 15 war, eröffneten David Cheesmond und Barry Blanchard eine sogar noch schwierigere Route an dem großen Pfeiler rechts der Wandmitte. Seither, also in den

30 bzw. 19 Jahren seit der Erst- und Zweitbegehung, ist diese Wand nie wieder durchstiegen worden.

Bisher sind wir keiner dieser beiden Routen gefolgt, doch als wir nun den steilsten Abschnitt der Wand erreichen, sind wir mit monolithischem Fels konfrontiert, der in quadratisch überhängende Dächer übergeht. Eigentlich wollten wir durch diesen zentralen Teil der Wand eine eigene Route erschließen, doch nun wird uns schmerzlich bewusst, dass wir für die langsame und zeitaufwendige technische Kletterei, die dazu erforderlich wäre, nicht genügend Material haben. Wir weichen daher nach links aus. Nachdem wir das große, nur leicht ansteigende Schneeband am unteren Rand der senkrechten Wand gequert haben, erreichen wir die Risssysteme der Lowe/Jones-Route. Fasziniert von einer verlockenden Eislinie steige ich 30 Meter weiter nach links.

Marko gefällt das jedoch ganz und gar nicht. »He, was machst du da? Komm sofort zurück!«, ruft er. Ein paar Minuten später sichere ich Marko, während dieser, ein 5.13*-Felskletterer, geschickt über den Absatz vorsteigt und bei Einbruch der Dunkelheit einen Standplatz erreicht.

Während Marko sich bereit macht, um wieder zum Schneeband abzuseilen, fange ich an, den Platz für unser zweites Biwak auszugraben. Damit wir nur einen einzigen schweren Rucksack transportieren müssen, haben wir auf jeglichen Luxus verzichtet. Der jeweilige Vorsteiger klettert mit einem kleinen Rucksack, der nur einen zusätzlichen Anorak zum Warmhalten an den Standplätzen, ein paar Snacks und etwas Wasser enthält. Der Nachsteiger hat die Biwakausrüstung auf dem Rücken: einen Schlafsack, zwei dünne Isoliermatten, eine 1,50 x 2,50 Meter große Schutzplane, Energie-Gel und -riegel, Kocher, Brennstoff und ein paar Abendessen in Form von

---

* Entspricht in der mitteleuropäischen UIAA-Skala dem Schwierigkeitsgrad IX+/X–.

gefriergetrockneten, mit Instantsuppe vorgewürzten Kartoffeln. Eine große Tafel Cadbury's-Schokolade und etwas Pulverkaffee haben es in letzter Minute als Zugeständnis in den Proviantbeutel geschafft.

Nachdem Marko sein Frühstücksgebräu getrunken hat, steigt er mit den langsamen, ruckartigen Bewegungen eines kalten Morgens am Fixseil hoch. Ich lasse den Kocher laufen, um auch für mich eine Portion Schnee zu schmelzen. Als Marko den Standplatz erreicht hat, schalte ich den Kocher ab und nehme den Topf herunter. Kleine Eisstücke stoßen an meine Nase, als ich das metallisch schmeckende Wasser schlucke.

»Nachkommen, Steve«, ruft Marko. Ich nehme den leeren Topf, greife nach dem erkalteten Kocher, drehe die Gaskartusche ab und stecke alles in den Rucksack. Das Seil an meinem Gurt strafft sich; Marko drängt mich zum Aufbruch.

»Ich komme!« Ich schultere den Rucksack, setze die Frontalzacken meiner Steigeisen vorsichtig auf eine exponierte Felskante und klettere los.

Stunden später sind meine Hüften vom endlos langen Hängen am Standplatz taub geworden. Vor mehr als zwei Stunden ist Marko nach rechts oben um eine Ecke herum verschwunden. Ab und zu höre ich metallische Schläge, wenn er einen Haken einschlägt. Alle paar Minuten läuft das Seil ein paar Zentimeter nach. Ein Kälteschauer überläuft mich, und um mich aufzuwärmen, mache ich Beuge- und Streckübungen am Fels. Irgendwo dort oben bewegt sich Marko ein paar Zentimeter weiter.

Plötzlich wird die Stille durchbrochen: »Stand!«, brüllt er.

Erleichtert setze ich den Rucksack auf, entferne die zwei Fixpunkte und warte. Als sich das Seil strafft, ruft Marko: »Nachkommen!«

Ich antworte mit einem langgezogenen »Okay« und entferne den dritten Fixpunkt.

Ohne meinen dicken Anorak auszuziehen, setze ich mich in Bewegung. Als ich um die Ecke herumsteige, sehe ich die Seile schräg nach oben über ein kleines System aus Querbändern laufen. Oberhalb davon wölbt sich der Fels wie ein polierter Schutzschild nach außen. Weil ich kaum etwas finde, um mich festzuhalten, schiebe ich mich vorsichtig auf den Füßen balancierend hinüber und bringe dabei meinen Schwerpunkt so dicht wie möglich an den Fels.

Schließlich erreiche ich die Stelle, an der die Seile über den konkaven Fels nach oben laufen. Ein schmaler, sich nach oben hin etwas weitender Spalt durchschneidet hier einen kleinen, 15 Zentimeter auskragenden Überhang. Über diesem Dach, gerade noch in Reichweite, ist der Spalt gerade breit genug, dass Marko unseren dünnsten Haken einschlagen konnte. Ich führe die Haue meines Eisgeräts in die Hakenöse ein, hänge mein zweites Eisgerät am ersten ein und ziehe mich hoch.

»Gut gemacht, Marko«, sage ich keuchend.

»War auch die einzige Möglichkeit, oder?«

Er hat recht, diesen winzigen Riss zu klettern, war die einzige Möglichkeit. Oberhalb von Markos Standplatz zieht sich dieser Spalt weiter bis zu einem dreieckigen Dach mit tiefen, zuverlässig aussehenden Rissen, die links des Dachs zu einem weiteren senkrechten Wandabschnitt führen. Ich hoffe, dass sich darüber ein Felsabsatz befindet, denn inzwischen ist es schon nach Mittag, und bis wir diese Passage durchstiegen haben, dürfte es dunkel werden – wenn nicht schon vorher.

»Da, nimm«, Marko reicht mir das ordentlich sortierte Material. Ich beeile mich, es an meinem Gurt einzuhängen. Meine Steigeisen suchen nach Halt, als ich auf das dreieckige Dach zusteige. Dicht darunter klebt ein etwa ein Meter hoher und mehrere Fuß breiter Felsblock, der offenbar mit dem Schnee der Winterstürme an die Wand zementiert worden ist. 30 Zentimeter darunter kann ich einen zuverlässigen Keil anbringen. Mir ist klar, dass der Felsbrocken, würde er sich lösen, direkt auf unsere Seile fallen, sie wahrscheinlich durchtrennen und dann direkt auf Marko zustürzen würde, der am Standplatz zwölf Meter weiter unten steht. Um dem Geschoss auszuweichen, könnte er mit seiner Selbstsicherung an der vertikalen Wand höchstens einen Schritt nach rechts oder nach links machen. Vorsichtig spreize ich hinüber, das eine Steigeisen rechts, das andere links vom Block. Am Scheitelpunkt des Dachs ziehe ich mich nach links an dem tödlichen Block vorbei.

»Fünf Meter!«, ruft Marko. Ich klettere noch ein Stück weiter hinauf und bleibe dann stehen, um einen Standplatz zu bauen. Ein alter Felshaken drei Meter über meinem Kopf bestätigt mir, dass wir uns noch immer auf der Lowe/Jones-Route befinden.

Ich sichere Marko, während er vorsichtig an dem Felsblock unter dem Dach vorbeiklettert. Als er über ihm ist, versetzt er ihm einen leichten Fußtritt. Der Brocken gibt einen dumpfen Ton von sich. Als Marko noch einmal ausholt, um etwas kräftiger dagegenzutreten, löst sich der Block lautlos und gleitet an der Wand entlang genau auf unseren letzten Standplatz zu. Dann fliegt er saltoschlagend durch die Luft und knallt mit einem lauten Aufprall auf dem Hang auf, in der Nähe unseres letzten Biwakplatzes.

»Oha«, entfährt es Marko, während er sich ausmalt, was hätte passieren können.

Es ist fast dunkel. Schmale weiße Schneestreifen zeigen mir an, wo sich in dem schwarzen Gestein kleine Vorsprünge befinden, die ich als Tritte benutzen kann. Während ich weiterklettere, hoffe ich auf ein Podest, das groß genug ist, um darauf übernachten zu können.

»Nichts!«, brülle ich zu Marko hinunter und steige wieder zu dem Riss knapp zwei Meter unter mir ab. Ein besserer Biwakplatz als der winzige Absatz 50 Meter weiter unten, auf dem Marko gerade steht, ist einfach nicht zu finden. Nachdem ich fünf Sicherungen gelegt habe, fixiere ich ein Seil an ihnen und lasse mich zu Markos winzigem Standplatz ab.

Während ich abseile, höre ich die dumpfen Schläge von Marko, der mit seinem Eispickel festgefrorenes Geröll abhackt.

Im gelben Licht seiner Stirnlampe erkenne ich, dass der Absatz, den er gerade einzuebnen versucht, gerade mal einen Meter breit und dreieckig ist. Eine Person könnte, an die Felswand gelehnt und die Füße in einen darunter aufgehängten Rucksack gesteckt, bequem darauf sitzen.

»Bisschen eng«, sage ich und beäuge den bestenfalls drei Arschbacken breiten Platz.

»Ist doch okay«, entgegnet Marko. »Wir werden's schon überleben.«

Marko hat wirklich die Ruhe weg. Er hat ja recht, denke ich, während ich den Absatz betrachte. Überleben werden wir es bestimmt, aber angenehm wird es für zwei Personen nicht gerade werden, und an Schlaf ist bestimmt nicht zu denken.

Zum Abendessen gibt es den letzten Rest der gefriergetrockneten Kartoffeln, geschmacklich etwas aufgepeppt mit der größeren Hälfte unseres letzten Stückchens Butter. Auf mein Drängen hin futtert Marko die Cashewnüsse auf. Während er die Isoliermatten in die Sicherung hängt, verstaue ich Kocher und Topf in einem aufgehängten Packsack. Alles, was hier herunterfällt, würde von der Dunkelheit verschluckt und wäre für immer verloren.

Ich hole die einzige Reservebekleidung heraus, die mitzunehmen wir uns genehmigt haben: ein paar Socken zum Wechseln, um die Nacht wenigstens mit warmen Füßen zubringen zu können. Und wenn ich die nassen Socken die Nacht über unter die innerste Kleidungsschicht stopfe, sind sie morgen früh wieder trocken.

Marko beim Zubereiten unserer Mahlzeit auf dem »Drei-Arschbacken-Absatz«, unserem dritten Biwak. Um Schnee und Eis zum Schmelzen zu holen, stieg ich 15 Meter zu einem anderen schmalen Absatz ab und lud den Schnee in meinen vorher ausgeleerten Rucksack. Aus diesem Grund ist meine gesamte Ausrüstung an der Wand aufgehängt.

Auf dem Schaumstoffpolster sitzend, schnüre ich meinen linken Außenschuh auf. Ich trage Schalenstiefel, die aus einem Innenschuh aus warmem Schaumstoff und einer schützenden und stützenden Außenschale bestehen. Einen Moment lang erwäge ich, den Außenschuh sicherheitshalber an der schmalen blauen Schlaufe aufzuhängen, die ich speziell zu diesem Zweck an der Ferse angebracht habe, stelle aber fest, dass die Schlaufe beim Klettern eingerissen ist. Also stelle ich den Schuh hinter mir an die Wand und drücke mit dem Rücken dagegen. Marko richtet sich auf und fängt vorsichtig an, den Kocher aufzubauen.

Nachdem ich den Innenschuh ausgezogen habe, streife ich mir die trockenen Socken über die Zehen und spüre durch das Capilene-Material hindurch die kühle Nachtluft. Dann lockere ich die Schnürsenkel des Innenschuhs, ziehe ihn wieder an und greife hinter mich, um die Außenschale hervorzuholen. Weil sie sich dort am besten greifen lässt, stecke ich den Zeigefinger durch die beschädigte kleine Schlaufe und ziehe ihn daran nach vorn. Nachdem ich die Außenschale über die Spitze des Innenschuhs gestülpt habe und sie an der Schlaufe über die Ferse ziehen will, wird diese auf einmal schlaff. Einen kurzen Moment lang schwebt der Schuh lautlos im Strahl meiner Stirnlampe, dann verschwindet er in der Dunkelheit.

Stille. Das Einzige, was ich sehen kann, ist der schwache Lichtschimmer, der die Stelle vor mir beleuchtet, an der vor wenigen Sekunden noch mein Schuh war. Er ist weg. Ihn zurückzuholen ist unmöglich. Selbst wenn wir genügend Material dabeihätten, um bis zum Wandfuß hinunter Abseilstände anzubringen, würden wir ihn niemals wiederfinden.

Schlagartig wird mir klar, welche Folgen dieses Missgeschick hat: Hinunter können wir nicht, also müssen wir hinauf. Ohne Schuh kann ich an dem Fuß kein Steigeisen montieren. Ohne Steigeisen kann ich nicht klettern. Ohne Schuh kann ich nicht Skifahren. Ohne Ski wird es ein sehr, sehr mühsamer Rückmarsch werden. Wir sind über 30 Kilometer Luftlinie von der nächsten Straße entfernt. Die meisten dieser Kilometer sind von Eisdecken, spaltenreichen Gletschern oder steilen Bergwänden bedeckt. Obwohl es laut Kalender Frühlingsanfang ist, herrscht in dieser Gegend noch tiefster Winter; die Tageshöchsttemperatur steigt nicht über minus 7 Grad Celsius. Nachts wird es bis zu minus 20 Grad kalt. Wir haben noch 85 Gramm gefriergetrocknete Kartoffeln, ein halbes Stück Butter, sechs Päckchen Energie-Gel, vier Energieriegel und etwas Instantkaffee. Wir haben 340 Gramm Brennstoff, was ausreicht, um aus Schnee 7,5 Liter kaltes Wasser zu schmelzen. Der Himmel ist an den letzten beiden Tagen klar gewesen, was sich aber bestimmt bald ändern wird. Wir haben weder ein Funk- noch irgendein anderes Kommunikationsgerät dabei. In den nächsten drei Tagen werden wir noch nicht als vermisst betrachtet werden. All dies schießt mir binnen weniger Sekunden durch den Kopf.

»Aaah!« Mir entfährt ein tierischer Wutschrei. Es nützt aber nichts. »Scheiße!« Auch nicht besser.

Ich schaue zu Marko hinüber. Er starrt mich wortlos an, sein Unterkiefer ist vor Fassungslosigkeit heruntergeklappt. »Was ist passiert?«, fragt er ausdruckslos.

Ich hebe die Hand, in der ich noch immer die zerrissene Schlaufe halte, und schleudere sie dem verlorenen Stiefel hinterher. »Mist! Mist! Mist! Mist! Mist! Mist! Was bin ich doch für ein Trottel!« Die Flüche bringen keine Erleichterung. Nachdem ich ein paarmal tief ein- und ausgeatmet habe, wechsle ich vorsichtig den rechten Strumpf. Meinen rechten Schuh habe ich zuvor am eingehend kontrollierten Schnürsenkel an einen Felshaken gehängt.

Als ich fertig bin, reicht mir Marko den Kocher und sagt: »Ich wechsle meine Socken lieber nicht.«

Auf mein Gesicht rieselt Schnee und reißt mich aus dem Schlaf. Während ich ihn mit meiner behandschuhten Hand wegwische, wird mir schlagartig bewusst, wo ich mich befinde. Als ich feststelle, dass ich ein paar Zentimeter von dem Absatz hinuntergerutscht bin, verkürze ich meine Selbstsicherung ein wenig. Dann beuge ich mich vor, um den Druck von meinem gefühllos gewordenen rechten Bein zu nehmen, und rücke ein kleines Stück zur Seite, damit sich Marko bei seinem unaufhörlichen Kampf gegen das Abrutschen an die Wand lehnen kann. Ich werfe einen Blick auf meine Uhr: 22 Minuten nach Mitternacht. Den Kopf auf meine Schulter gelehnt, hat Marko in der vergangenen Stunde unruhig geschlafen. Das ist nicht gut, denke ich. Obwohl der Nachthimmel klar ist, lässt der in Gipfelnähe wehende Wind auf einen Wetterumschwung schließen.

Mit einem lauten Brummen wacht Marko auf und setzt sich aufrecht hin. Ich knipse meine Stirnlampe an, ziehe den Fuß mit dem halben Schuh aus dem Rucksack und erhebe mich, um den Spalt zwischen unserer Abdeckplane und der Wand zu schließen, durch den es hereinschneit. Vergebens.

Ich setze mich wieder, ziehe die Plane erneut über unsere Köpfe und denke ermattet über unsere Situation nach. Mir wird bewusst, wie sehr wir aufeinander angewiesen sind, um dies hier zu überleben. Wir müssen diese Wand bis zum oberen Ende durchsteigen und nach dem Abstieg das Columbia-Eisfeld queren, um zu der Straße zurückzukommen, wo unser Wagen steht. Unsere Zukunft hängt voneinander ab.

Eine Stunde nach Sonnenaufgang hänge ich mit ausgetrockneter Kehle an einem Standplatz, während Marko eine lange Querung vorsteigt. Weil wir wegen des Schnees, der inzwischen ununterbrochen fällt, unseren Kocher nicht in Gang brachten, müssen wir heute ohne Wasser auskommen. 50 Meter links und 3 Meter unter mir baut Marko gerade einen Standplatz. »Stand!«, ruft er mir ein paar Minuten später zu.

Ich weiß, dass die Querung für mich schwierig werden wird, und löse nervös meine Selbstsicherung. Vor unserem Aufbruch an diesem Morgen hatte ich unseren kleinen Abfallsack durchsucht und drei Plastiktüten – die Art Tüten, in die man im Supermarkt Äpfel einfüllt – hervorgekramt. Diese drei habe ich über meinen bestrumpften Fuß gezogen, darüber noch einen Vier-Liter-Gefrierbeutel aus extradicker Folie mit Zippverschluss, und schließlich den Innenschuh. Anschließend habe ich diesen mit Tape umwickelt, dem einzigen Bestandteil unserer Rucksackapotheke. Ich hoffe, dass die Plastiktüten meine Socken vor Nässe schützen und das Klebeband den weichen Innenschuh verstärkt.

Den Rucksack mit unserer Biwakausrüstung auf dem Rücken, beginne ich vorsichtig mit der Querung. Zu meiner Überraschung komme ich mit dem Innenschuh gut auf den wenige Zentimeter breiten Kanten zurecht. Das Steigeisen ließ sich zwar nicht daran befestigen, aber ich spüre den Fels fast so deutlich wie unter der Sohle eines Kletterschuhs.

Im Verlauf der Querung werden die Tritte immer kleiner, bis ich schließlich auf winzigen Kanten balanciere. Mein rech-

Am Morgen nach unserem Biwak unter der Gipfelwechte. Unsere Abdeckplane schließt an der rechten Seite nicht ganz mit der Eiswand ab. Wir waren zu müde, um noch einmal einen schmäleren Graben auszuheben. Durch den Spalt rieselte die ganze unangenehme Nacht hindurch Schnee herein.

ter Frontalzacken ist sicher auf einer kleinen Unebenheit verankert. Mit dem linken, sohlenlosen Fuß tappe ich jedoch verzweifelt auf der fast glatten Platte herum. Schließlich erreiche ich seitlich eine Kante, auf der ich mich mit der Ferse abstützen kann, um das Gleichgewicht zu halten. Mir bleibt nichts anderes übrig, als mich in meine prekär auf kleinen Kanten gesetzten Eisgeräte zu hängen.

Plötzlich rutsche ich ab, und mein Magen macht einen Satz, als ich schräg die Wand hinunterrutsche. Der kleine stählerne Klemmkeil in einem Riss über mir fängt meinen Pendelsturz zunächst ab, doch dann fällt er heraus, und ich rutsche noch schneller über die Wand.

Während ich hinüberpendle, pralle ich immer wieder heftig gegen die Wand, knalle mit dem Helm ans Gestein und schlage mir die Schulter an. Als ich schließlich zum Stillstand komme, mache ich eine schnelle Bestandsaufnahme: Ich habe meine Eispickel immer noch fest umklammert und bin offenbar unverletzt.

»Gut, dass das mir passiert ist«, sage ich mir – ein altes Harte-Burschen-Mantra übernehmend. »Ein anderer hätte sich an meiner Stelle womöglich verletzt.«

»Bist du okay?«, ruft Marko.

Als ich nach oben schaue, um ihm zu antworten, stelle ich fest, dass eins der beiden Kletterseile drei Meter über mir eingerissen ist. Ich beeile mich, wieder an den Fels zu kommen, um das Seil zu entlasten. Durch den beschädigten Mantel hindurch kann ich den weißen Seilkern sehen. Das Seil ist zur Hälfte durchgeschnitten; unter mir geht es 1000 Meter bis zum Gletscher hinunter.

Ich hebe den Blick und rufe: »Alles okay.« Für Erklärungen ist jetzt keine Zeit; sobald ich den Standplatz erreiche, wird Marko alles erfahren. Immerhin bin ich ja noch an dem unbeschädigten zweiten Seil gesichert.

»Verdammt«, sagt er, als ich das letzte Stück der Seillänge hinter mich bringe. »Das Seil hat einen Schnitt.«

»Ich weiß«, antworte ich.

»So ein Mist. Wie hast du das bloß hingekriegt?« Ich schweige und lasse ihn sich das selbst ausmalen, während ich den Arm ausstrecke, um mich in die Sicherung einzuhängen. Ich vermute, dass das Seil bei meinem Sturz an einer scharfen Felskante durchgeschnitten wurde.

»Wir dürfen jetzt nur noch an diesen beiden Seilenden vorsteigen.« Er deutet auf die Seilenden, in die er eingebunden ist. Nachdem eines meiner Enden fast durchgerissen ist, ist es nicht mehr zuverlässig genug, um einen Vorstiegssturz zu halten.

»Ja«, sage ich. »Und wie geht's jetzt weiter? Zu dem Eis dort drüben rüberpendeln?«

»Ja, das müsste der Ausstieg sein.«

»Hoffentlich.«

Am Abend buddeln Marko und ich unterhalb der Gipfelwechte einen etwa eineinhalb Meter breiten und zwei Meter langen Graben und spannen die Abdeckplane straff darüber. Weil der Graben etwas zu breit geworden ist, bleibt an einer Seite ein Spalt offen, durch den der Wind hereinpfeift. Prompt überzieht ein Windstoß unser gruftartiges Biwak mit einer dünnen Schneeschicht. Während ich auf der einen Isoliermatte knie, rolle ich die zweite Matte für Marko aus. Wir sind nun zwar das dritte Team, das die Wand bis zum Gipfel durchstiegen hat, und haben dabei eine Variante zur '74er-Route geschafft, doch dieses trostlose Biwak ist nicht der richtige Ort, um unseren Erfolg zu feiern. Markos Augen glänzen im Widerschein der Flamme, während er vor dem Kocher hockt und mit den Resten unseres Proviants das Abendessen zubereitet.

Flüchtige Augenblicke erschöpften, todesähnlichen Schlafs dehnen sich zu Minuten, bevor mich mein eiskalter Körper wieder ins Bewusstsein zurückreißt. Weil meine Füße taub geworden sind, fange ich an, Sit-ups aus der Rückenlage in die Sitzposition zu machen. Marko bleibt mit dem Rücken zu mir liegen, während jedes Mal, wenn ich mich aufsetze, ein kalter Lufthauch unter unseren Schlafsack strömt, den wir wie eine Decke über uns ausgebreitet haben. Dann nicke ich wieder ein und sehe in meinen Träumen Bilder von reißenden Seilen.

Sobald der Morgen graut, setze ich mich auf, schüttle den Schnee von der Schutzhülle unseres Kochers und beginne mit den Vorbereitungen für einen Topf heißen, süßen Kaffee. Während der Kocher surrt, hole ich unsere Karte heraus. So sorgfältig, wie es mir in meinem ausgehungerten, dehydrierten und unterkühlten Zustand möglich ist, messe ich auf der Karte die Millimeter aus, um die UTM-Koordinaten[*] der Wegpunkte zu bestimmen, an denen wir bei der Durchquerung des Columbia-Eisfelds vorbeikommen werden. Weil ich mit nur einem Schuh nicht Ski fahren kann, brauchen wir gar nicht erst zu unseren Skiern am Wandfuß zurückzukehren. Uns bleibt keine andere Wahl, als über das Columbia-Eisfeld bis zu der Stelle am Banff-Jasper Highway zu laufen, wo unser Wagen steht.

---

[*] Das Universal Transverse Mercator (UTM-)System wird heute nahezu weltweit für die Erstellung topografischer Karten benutzt.

Auf dem Boden des Topfes bilden sich winzige Bläschen, dann höre ich ein Zischen, und der Kocher geht aus. Wir haben noch eine 225-Gramm-Gaskartusche vorrätig für den Fall, dass wir noch einmal biwakieren müssen. Nachdem ich unseren letzten Rest Instantkaffee und Zucker eingerührt habe, reiche ich Marko den Topf. Auf den Ellbogen gestützt, nickt er mir dankend zu und schlürft genüsslich das heiße Getränk.

Ich ziehe inzwischen mein GPS-Gerät aus der Innentasche, wo ich es warm halte, und tippe die zehnstelligen Ost- und Nordwerte der Koordinaten der Wegpunkte ein. Nachdem ich acht Wegpunkte eingegeben habe, zeigt das GPS-Gerät zu unserem Zielpunkt eine Entfernung von 28 Kilometern an.

In einem fast totalen White-out bahne ich uns den Weg, die Augen unverwandt auf das schwarz-gelbe Navigationsgerät gerichtet, während ich gleichzeitig versuche, nach Vertiefungen Ausschau zu halten, unter denen sich Gletscherspalten verbergen könnten. Ich möchte mich bei Marko revanchieren, der sämtliche 14 Seillängen oberhalb des Biwakplatzes vorgestiegen ist, an dem ich meinen Außenschuh verloren habe. Einige davon waren ziemlich schwierig, mit großem Sturzpotenzial. Wortlos war uns beiden klar, dass jetzt besser ich vorausgehen sollte, weil ich mit der GPS-Navigation vertraut bin. Das GPS-Gerät zählt jeden Meter.

Nach einer Weile beuge mich hinunter und schaufle mir Schnee in den Mund, um etwas Wasser herauszusaugen. Beim Gehen halte ich die Hand mit dem Gerät vor mir ausgestreckt. Am rechten Fuß habe ich das Steigeisen angeschnallt, während sich der linke Fuß mit dem Innenschuh gut abrollen lässt. Zwar hatte ich versucht, das andere Steigeisen mit einer Reepschnur am Innenschuh zu befestigen, musste aber in einer Stunde ein halbes Dutzend Mal stehen bleiben, um es wieder festzubinden, und habe es schließlich

Das GPS-Gerät in der linken Hand, suchte ich den Weg durch das Whiteout. Das matte Licht machte das Vorankommen sehr schwierig. Weil das linke Bein wegen des verlorenen Außenschuhs mehrere Zentimeter kürzer war als das rechte, bekam ich Rückenschmerzen.

aufgegeben. Wenigstens die Plastiktüten haben funktioniert: Meine Zehen sind immer noch trocken. Allerdings tut mir der Rücken weh, weil das schalenlose linke Bein fünf Zentimeter kürzer ist als das rechte: ein geringer Preis dafür, dass ich noch am Leben bin. Ich versuche mich zu konzentrieren und die Augen nicht von dem schwarz-gelben GPS-Gerät abzuwenden.

Viele lange und bange Kilometer später steigen wir am späten Nachmittag mit schweren Beinen von der Schulter des Snow Dome ab. Nun müssen wir den nahe gelegenen Pass finden, die Stelle, an der sich der Athabasca-Gletscher zwischen Snow Dome und Mount Andromeda hinunterwälzt, doch das GPS-Gerät leitet uns auf immer größere Gletscherspalten zu. Mir bleibt nichts anderes übrig, als ein Stück weit nach rechts zu gehen, weg vom Athabasca-Gletscher.

Nachdem ich nicht mehr dem Kurs folge, den das GPS-Gerät angibt, verlieren wir rasch an Höhe. Ich werfe einen Blick auf meinen Höhenmesser: 2900 Meter. Wenn wir den 2775 Meter hohen Pass verfehlen würden, kämen wir zum Saskatchewan-Gletscher hinunter, womit ein ohnehin schon langer Tag um zusätzliche 16 Kilometer verlängert würde.

Das White-out lässt allmählich nach, die Schneeoberfläche ist wieder deutlicher zu sehen. Winzige Schatten lassen

Am Ende des zweiten Tages steigt Marko die erste Seillänge des oberen Steilaufschwungs des North Twin vor. Die darauffolgende Nacht sollte sich als ein kritischer Moment unseres gemeinsamen Abenteuers erweisen.

kleinste Schneeverwehungen erkennen. Als ich die Hand mit dem GPS-Gerät sinken lasse, sehe ich zum ersten Mal an diesem Tag den Horizont. Ein Dutzend Schritte weiter entdecke ich wenige Hundert Meter links von mir den Pass. Ich stoße einen Juchzer aus und blicke mich nach Marko um. Er hebt den Kopf und bleibt stehen.

»Geschafft!«, rufe ich ihm zu. Ich meine ihn unter der roten Kapuze seines Anoraks lächeln zu sehen.

Als wir aus dem unteren Eisbruch des Athabasca-Gletschers stolpern, sehen wir eine kleine Gruppe mit Skiern über den Gletscher aufsteigen. Marko, der vor mir geht, steuert in ihre Richtung, um in der von ihnen gelegten Spur weiterzugehen. Während wir näher kommen, bleiben sie stehen und scharen sich auf dem flachen Gletscher zusammen.

Als wir nur noch ein paar Meter entfernt sind, ruft uns einer von ihnen zu: »Wo kommt ihr denn her?« In seiner Stimme ist ein verwunderter Unterton. Ein rauer Wind weht über das Tal und lässt Schneegeriesel auf unsere Gesichter und Kleider prasseln.

»Vom North Twin«, sagt Marko, ohne anzuhalten.

»Was?«

»Vom North Twin«, wiederholt Marko genervt, weil er weitergehen möchte.

»Und wo habt ihr eure Skier?«

Als Marko auf gleicher Höhe ist wie die Gruppe, erwidert er: »Wir haben sie stehen lassen.« Er dreht sich ein Stück herum und deutet mit der Spitze seines Eispickels in Richtung der schwarzen Wolken, aus denen wir gerade herausgekommen sind.

»Wir haben die Nordwand durchstiegen.« Ohne stehen zu bleiben, ist Marko an der Gruppe vorbeigegangen und stapft nun in ihrer Skispur weiter. Die Leute drehen die Köpfe und blicken ihm nach, während ich auf sie zukomme. Weil ich das Gefühl habe, dass man ihnen ein paar Erläuterungen geben sollte, verlangsame ich mein Tempo.

»Wir haben die Nordwand des North Twin durchstiegen und mussten über das Eisfeld absteigen. Wir sind seit fünf Tagen unterwegs«, sage ich.

Die Gruppe wendet sich mir zu, und ich wundere mich, wie sauber sie aussehen, richtig aufgemotzt mit ihrer nagelneuen, knallbunten Goretex-Bekleidung und den modischen Sonnenbrillen, die mit Sicherheit beschlagen. »Wir haben den ganzen Tag noch nichts gegessen und wollen vor Einbruch der Dunkelheit bis zur Straße kommen.« Weil sie nichts erwidern, sondern nur zusammengedrängt dastehen, gehe ich wieder schneller. Auf einmal sagt einer von ihnen laut: »Die Nordwand des North Twin?« Er bricht ab und dreht sich abrupt zu mir um. »Wer seid ihr beiden?«

»Niemand«, antworte ich. »Einfach nur zwei Burschen.«

Kapitel 15

Der K7 ist mein Universum

Charakusa-Tal, Pakistan, 26. Juni 2004
Am Spätnachmittag hört es auf zu regnen, die Wolken verziehen sich und geben einen Gipfel nach dem anderen frei. Zwei Dutzend Berge, von schmalen, hoch aufragenden Felstürmen bis zu massigen Gebirgsmassiven, tauchen rings um unser kleines, auf einer grünen Wiese gelegenes Basislager auf. Ich kann die Begeisterung meiner Teamkollegen spüren, die dieses Tal zum ersten Mal sehen. Kameras klicken, Finger deuten in verschiedene Richtungen.

Im vergangenen Sommer bin ich zweimal in diesem Tal im Karakorum gewesen: einmal auf dem Rückmarsch vom Masherbrum, ein weiteres Mal vierzehn Tage später, als ich mich im Alleingang an die Erstbegehung des 5985 Meter hohen Hajji Brakk machte. Nach dieser Tour habe ich vier Versuche unternommen, den Berg zu ersteigen, der mich in diesem Tal am meisten fasziniert: der K7.

Der K7 ist für mich der allerschönste und komplexeste Berg, auf den ich je meinen Fuß gesetzt habe. 1984 wurde er von einer Gruppe japanischer Studenten über den Südwestgrat zum ersten Mal erstiegen. Danach wurden nur zwei weitere Besteigungsversuche unternommen: von einem kleinen amerikanischen Team unter der Leitung von Conrad Anker und von einer waghalsigen britischen Seilschaft. Es war der

Das K7-Massiv vom Gipfel des Hajji Brakk aus gesehen; der K7 ist der rechte der zwei Türme im Zentrum. Der schneebedeckte Gipfel links ist der K7 West, den Marko Prezelj, Vince Anderson und ich im Jahr 2007 erstbestiegen.

untere Teil der britischen Route, der mir den Schlüssel zum oberen Bereich des Bergs lieferte.

Bei meinem vierten Versuch hatte ich mein System und meine Strategie verfeinert. Mein Rucksack wog 3,6 Kilo, und ich war voller Zuversicht – nicht im Hinblick auf den Gipfelerfolg, sondern in dem Bewusstsein, mit jeder Situation fertig werden zu können. Obwohl ich den Gipfel nicht erreichte, wurde mir klar, dass ich sowohl das brennende Verlangen als auch die klettertechnischen Voraussetzungen habe, um den K7 auf einer selbst erschlossenen Route im Alleingang zu besteigen. Als ich das Charakusa-Tal verließ, wusste ich, dass ich wiederkommen würde, um meine Alleinbesteigung des K7 zu vollenden, und ich wusste auch, wen ich mitbringen wollte.

Im Spätwinter hatte ich eine starke Gruppe Alpinisten beisammen: Marko aus Slowenien hatte zugesagt, außerdem die Amerikaner Jeff Hollenbaugh, Bruce Miller, Doug Chabot und Steve Swenson. Wir legten unser Geld zusammen und besorgten uns Genehmigungen für den K7 und die beiden bislang unbestiegenen Berge Kapura und K6 West. Die fünf planten, je nach Wetterlage, Bedingungen und persönlichen Interessen verschiedene Ziele mit verschiedenen Partnern anzugehen. Ich selbst wollte mich gemeinsam mit den anderen akklimatisieren und dann mein Soloprojekt am K7 fortsetzen.

Den ganzen Winter und Frühling hindurch bereitete ich mich mit hartem und sorgfältigem Training auf die ungeduldig erwartete Tour des nächsten Sommers vor.

In den vergangenen vierzehn Tagen hatten wir schlechtes Wetter, trotzdem bleibe ich startbereit. Meine Teamkollegen wälzen verschiedene Pläne, ändern ihre Ziele und packen daraufhin ihre bereits gepackten Rucksäcke wieder um. Ich selbst bleibe auf die Alleinbesteigung des K7 konzentriert. Bei mir gibt es nicht viel zu packen. Was mir Probleme bereitet, ist weder meine Ausrüstung noch mein Ziel, sondern lediglich das Wetter.

Meine ganze Energie ist auf die Besteigung des K7 gerichtet. Wenn es einen Nachmittag hindurch nieselt, bemühe ich mich, nicht das Spiel »Das Leben ist nicht fair« zu spielen, auch wenn ein Zweijähriger in meinem Kopf »Meins, meins, meins! Das will ich haben!« brüllt. In gelassenen Momenten frage ich mich nüchtern, was ich tun werde, wenn mich das Wetter oder die Bedingungen am Berg zur endgültigen Aufgabe meiner Pläne zwingen.

Für meine Solotouren habe ich mir eines zur Regel gemacht: Ich klettere niemals nur deshalb allein, weil ich keinen Partner habe. Ein Alleingang muss eine Tour in ein einsames, egofreies Universum sein.

Ob meine Anstrengungen letztendlich zu etwas führen, das meine Kletterkollegen als Erfolg oder Scheitern betrachten, ist irrelevant. Ein erzielter Erfolg ist trügerisch, weil damit Ruhm, der Abschluss eines Unternehmens und das Erreichen eines Ziels einhergehen. Das Scheitern ist wertvoller, weil der Prozess damit nicht beendet ist. Wenn ich nach einem Misserfolg wieder meine Steigeisen und meine Eispickel packe, bin ich gezwungen, mir meine Fehler einzugestehen, aus ihnen zu lernen und aus den Stärken, die ich entdeckt habe, Nutzen zu ziehen.

Mit Partnern habe ich vorsteigend oder sichernd einige der größten Wände der Erde durchstiegen. In diesen unendlich vielen Seillängen bin ich nur ein einziges Mal gestürzt. Was für eine Art Sicherheit hatte das Seil tatsächlich geboten? Es gab uns das Selbstvertrauen, es zu versuchen, zu handeln. Durch unseren Zusammenschluss wurden wir stärker, weil wir gemeinsam und füreinander kämpften. Im Augenblick des größten Einsatzes, wenn es beim Auf- und Abstieg ums Überleben ging, wurde das Seil gleichbedeutend mit echter Partnerschaft.

Dieses Mal jedoch möchte ich das nicht; ich komme damit im Moment nicht zurecht. Seit der Begehung der Slowakischen Direkten vor vier Jahren habe ich diese Art echter Partnerschaft nicht wieder erlebt. Partner, mit denen ich nach dieser Tour geklettert bin, haben mich enttäuscht. Haben nicht zu mir gehalten oder mich nicht aufgenommen. Marko steht jetzt auf meiner Liste ganz oben. Am North Twin haben wir gut zusammengearbeitet, doch aus irgendeinem Grund ist das geheimnisvolle Band nicht geschmiedet worden. Einer von uns beiden ist nicht dazu bereit, vielleicht auch beide zugleich.

Ich hätte Scott Backes' Warnung ernster nehmen sollen. Ich muss mir Zeit lassen. Muss wie ein Anfänger ans Klettern herangehen, mich auf den Partner vorbereiten, mit dem sich diese magische Synergie noch einmal herstellen lässt.

Am Nachmittag steigt das Barometer. Ich breche auf und überwinde den ersten Felsgürtel aus gut strukturiertem Granit. Dann lasse ich die verrottenden, von den Briten zurückgelassenen Fixseile hinter mir, tausche meine Kletterschuhe gegen die Bergstiefel und steige 300 Höhenmeter auf, bevor ich ein Biwak einrichte. Mit meinem Eispickel scharre ich eine körperlange flache Stelle in den abschüssigen Schotter. Um nicht hinunterzurutschen, wuchte ich ein paar große Felsbrocken an den äußeren Rand. Dann rolle ich meine Isoliermatte aus und setze den Kocher in Gang, um Schnee zu schmelzen. Ein paar Meter von mir entfernt zieht sich ein kleiner Gletscher nach oben, wird steiler und steiler, bis er sich in den sich auflösenden Nebelfetzen verliert, die ringsum durch die Felswände wabern.

Um 3 Uhr früh starte ich wieder und folge der Route, die ich im Vorjahr erschlossen habe. Oberhalb der kleinen Biwakhöhle, damals der höchste von mir erreichte Punkt, ziehe ich mich auf den schmalen, windgepeitschten Grat in 6000 Meter Höhe hinauf. An dieser Stelle mündet meine Route in die der Japaner, und in mäßig schwerem Gelände stapfe ich vorsichtig durch knietiefen Schnee weiter.

Nachdem ich neuneinhalb Stunden geklettert bin, komme ich 200 Höhenmeter unterhalb des Gipfels plötzlich nicht mehr weiter. Ein unüberwindliches Felsbollwerk versperrt mir den Weiterweg zum Gipfelgrat.

Versuchsweise steige ich links des Grats weiter; das Gelände wird immer steiler. Ich klammere mich an die messerscharfe Kante und stoße meine Eisgeräte in den Schnee, um Höhe zu gewinnen. Der Schnee ist nahezu vertikal und wird zu gefährlich, zu instabil. Ich klettere wieder zurück und fixiere mein Seil, um mich auf der rechten Seite des Grats abzuseilen. Während ich drei Längen abseile, halte ich Ausschau nach einer Route um dieses Hindernis herum. Als ich am Ende der vierten Abseillänge noch immer keine Möglichkeit ausmache, klettere ich wieder zum Kamm des Grats hinauf.

Ich lege eine Pause ein, um etwas zu essen und zu trinken, und überlege, wie und wo die japanischen Bergsteiger aufgestiegen sein könnten. Wahrscheinlich sind sie dicht am Grat geblieben, vielleicht haben sie dort Bohrhaken gesetzt und sind diese Passage technisch geklettert. Wie auch immer, ich finde einfach keine Anhaltspunkte dafür.

Dann setze ich mich wieder in Bewegung und bleibe jetzt unmittelbar rechts des Grats. Unter der überhängenden

Wechte komme ich mir vor, als würde ich unter einer gefrorenen Welle durchtauchen. Nach 15 Metern verlasse ich die Wechte und überklettere einen großen Felsblock. In der Wand darüber entdecke ich einen Bohrhaken.

Er steckt in glattem Fels neben einer 25 Zentimeter breiten Eisrinne, die über einem zwölf Meter langen, schmalen Riss endet, den die Japaner technisch geklettert sein müssen. Weil ich vom hinteren Ende des Felsblocks nicht herunterkomme, steige ich bis unter die Wechte zurück und kletterte dort ab, wo ich zuvor abgeseilt hatte. Nach 30 Metern quere ich zu dem Granitbollwerk und steige durch ein Eiscouloir zum unteren Ende des Zwölf-Meter-Risses hinauf.

Nach anderthalb Metern in dem Riss wird die Wand steiler, und mir wird mulmig. Bei einem Sturz würde ich Hunderte von Metern in die Tiefe fallen. Ich setze einen Haken, binde eine Schlinge an meinen Gurt und hänge mich ein. Weiter nach oben greifend, setze ich einen Klemmkeil und hänge darin eine zweite Schlinge ein. Nachdem ich in dem schmalen Riss einen weiteren Keil angebracht habe, hänge ich mich mit einer dritten Schlinge darin ein. Weiter oben bringe ich den vierten Fixpunkt an, hänge mich aus dem untersten Fixpunkt aus und sichere mich mit derselben Schlinge an dem neuen Fixpunkt. Sobald ich wieder an drei Sicherungspunkten eingehängt bin, schlage ich den untersten Haken heraus. Langsam arbeite ich mich auf diese Weise voran.

Eine Stunde später hänge ich mich in den ersten Bohrhaken ein. Das ist die Stelle, an der das Eis beginnt und die Kletterei – für mich jedenfalls – einfach wird. In den zweiten Bohrhaken, an dem ich vorbeisteige, hänge ich mich nicht einmal ein. Die jungen Japaner scheinen unerfahrene Eis-, aber gute Felskletterer gewesen zu sein. Ich beeile mich in dem Bewusstsein, dass es irgendwann dunkel wird.

Das Eis endet unter einem großen, horizontalen Granitdach. Nach rechts verläuft ein 30 Zentimeter breites Band. Als ich auf der Suche nach Griffen den Schnee wegwische, stoße ich auf zerfetzte Überreste des 1984 zum letzten Mal benutzten Fixseils. Weil ich dem alten Seil nicht vertraue, gehe ich ungesichert weiter. Im weiteren Verlauf der Querung wird das Band breiter, an seinem Ende gelange ich zu einem schneebedeckten Bergrücken.

Als ich beim Aufstieg zum Scheitel des Rückens hinaufschaue, sehe ich einen schmalen Grat zu einem kurzen Schneefeld, das sich zum Gipfel hinüberzieht. Der Weg ist nun klar, doch bis zum Einbruch der Dunkelheit bleiben mir nur noch zwei Stunden, und bis hinauf zum Gipfel dürften es noch drei oder vier Stunden sein. Das schaffe ich heute nicht mehr. Eine Nacht im Freien würde mir erfrorene Finger und Zehen einbringen, vielleicht sogar das Leben kosten. Daher baue ich eine Abseilverankerung und beginne mit dem langwierigen und gefährlichen Abstieg in die Dunkelheit, über mehr als 200 Meter.

Zurück im Basislager wurmt es mich, dass ich gescheitert bin. Dieses Mal verwende ich das Wort Scheitern bewusst. Ich habe den Gipfel des K7 nicht erreicht, und ich bin zu weit gegangen. Beim Abstieg im Dunkeln durch die komplexen Rinnen und Schneefelder hatte ich große Schwierigkeiten. Um eine Rast einzulegen, war es zu kalt, und eine einzige schlechte Entscheidung hätte böse Folgen gehabt. Dass ich ungeschoren davonkam, rechtfertigt nicht, mich in eine so große Gefahr begeben zu haben. Ich muss das Risiko einschränken.

Ich wünschte, ich hätte den Gipfel geschafft und diese unheilvolle Obsession damit ein für allemal überwunden. Es ärgert mich, dass ich nun noch einmal dort hinaufmuss. Es macht mich wütend, dass ich so hart für diese Routen trainiere und sie trotzdem nicht bewältige. Ich werfe mir vor, die Chancen, ein Profibergsteiger zu werden, zu vertun. Trotz all der investierten Zeit und all der Unterstützung bin ich immer

Die bei meinem vorletzten Versuch am K7 verwendete Ausrüstung. Beim Packen wog dieses Material insgesamt gut drei Kilo. Bei meinem erfolgreichen Versuch ließ ich das Bündel Schlingen links außen unterhalb des Helms weg.

noch nicht zu den großen alpinistischen Unternehmungen, den bahnbrechenden Begehungen, imstande.

In der Nacht liege ich mit geschlossenen Augen in meinem Zelt und frage mich: Wo ist die Grenze, welche Risiken sind akzeptabel? Welchen Preis bin ich zu zahlen bereit? Vielleicht sollte ich doch mit einem Partner gehen? Soll ich Marko fragen, ob er mitmachen will? Hat sich an meiner Beziehung zu mir selbst etwas verändert? Warum bin ich vom Rest der Welt so isoliert? Habe ich mich mit meinen Alleingängen so weit auf mich selbst zurückgezogen, dass ich nicht mehr zur Normalität zurückfinde?

Im Morgengrauen erwache ich mit der Erkenntnis, dass ich, um diesen Kreislauf zu beenden, dem vor mir liegenden Weg folgen muss. Ich habe mich darauf eingelassen. Wie bei der Slowakischen Direkten mit Mark und Scott und dem North Twin mit Marko muss ich den K7 hinauf und hinunter, um weiterzukommen, um fortzubestehen. Mein Ärger weicht der Frustration. Im Tageslicht ist meine Existenzangst verflogen, ich kann wieder mit meinen Kumpels lachen.

Der K7 ist mein Universum. Die Seillänge, in der ich mich gerade befinde, ist meine Welt. Die Bewegungsabläufe, die gelben Felskanten, auf die ich meine Steigeisen setze, der Riss,

Am höchsten erreichten Punkt meines sechsten Versuchs am K7 war ich auf über 6700 Meter Höhe und der Gipfel des K7 in Sichtweite. Wegen der einbrechenden Nacht musste ich umkehren. Hinter mir ist das verblassende Licht des Sonnenuntergangs zu sehen.

in den ich meinen Eispickel einschlage. Dies ist mein großer Augenblick.

Ich klettere an dem ersten Bohrhaken in rund 2000 Meter Wandhöhe vorbei. Oberhalb einer weißen Granitwand schlage ich meine Eisgeräte in altes, schmutzig weißes, stahlhartes Eis. Wenn ich den Schaft noch oben drücke, knirscht und knackt das Eis, manchmal platzt es auch auf. Dieses Mal habe ich Glück mit dem Wetter. Ich bin gestern vor Einbruch der Dunkelheit aufgebrochen und habe im Dunkeln den mir nun schon vertrauten unteren Bereich des Bergs durchstiegen, um in den wärmsten Stunden des Tages den schwierigen Felsturm unterhalb des Gipfels zu überwinden.

Als ich schließlich auf dem Gipfel stehe, berührt die Sonne gerade den westlichen Horizont. Orangerote Strahlen werden von ausgefransten Wolken und zerklüfteten Gipfeln überlagert und durchbrochen. Ich fühle nichts, weil da auf einmal nichts mehr zu fühlen ist. Mein Atem verlangsamt sich. Meine Bewegungen kommen zum Stillstand. Einige stille Minuten lang nehme ich alles auf, was sich zwischen mir und dem Horizont befindet.

Der K7 liegt am oberen Ende des mächtigen Charakusa-Gletschers. Die Berge des Karakorum, der K2 und seine Nachbarn, liegen direkt vor mir und halten über die Welt Gericht. Ich nehme dieses Panorama in mich auf, um zu begreifen, was ich vollbracht habe und wo ich mich befinde. Bald wird die Dämmerung hereinbrechen. Wie ich es Rasool versprochen habe, mache ich ein Foto von mir mit der pakistanischen Flagge, die er mir mitgegeben hat. Dann hole ich meine Stirnlampe heraus, schalte sie ein und beginne in der dichter werdenden Dunkelheit mit dem Abstieg.

Ich steige über das Gipfelschneefeld ab und überschreite den vereisten, hochgewölbten Stegosaurier-Rücken bis zu dem Punkt, an dem ich mit dem Abseilen beginnen muss. Ich ziehe einen alten Stahlhaken aus der Tasche, der von den japanischen Bergsteigern stammt, und schlage ihn in einen diagonalen Riss im Granit, hänge einen meiner lediglich 20 Karabiner darin ein und dann mein dünnes Seil, das maximal das Dreifache meines Körpergewichts hält, und seile mich in die Nacht hinein ab. In den nächsten 14 Stunden bin ich ohne Unterlass in Bewegung. Um Material zu sparen, klettere ich ab, wo immer ich kann, und seile nur dort ab, wo es nicht anders geht.

Am späten Vormittag erreiche ich das Basislager. Innerhalb von 41 Stunden und 45 Minuten bin ich im Alleingang und auf einer neuen Route zum Gipfel des K7 geklettert und wieder abgestiegen. Ausgepumpt lasse ich mich auf den mir hingeschobenen Klappstuhl sinken. Rasool schnürt meine Stiefel auf, während unser Verbindungsoffizier, Captain Amin, in einem großen Becher mit Verschlusskappe einen Instant-Frühstücksdrink mixt. Nachdem ich eine Kleinigkeit gegessen habe, sinke ich in meinem Zelt in den traumlosen, der Bewusstlosigkeit nahen Schlaf der Erschöpfung. Bei Einbruch der Dämmerung stehe ich auf und esse wieder etwas. In der darauffolgenden Nacht schlafe ich den Schlaf der Gerechten.

Kapitel 16

Rückkehr zum Nanga Parbat

**In etwa 7900 Meter Höhe am Nanga Parbat,
Pakistan, 6. September 2005**
Seit wir den Gipfel verlassen haben, könnte ich nur noch heulen. Ich drehe mich seitwärts zum Hang und verlagere den Körperschwerpunkt auf mein bergseitiges Bein, um den talseitigen Fuß mit dem Steigeisen aus dem Schnee zu heben. Ich lehne mich vor, schiebe den talseitigen Fuß nach vorn, die Steigeisen schrammen über den Fels, greifen und bohren sich fest. Ein paar Schlingen des dünnen Sechs-Millimeter-Seils halte ich locker in einer Hand. Vince ist in das andere Ende eingebunden, wir steigen gleichzeitig ab.

Dann bleibt er stehen und dreht den Kopf, um über seine Schulter zu blicken. »Hast du das gerade gesehen?«, fragt er. »Es ist«, sagt er keuchend, »als wäre da noch ein Dritter.«

»Ja, ich weiß.« Ich atme viermal tief ein und aus. »Geister. Halluzinationen.«

»Genau, als würde uns jemand folgen.« Einmal, zweimal, dreimal atmen. Auch Vince atmet schwer. »Ich sehe sie.« Zweimal atmen. »Und dann sind sie wieder weg.«

»Halluzinationen«, sage ich zu ihm. »Hab ich ... auch schon ... gehabt ... in dieser Höhe. Geh weiter.«

Ich hole wieder tief Luft und ziehe mein bergseitiges Bein etwas schleppend nach. Ich verlagere den Körperschwerpunkt wieder nach hinten und setze den Fuß kraftlos hangabwärts in den Schnee.

Zu meiner Rechten geht die Sonne unter, was ich jedoch nicht sehen kann. Wir haben inzwischen den Grat verlassen, und der westliche Horizont ist von ihm verdeckt. Ich habe immer noch einen Kloß im Hals – verdichtete Emotionen, die süß wie Limonade schmecken. Nach der 1990er-Expedition und dem letztjährigen Versuch mit Bruce habe ich den Nanga Parbat endlich bestiegen.

»Lass uns anhalten«, sage ich. Eine Stufe im Fels bietet vorübergehend etwas Schutz vor der Ausgesetztheit. Vince bleibt stehen und sinkt hustend auf die Knie. Japsend zieht er die Luft ein.

»Anziehen. Anoraks. Daunenhosen«, sage ich keuchend und bleibe stehen, um wieder nach Luft zu schnappen. Ich lasse mich auf die Knie sinken und lehne mich an den Rücken meiner behandschuhten Hand. Auf dem eiskalten Fels beginnen meine Finger im Nu auszukühlen. Als mein Kopf nach vorn sackt, sehe ich zwei winzige, perfekte Schneeflocken auf meiner Stiefelspitze. Beide sind zart und fragil – ein kaltes, bläuliches Weiß auf dem Schwarz meines Bergschuhs.

»Und Stirnlampen«, fahre ich fort. »Wird ... bald dunkel.«
»Ja. Okay.«

Keiner von uns beiden bewegt sich, nur unser Atem geht stoßweise. Ich nehme den Rucksack herunter und stelle ihn ungelenk vor mir ab. Atmen. Ein und aus. Das steif gefrorene Rucksackmaterial knackt. Schwerfällig öffne ich den Verschluss, wage es nicht, meine Fäustlinge auszuziehen. Ich reiche Vince seinen Anorak und seine Hose. Dann öffne ich die Schnalle meines Klettergurts. Unter großer Anstrengung richte ich mich auf, der Gurt rutscht auf meine Füße. Nachdem ich mir meine Daunenhose übergezogen habe, zerre ich meinen Anorak aus dem Rucksack und ziehe ihn ebenfalls an. Weitere Atemzüge. Ein und aus.

Während ich mich hinunterbeuge, um den Klettergurt hochzuziehen, muss ich innehalten und Luft holen. Dann verschließe ich die Schnalle des Klettergurts wieder über meiner Kleidung. Um den Gurt durch die Stahlschnalle zurückzufädeln, muss ich den Handschuh ausziehen. Als meine Finger das Metall berühren, werden sie im Nu gefühllos; ich balle sie zur Faust und ziehe den Handschuh schnell wieder an. Ich bewege die Finger gegen die Handfläche, bis ich wieder ein Gefühl darin habe. Als der Kälteschmerz meinen Arm hinaufzieht, atme ich hastig durch den leicht geöffneten Mund. Während ich ein paarmal mit dem Arm kreise, vergeht der Schmerz, und es bleibt nur kaltes Fleisch zurück.

Mit der 15 Zentimeter dicken Kleiderschicht am ganzen Körper fühle ich mich schwerfällig und dick. Betrunken von der Höhe. Obwohl mir schwindlig ist und ich mich benommen fühle, habe ich seltsamerweise den Eindruck, alles unter Kontrolle zu haben.

Inzwischen ist es fast dunkel. Ich knie nieder, um die Schneeflocken von meiner Stiefelkappe zu wischen. Es kommt mir vor, als fräßen sie sich in die Oberfläche. Ich versuche sie mit meinem rauen Handschuh abzustreifen, doch sie bleiben haften. Ich schlage mit dem Handschuhrücken darauf. Sie lösen sich noch immer nicht. Ich hole meine Stirnlampe hervor, stecke die Batteriebox in die Innentasche meiner Jacke und streife das Stirnband über den Kopf. Mein Brustkorb hebt und senkt sich.

Pool Wall, Ouray, Colorado, 10. Januar 2005
(acht Monate zuvor)

Es ist ein kalter, wolkenloser Tag. Vince Anderson und ich machen einen Tag Pause vom Eisklettern in der Nähe seines Wohnorts. Heute klettern wir im Fels, um das Gestein mit unseren nackten Fingerspitzen zu spüren.

»War das eigentlich in Alaska, wo wir uns zum ersten Mal begegnet sind? Oder 1997 bei der Bergführerprüfung in New Hampshire?«, frage ich ihn.

»Ich glaube, es war in Alaska, '93 oder '94. Ganz sicher habe ich dich dort '95 gesehen. Du und Eli, ihr wolltet damals gerade eure Route durch die Father and Sons Wall machen.«

»Ach ja. Ich erinnere mich daran, dich zusammen mit Rodrigo als Bergführer am West Buttress gesehen zu haben. Ich weiß aber nicht mehr, in welchem Jahr das war«, sage ich, während ich in die Wand einsteige. Der Fels ist rau und fühlt sich angenehm an.

Nachdem ich die Seillänge geklettert bin, lässt Vince mich wieder auf das Band ab. »Habt ihr, Bruce und du, eigentlich vor, noch mal zum Nanga Parbat zu gehen?«, fragt Vince nun. Vince kennt Bruce seit seiner Studienzeit in Boulder.

Ich schnüre meine Kletterschuhe auf. »Ich schon, aber Bruce und Michelle wollen ein Kind. Ich bin mir sowieso nicht sicher, ob wir für diese Route das ideale Team sind.«

»Und was ist mit Marko?«, fragt Vince, während er mir Schuhe und Strümpfe reicht.

»Interessanterweise will dieses Jahr noch ein anderer Slowene die Rupalwand versuchen. Tomaž Humar.«

»Oh, der? Scheint ein ziemlich ausgeflippter Typ zu sein.« Meine Augen folgen Vinces Blick über das Tal. Auf einem Feld dort unten weidet eine Büffelherde, eingezäunt und gehalten wie Rinder.

»Ja, das kann man wohl sagen. Aber in Slowenien ist er ungeheuer bekannt, ein richtiger Star. Seine jüngsten Expeditionen sind mehr Reality-TV als Alpinismus gewesen.« Vince lacht, er hat offenbar mitbekommen, dass Humars Versuch in der Dhaulagiri-Südwand im Jahr 1999 ein riesiges Medienspektakel war. »Wie auch immer, Marko will jedenfalls nicht am selben Berg sein wie Tomaž. Er befürchtet, die Medien könnten daraus einen Wettlauf machen.«

Ich richte mich auf und ziehe meine Jacke an, während Vince sich ins Seil einbindet, um seinerseits die Länge zu klettern. »Ich habe schon daran gedacht, es allein zu versuchen, aber der logistische Aufwand wäre enorm. Ich weiß nicht, wie das mit einem so leichten Rucksack wie bei meiner K7-Besteigung zu schaffen sein soll. Die Wand ist wirklich riesig, fast 4500 Meter, und endet bei beeindruckenden 8125 Metern.«

Vince bindet seine Kletterschuhe zu und richtet sich auf. »Man würde ein Seil zum Abseilen aus der Wand brauchen und dazu all die Fixpunkte«, fahre ich fort. »Das wäre ein ordentliches Gewicht, 15 Kilo. Zu schwer, um es allein tragen zu können«, ergänze ich.

Wind kommt auf. Ich blicke wieder zu den Büffeln hinunter. Sie haben sich gegen den Wind gestellt und stöbern mit ihren Schnauzen im Schnee, um an die jungen Grastriebe heranzukommen. Vince bindet sich ein.

Als er gerade vom Absatz losklettern will, schaue ich ihn an. »Und du? Wärst du an so etwas interessiert?«

»Ich? Na ja, interessiert schon. Ich habe nicht so viel Erfahrung wie du. Aber ...« Er verstummt und lässt, während er in die vertikale Felswand einsteigt, den Gedanken am Boden zurück.

Ich halte das Seil straff, um ihn gut zu sichern. »Überleg es dir. Vielleicht ist der Nanga Parbat nicht gerade der ideale Berg für den ersten gemeinsamen Versuch, aber ich habe in letzter Zeit wirklich Mühe gehabt, gute Partner zu finden. Solche, die dieselben Sachen machen wollen wie ich. Verstehst du, was ich meine?«

Er antwortet nicht, ist bereits hoch über mir. Als ich ihn wieder auf das Band ablasse, bleibt meine Einladung offen, wird weder angenommen noch abgelehnt.

Dieses Foto von Vince Anderson fängt den Schmerz und die Erleichterung, die wir empfanden, gut ein. Uns tat alles so weh, dass wir uns über den Erfolg nicht freuen konnten. Ich erinnere mich aber, gedacht zu haben: »Wir haben es geschafft, wir haben den Nanga Parbat bestiegen«, und dass ich mich dann schnell umgesehen habe, um mich zu vergewissern, ob nicht irgendwo ein noch höherer Punkt war.

In etwa 7900 Meter Höhe am Nanga Parbat, Pakistan, 6. September 2005

Gut 200 Höhenmeter unterhalb des Gipfels des Nanga Parbat knien wir einander zugewandt im Schnee. Obwohl es inzwischen dunkel ist, habe ich meine Stirnlampe noch nicht eingeschaltet. Ich hebe den Arm und lege Vince die Hand auf die Schulter. Mein Gesicht ist nur wenige Zentimeter von seinem entfernt. Wir berühren uns fast an der Stirn. In Vince habe ich einen echten Partner gefunden, der Gedanke, dass ihm etwas zustoßen könnte, ist entsetzlich.

»Das war's, Kumpel.« Ich atme zweimal tief ein und aus. »Wir haben's geschafft. Wir haben die Rupalwand durchstiegen.« Vinces Atemwolken umwabern mein Gesicht, es ist schon so dunkel, dass ich seine Augen nicht einmal aus dieser kurzen Entfernung erkennen kann.

»Aber das zählt jetzt alles nicht. Erst wenn wir wieder unten sind.« Weitere Atemzüge. Unser Atem kristallisiert in der kalten Luft, wirbelt umher und verschwindet in der Dunkelheit. »Lass uns schön langsam gehen. Auf Sicherheit.«

Vince und ich schauen in die untergehende Sonne, bevor wir den Gipfel des Nanga Parbat verlassen.

»Okay«, entgegnet Vince. Zwei weitere Atemzüge.

»Dann mal los«, sage ich.

Ich stütze meine Faust auf einen Felsen, richte mich auf und bleibe kurz stehen, um Atem zu holen und das Gleichgewicht zu finden. Dann schalte ich meine Stirnlampe ein, und Vince setzt sich in Bewegung. Wir folgen den Spuren, die wir am Morgen in den Schnee getreten haben.

Während wir uns langsam und vorsichtig auf den äußeren Rand der Rupalwand zubewegen, sehe ich unten im Tal zwei winzige Lichter: Kochfeuer von den mörtellosen Steinhäusern, deren Dächer mit dünnen Baumstämmen, Steinen und Lehm gedeckt sind, auf den kleinen Sommeralmen im oberen Rupaltal. Von hier sind es fast 4000 Meter bis zum Gletscher am unteren Ende der Wand. Vince steigt als Erster ab. Ich lege mir das Seil um die Hüfte und verspreize mich gegen einen Felsblock. Falls Vince stürzt, werde ich ihn halten oder selbst mit hinuntergerissen werden.

Vince klettert ab, bis das Seil ausgegangen ist. Um mir zu signalisieren, dass ich nachkommen kann, ruckt er einmal kurz am Seil – ein Kommando zu rufen wäre zu anstrengend –, und ich setze mich in Bewegung. Aus dem Schnee ragen schwarze Felsen hervor. Ich drehe mich mit dem Gesicht zur Wand und stoße die Zacken meiner Steigeisen fest in den Untergrund, um sicheren Halt zu haben. Dort unten im Dunkeln macht Vince es an seinem Standplatz ähnlich wie ich. Für ihn wäre es schwieriger, mich bei einem Sturz zu halten, weil ich an ihm vorbeistürzen würde und die Fallgeschwindigkeit sehr groß wäre, bis sich das Seil straffte. Ich darf nicht stürzen.

»Wie geht's?«, fragt Vince, als ich fast bei ihm angekommen bin.

»Okay. Und dir?«

»Gut. Vielleicht ... sollten wir ... jetzt ... besser abseilen«, schlägt er keuchend vor.

»Meinst du?« Ich richte den Strahl meiner Stirnlampe auf den Abhang, es geht sehr weit hinunter. Abseilen wäre sicherer, aber langwieriger. »Okay.«

»Dort drüben ist ein Felszacken«, sagt Vince. Ich nehme meinen Rucksack ab, reiche Vince eine Schlinge und befestige die Eisschrauben und ein paar Felshaken an meinem Gurt. Während Vince das Seil durch die Schlinge zieht, die wir zurücklassen werden, hänge ich mir unsere restlichen sechs Schlingen über die Schulter. Nachdem das Seil durchgefädelt ist, nehme ich es in Schlingen auf und schleudere das Knäuel in die Dunkelheit. Es fliegt zuckend hinunter und landet mit einem leisen Aufprall im Schnee.

»Okay?«, fragt Vince. Er ist fertig zum Abseilen.

»Okay.« Mit ruckartigen Bewegungen lässt er sich ab.

Als das Licht seiner Stirnlampe unterhalb eines kompakten Turms verschwunden ist, senkt sich absolute Stille auf mich nieder. Nachdem ich meine Lampe ausgeschaltet habe, sind meine Atemwolken in der Dunkelheit nicht mehr zu sehen. Der Himmel ist sternenübersät. Wir sind völlig abgeschieden von der Welt. Kein Rettungshubschrauber könnte uns hier helfen oder finden. Wir könnten uns genauso gut auf einem dieser Sterne dort oben befinden.

Um die Anspannung des Tages loszuwerden, atme ich einmal kräftig aus, fülle meine Lungen mit Luft und lasse sie wieder entweichen.

»Steve!« Vinces Ruf ist seltsam richtungslos.

»Jaaa?«

»Es ist nicht so schwierig.« Ich warte, bis er wieder zu Atem gekommen ist und fortfährt. »Du kannst ruhig abklettern.«

»Okay!« Wenn ich abklettere, können wir uns eine Schlinge, eine Abseilverankerung, sparen. Das könnte später wichtig sein. »Hast du das Seil?«, brülle ich zu ihm hinunter.

»Was?«, hallt es die Felswand herauf.

»Hast ... du ... das ... Seil?«, wiederhole ich.

»Okay.«

Ich schleudere die Schlinge mit dem darin eingefädelten Seil den Hang hinunter. Es fliegt ein kleines Stück, dann verhängt es sich an einer Stufe im Schnee. Ich stoße den Eispickel in den Schnee und klettere abwärts. Als ich die Stufe erreiche, auf der das Seil liegen geblieben ist, schubse ich es mit meinem Steigeisen hinunter und ärgere mich, dass Vince noch nicht begonnen hat, es einzuziehen. Das Seil rutscht hinunter und ist gleich darauf außer Sicht.

Die Spur führt nach links und quert den Hang. Ich klettere dabei über einen kleinen, aus der Wand ragenden schmalen Wulst, das obere Ende der breiten Rinne, die wir am Morgen durchstiegen haben.

»Wo ist das Seil?«, frage ich Vince.

»Das hattest doch du«, erwidert er.

»Nein. Ich dachte, du hättest es.«

»Oh nein«, sagt er schleppend, während uns beiden dämmert, was das bedeutet. Ohne das Seil sind wir verloren; das Gelände ist zum Abklettern viel zu steil.

»Scheiße.« Ich lache los, verschlucke mich und muss husten. 1990 haben Mark Twight, Barry Blanchard, Ward Robinson und Kevin Doyle beim nächtlichen Abstieg durch diese Wand in einem Sturm in ihrem erschöpften Zustand in genau derselben Situation beide Seile verloren. Ich steige wieder über den Hang zurück, um nach dem Seil zu suchen.

Am Ende der Querung leuchte ich mit meiner Stirnlampe auf den Hang jenseits unserer Spuren. Sechs Meter von mir entfernt hat sich das Seil mehrmals um einen dunklen Felskopf gewickelt, der keine zehn Zentimeter aus dem Schnee ragt. Vorsichtig, um keinen Schnee loszutreten, der das Seil ins Abrutschen bringen könnte, klettere ich hinunter und ziehe es mit der Haue meines Eispickels zu mir her. Ich knüpfe einen Knoten hinein, hänge es an meinen Gurt und steige zu Vince zurück.

Als ich im Verlauf der Querung einmal nach Luft schnappend aufblicke, macht Vince einen Schnappschuss von mir. Der Blitz erschreckt mich.

»Da ist ein Zacken«, sagt er. Ich reiche ihm das Seil, er zieht es zu sich herüber und fädelt es durch eine Schlinge. »Geh du vor«, sagt er. »Du hast das Sicherungsmaterial.« Ich hänge mich in das Seil ein und seile ab.

Als ich das zweite Bohrloch für eine Eissanduhr gerade fertig habe, schließt Vince zu mir auf. Nachdem er mit dem Steigeisen eine Stufe getreten hat und mit einem Eispickel fest im Eis verankert ist, hält er mir das eine Seilende hin. Ich fädele es in das erste Bohrloch ein und ziehe es mit einem kleinen Drahthaken durch das andere wieder heraus, um es dann Vince zu übergeben. Halb im Schnee sitzend, schalte ich meine Stirnlampe aus, um die Batterien zu schonen. Vince zieht das Seil langsam bis zur Mitte durch das Loch. Während ich mein Abseilgerät einhänge, wirft er das Seil in weitem Bogen aus.

Als ich viele Abseilpassagen später den Strahl meiner Stirnlampe über die Felswand gleiten lasse, leuchten die reflektierenden Streifen an unseren Zelten auf. Fast geschafft. Nur noch eine weitere Abseillänge.

Bis Vince nachgekommen ist, habe ich schon eine Schlinge um einen großen Felszacken gelegt. Er zieht das Seil ab, und ich ziehe ein Seilende durch die Schlinge.

»Geh du vor«, sage ich. »Das ist die letzte.«

Ich reiche Vince das Seil und lasse mich in den Schnee fallen, während er sein Abseilgerät einhängt. Als er unten angekommen ist, sehe ich, wie sich sein Licht hin und her wackelnd auf das zehn Meter entfernte Zelt zubewegt. Sein langsamer Gang macht mir bewusst, wie geschafft wir beide sind. Ich umfasse das Seil und lasse mich bis zu den Enden ab, nun ganz flott, denn so kurz vor dem Ziel steigt neue Energie in mir auf. Als ich dann mit schnellen Schritten zum Schneefeld hinübergehe, geht mir auf einmal die Luft aus, und ich falle hin. Das Herz schlägt mir schmerzhaft bis zum Hals.

Immer noch ins Seil eingehängt, setze ich mich im Schnee auf. »Langsam atmen«, ermahne ich mich, »langsam.« Ich hole tief Luft, bemühe mich, einen gleichmäßigen Rhythmus zu finden. Wir befinden uns immer noch in mehr als 7200 Meter Höhe, da sollte ich mich besser nicht überanstrengen und zu schnell machen.

Ich hänge mein Abseilgerät aus und versuche das Seil abzuziehen. Zuerst läuft es schlecht, dann bleibt es hängen. Ich stelle mich aufrecht hin, wickle das Seilende um meine Hand und ziehe fest, aber zugleich so vorsichtig wie möglich daran, um nicht den steilen Hang unter mir hinunterzustürzen, falls es sich mit einem Ruck lösen sollte. Als sich nichts tut, befestige ich das Seil an meinem Gurt und mache ein paar Schritte hangabwärts, um es etwas zu straffen. Dann schlage ich meine beiden Eispickel als Fixpunkte in den Schnee, halte sie fest umklammert und ziehe mit meinem ganzen Gewicht am Seil. Nichts. Schwer atmend falle ich nach vorn.

Ich seufze. Ich bin mir nicht sicher, ob ich noch Kraft genug habe, um hiermit fertig zu werden. Ich lege mein Abseilgerät wieder ein, knüpfe darunter einen Knoten ins Seil und steige wieder hoch. Ich muss das verhängte Seil lösen. Wir brauchen es, um hinunterzukommen. Ärger steigt in mir auf. Ich ignoriere ihn, solche Gefühle kann ich mir nicht leisten.

Ich klettere eine Passage am Nanga Parbat ab – kurz bevor wir um ein Haar unser Seil verloren hätten.

Am oberen Ende des Kamins stelle ich fest, dass sich das Seil um einen zersplitterten Felsklotz gewickelt hat. Ich löse es, und während ich mich noch einmal vom selben Fixpunkt abseile, achte ich darauf, dass es sich nicht wieder an dem Hindernis verheddert. Als ich unten bin und das Seil abziehe, kommt es widerstandslos herunter und fällt als sauberes Knäuel vor meinen Füßen in den Schnee.

Vor dem Zelt lasse ich mich auf die Knie fallen und nehme das Seil lose auf, um es mit hineinzunehmen. Vince hat seine Stirnlampe ausgeschaltet, und ich bemühe mich, leise zu sein. Nur das Rascheln meiner Kleidung und mein ungleichmäßiger Atem sind zu hören. Als ich den Reißverschluss öffne, um ins Zelt zu kriechen, höre ich das leise Surren des Kochers.

Den Schlafsack über sich ausgebreitet, liegt Vince mit dem Rücken zur Wand im Zelt. Seine Füße schauen hervor, die Außenschalen seiner Bergschuhe hat er ausgezogen. Seine Handgelenke sind zu sehen, er hat die Hände zwischen die Beine geklemmt, um sie zu wärmen. Abgesehen von dem sich stoßweise hebenden und senkenden Brustkorb sieht er ganz friedlich aus. Während ich im Sitzen meine Bergschuhe aufschnüre, passe ich auf, dass ich den Kocher nicht umstoße. Meine Bewegungen wecken Vince auf, und ich stelle fest, dass das Wasser heiß ist. Ich mache den Kocher aus, um Brennstoff zu sparen.

Dann strecke ich die Arme aus dem Zelt und klopfe meine Stiefel leicht gegeneinander, damit der Schnee abfällt. Die zwei Schneeflocken sind immer noch an der Stiefelkappe festgefroren. Ich versuche sie mit dem Daumen wegzuwischen. Als sie sich nicht lösen, merke ich, dass es Eiskristalle sind – etwas Dauerhafteres als Schnee. Genauso wie Vince und ich sind sie ein perfektes Paar. Wir haben eine dauerhafte Partnerschaft aufgebaut und uns auf diesem Berg einen Platz erworben.

Kapitel 17

Gipfelerfolg am Nanga Parbat

Rupalwand, Abstieg – 7200 Meter Höhe am Nanga Parbat, Pakistan, 7. September 2005, 10 Uhr

Wir sind spät dran. Vince nimmt die Seile auf, während ich einen Messingkeil von der Größe eines Radiergummis in einen Riss in dem glitschigen grauen Fels stecke. Als die Sonne auf unser Zelt schien, bin ich aufgewacht und habe den Kocher in Gang gesetzt. Während er surrte, bin ich immer wieder eingenickt, doch schließlich hatten wir einen Liter Wasser, um unser Frühstück – für jeden ein Päckchen Energie-Gel – hinunterzuspülen, und einen weiteren Liter zum Mitnehmen. Wir haben das Zelt abgebaut und alles, was noch übrig war, eingepackt: ein paar Päckchen Energie-Gel, eine Portion gefriergetrocknete Bohnensuppe und eine noch fast volle Gaskartusche.

Erst um 10 Uhr brechen wir auf. Meine Glieder sind schwer und geschwollen. Von der Höhe habe ich ein richtiges Matschhirn. Meine Gedanken lassen sich nicht in Worte fassen, in meinem Kopf schwirren nur vage Eindrücke und Gedanken herum. Nur ein einziger Gedanke ist glasklar: Wir müssen von diesem Berg hinunterkommen, und zwar jetzt.

Ich hänge unsere beiden Seile, die wir zusammengebunden haben, um längere – 50 Meter lange – Strecken am Stück abseilen zu können, in die Verankerung ein, die aus nur ei-

Es tut gut, wenn dein Partner auch in 7600 Meter Höhe noch zu Scherzen aufgelegt ist.

nem Fixpunkt besteht, und bereite mein Abseilgerät vor, während Vince das Seil auswirft. Dann bewege mich rückwärts zur Kante der Wand. Nach 300 Meter Abseilen müssten wir das Merkl-Eisfeld erreichen. Als ich mit dem Fuß das letzte Stück Seil über die Kante schubse, komme ich plötzlich ins Straucheln, kann mich aber direkt an der Kante wieder abfangen.

»Hoppla!«, entfährt es Vince.

Instinktiv richte ich mich auf, während Vince sich vorbeugt, um den Klemmkeil zu inspizieren. »Das ist aber gar nicht gut«, sagte er.

»Was?«

»Der Keil hat sich bewegt, als du dich in Bewegung gesetzt hast. Gib mir mal die Klemmkeile rüber, ich bringe besser noch eine Hintersicherung an.«

Sechs Abseillängen später scheint die weite Fläche des Merkl-Eisfelds in greifbarer Nähe zu sein. Beim Einstieg in die siebte Abseillänge sage ich zu Vince: »Eigentlich könnten wir doch von hier aus runterspringen, meinst du nicht?« Als wir nach der neunten Abseillänge schließlich auf dem Schneefeld stehen, antwortet Vince: »Zu springen wäre wohl keine so gute Idee gewesen.«

»Ja, das war doch weiter als gedacht«, gebe ich zu. »Wir müssen aufpassen, was wir tun. Ich habe den Verdacht, unsere Birnen funktionieren nicht mehr ganz richtig.« Vince nickt, bindet in das Ende des einen Seils eine Schlaufe, hängt sie in seinen Gurt ein, und wir gehen gemeinsam los, wobei Vince die aneinandergeknüpften Seile hinter sich herzieht.

»Jetzt sind wir auf der 1970er-Route, der Messner-Route. Hier unten, gleich rechts von diesem Schneefleck, müssen wir über eine Eiswand abseilen.« Meine Richtungsanweisungen sind eigentlich überflüssig, helfen uns jedoch, nicht die Orientierung zu verlieren, und vermitteln uns das beruhigende Gefühl, allmählich in die Welt der Lebenden zurückzukehren.

»In Ordnung«, sagt Vince, während wir nebeneinander das Schneefeld hinuntergehen, wobei wir nur ab und zu husten müssen und unsere Steigeisen bei jedem Schritt ein paar beruhigende Zentimeter in die Oberfläche eindringen. Nachdem wir nun schon über 300 Höhenmeter tiefer sind, fühle ich mich bereits viel besser.

Rupalwand, Aufstieg – 3500 Meter Höhe am Nanga Parbat, Pakistan, 1. September 2005, 4 Uhr

Als ich das schwach beleuchtete Esszelt des Basislagers betrete, drückt Vince, der im Dämmerlicht nur schattenhaft zu sehen ist, den Knopf unserer kleinen Stereoanlage. Die Anfangsstrophen des »Ritts der Walküren« dröhnen mit voller Lautstärke in die Dunkelheit. Im Morgengrauen brechen wir auf und klettern unangeseilt 1500 Meter bis zu unserem ersten Biwakplatz. Am frühen Nachmittag schaufeln wir Schnee vom unteren Rand des Bergschrunds, stellen unser ein Kilo leichtes Zelt auf und kriechen hinein, um uns auszuruhen. Dort sind wir vor dem immer stärker werdenden Steinschlag und der erbarmungslos herabbrennenden Sonne geschützt.

Wir stehen um Mitternacht auf, um weiterzuklettern, solange die Steine über uns noch am Berg festgefroren sind. Ich stelle mir vor, wie sie zu Millionen an der riesigen Wand dort oben hängen, bis die Sonnenstrahlen die dünne Eisschicht schmelzen, die sie für einige Zeit dort haften lässt. Vince schnallt ein aufgeschossenes Seil unter seinem Rucksackdeckel fest, während ich schon losgehe und solo den steilen Hang oberhalb des Biwaks hinaufsteige.

Ich quere nach links, schlage dabei die Eisgeräte locker ein und komme mühelos voran. Ich schwebe, angetrieben von Hoffnung, die mit der immer gegenwärtigen Angst vor dem Scheitern vermischt ist. Ich mache mir Gedanken über Vince. Obwohl wir schon seit über zehn Jahren befreundet sind, haben wir noch nie mehr als eine Tagestour gemeinsam unternommen. Mir ist ein bisschen mulmig, dass ich mich auf einen relativ unbekannten Partner eingelassen habe. Eine Freundschaft, die sich noch nicht am Berg bewiesen hat, basiert auf dem, was man einander erzählt – und ob das auch alles stimmt, ist nicht nachprüfbar. Jeder erschafft von sich das Bild, das er vermitteln will, stellt sich so dar, wie der andere ihn sich seiner Ansicht nach wünscht.

Die Rinne wird steiler; das Eis ist dünner als im vorangegangenen Jahr, als ich diese Seillängen mit Bruce geklettert bin. Hier oben kann man nichts vor dem anderen verbergen. Kletterpartner können ein genauso vertrautes Verhältnis zueinander haben wie Ehepartner, vielleicht sogar ein noch vertrauteres. Im Lauf der nächsten paar Tage werde ich Vince so gut kennenlernen, wie ihn nur wenige kennen. Beim Besteigen großer Berge wird alles von uns freigelegt. Nach einer Stunde Stufentreten und Pickeleinschlagen endet das Eis in einer kleinen, schneegefüllten Felsmulde. An der linken Wand des soliden Gesteins ziehe ich mich zu einem tiefen Riss hoch und richte dort einen Standplatz ein.

Vince schließt zu mir auf und ordnet für den Vorstieg das Sicherungsmaterial an seinem Gurt, während ich das Seil von seinem Rucksack ziehe und vorsichtig über meine Bergschuhe lege. Sobald Vince eingebunden ist, klettert er los, den kleinen Vorsteigerrucksack auf dem Rücken, der immerhin noch neun Kilo wiegt. Als er das untere Ende der Eispassage erreicht, hält er inne, um eine Eisschraube zu setzen. Er ist vom Lichtkegel seiner Stirnlampe umrahmt.

Während ich ihm dabei zusehe, beruhigt mich der Gedanke, dass er beim Klettern die richtige Einstellung hat. Seine Ängste konzentrieren sich vernünftigerweise auf Dinge, auf die wir keinen Einfluss haben – Steinschlag, das Wetter –, nicht auf Zweifel an sich selbst. »Ich habe nicht so viel Erfahrung wie du«, sagte er zu mir, als wir zum Klettern in Kanada waren, um auszutesten, ob wir dieses Unternehmen gemeinsam angehen könnten, »aber ich halte sehr lange durch.« Für mich eine gute Antwort auf die Frage, die ich ihm damals im Januar an der Pool Wall in Ouray gestellt hatte.

Vince hackt mehrere Male ins Eis. »Das Eis hier oben ist beschissen«, sagt er.

»Ja? Letztes Jahr war es genauso. Ich bin über den rechten Eisschlauch hochgestiegen. Das Eis sieht dort zwar dünner aus, aber es war besser.«

»Okay«, erwidert er. Wir haben diese Einzelheiten in den letzten Monaten etliche Male durchgesprochen. Ich habe Vince bis ins kleinste Detail erzählt, was ich bei meinem Versuch mit Bruce über die Rupalwand gelernt habe, habe die Wand in kleine Teile zerlegt, damit Vince sich auf jeden einzelnen Schritt vorbereiten konnte.

Die Farbe des Himmels hellt sich von Schwarz zu Grau auf, die Umrisse unserer Umgebung werden erkennbar. Vinces Lichtkegel verblasst im weichen Licht des frühen Morgens. Die Details der nächsten Seillänge werden deutlicher sichtbar, und ich erkenne, dass der gefrorene Wasserfall nicht so kräftig ausgebildet ist wie im Vorjahr. Vince steigt bis zu der Stelle, wo das Eis schmäler wird und schließlich fast verschwindet und die Wand vertikal wird. Diese schwierige und gefährliche Seillänge bin im vorigen Jahr ich vorgestiegen. Das Eis war so weich, dass keine Eisschrauben hielten, und der Fels zu brüchig, um zuverlässige Sicherungen anbringen zu können. Hinterher sagte mir Bruce, dass bei einem Vorstiegssturz wohl nur zwei Fixpunkte gehalten hätten.

Vince hat noch immer keine Sicherung angebracht. Ich höre ihn keuchen, während er sich beklagt: »Dieser verdammte Rucksack.« Als er eine mehrere Zentimeter dicke, vereiste Schneeschicht wegklopft, klingt es wie Millionen von Glassplittern, die klirrend an meinem Standplatz vorbeifliegen.

»Taugt das was?«, rufe ich, während er ein Klemmgerät in einen Riss zu legen versucht, den ich nicht sehen kann.

»Es geht.« Er nimmt die Klemmkeile von seinem Hüftgurt und fummelt mit dreien davon herum, bis sich endlich einer davon setzen lässt. Als er mit einem kräftigen Ruck daran zieht, um zu testen, ob er hält, ist ein hohles Schaben zu hören. Nachdem er sich an beiden Fixpunkten eingehängt hat, entfernt er den vereisten Schnee. Als er schließlich zaghaft ein paar Kletterzüge aufwärts macht, bringt ihn der Rucksack aus dem Gleichgewicht.

»Verdammt noch mal! Ich komme runter.«

»Was ist?«

»Mit dem Rucksack kann ich das hier nicht vorsteigen!«, ruft er. »Meine Arme sind schon völlig gepumpt!«

»Okay.« Ich lehne mich in meiner Selbstsicherung zurück, um zu sehen, wie hoch die Sonne inzwischen steht. Wir sind im denkbar ungünstigsten Bereich, wenn es im Lauf des Tages wärmer wird. Riesige Felder voller Steine über uns, die sich lösen und genau die Eisrinne hinunterprasseln könnten, die wir gerade durchsteigen. Wenn wir das obere Ende dieser Seillänge erreicht haben, folgen noch drei einfachere Längen – zwei davon könnten wir, wenn es schnell gehen muss, notfalls auch solo klettern –, bis wir außerhalb der Steinschlagzone sind.

Ich lasse Vince zum Standplatz ab. Noch bevor er sich gesichert hat, greife ich nach dem Klettermaterial und hänge es an meinem Gurt ein, um die Seillänge ohne den Rucksack zu versuchen.

»Fertig?« Er nickt, und schon bin ich weg. Tief durchatmend erreiche ich die beiden Fixpunkte, die Vince angebracht hat.

»Dieser Friend ist echt Scheiße«, sage ich. »Kaum zu glauben, dass du dich daran abgelassen hast.«

»Vielleicht hat er sich durch die Belastung bewegt.«

»Kann sein.« Ich fummle an dem Klemmgerät herum, bis es ein bisschen fester zu sitzen scheint, und steige weiter.

Ich nähere mich einem armdicken Eiszapfen, der drei Meter von einem schwarzen Felsdach herunterhängt und unten an einer gefrorenen Lache aus blauem Eis festgewachsen ist. Ich setze in der Eislache eine Schraube, lege eine Schlinge um den Eiszapfen und hänge in beide mein Seil ein.

»Jetzt wird es schwierig«, denke ich und erinnere mich genau an den winzigen Spalt, in dem ich vor 13 Monaten die Haue meines Eispickels verklemmte.

»Wie sieht's aus?«, ruft Vince zu mir herauf.

»Grauenhaft!«, rufe ich zurück und weiß genau, dass Vince daraus schließt, dass ich die Anspannung, die Anstrengung und die Kletterei genieße.

»Schön langsam«, ermahne ich mich. Behutsam setze ich eine Haue im Fels, teste, ob sie hält, indem ich mit einem Ruck daran ziehe, und setze den Fuß auf klares Eis. *Whrrrrr.* Der erste Stein fliegt über mich hinweg, als die ersten Sonnenstrahlen den oberen Wandbereich berühren. Ich verlagere das Gewicht auf die rechten Zehen und will gerade den Arm ausstrecken, als das Eis, auf dem ich stehe, auseinanderbricht und ich an die Wand gedrückt werde. Ganz vorsichtig setze ich den Fuß nach außen und drücke die Steigeisenzacke auf eine Felskante, die unter dem weggebrochenen Eis zum Vorschein gekommen ist. Langsam ziehe ich die Haue meines rechten Eisgeräts heraus und platziere sie ein Stück höher im Eis.

Vince beim Vorstieg über schöne Eisrinnen am makellosen Morgen des dritten Tages.

Am Stand erinnere ich mich genau, wo ich damals welches Sicherungsmaterial angebracht habe. Ich sichere mich selbst und beginne mit dem Hochziehen des kleineren der beiden Rucksäcke, während Vince sich startklar macht.

»Ich komme!«

»Okay!« Ich fixiere rasch den Rucksack und lasse ihn in der Mitte des gefrorenen Wasserfalls baumeln, während Vince nachsteigt. Als er zwischendrin innehält, um die ersten beiden Zwischensicherungen zu entfernen, ziehe ich den Rucksack schnell ein Stück höher.

»Seil ein«, ruft Vince. Ich fixiere den Rucksack wieder und ziehe das Seil von Vince ein. Fünf Minuten später erreicht er keuchend den Standplatz, während der kleinere Rucksack noch immer dort unten baumelt. Bis Vince sich in die Selbstsicherung eingeklinkt hat, ziehe ich den Rucksack hoch und schnalle ihn mir mitsamt dem Seil auf den Rücken.

»Sichere mich«, sage ich, hänge meine Selbstsicherung aus, packe meine Eisgeräte und klettere los.

Nach sechs Metern höre ich Vince sagen: »Ich hab dich.« Im gleichen Augenblick surrt ein Stein dicht an mir vorbei durch die Luft.

»Bin unterwegs!« Ich finde ein Tempo, bei dem ich gerade unter meiner anaeroben Schwelle bleibe, und behalte es bei: Mein Brustkorb hebt und senkt sich, meine Beine bewegen sich in einem gleichmäßigen Rhythmus.

»Noch sechs Meter!«, schreit Vince. Ich gehe das Seil aus, setze eine Eisschraube, hänge mich darin ein und schaue hinunter. Vince hat sich schon in Bewegung gesetzt. Schweigend klettern wir auf unser gut geschütztes zweites Biwak zu, das nur noch ein paar Hundert Meter entfernt ist.

Rupalwand, Abstieg – 7000 Meter Höhe am Nanga Parbat, Pakistan, 7. September 2005, 13.30 Uhr

Beim Abstieg über das Merkl-Eisfeld nähern wir uns dem oberen Ende einer Eiswand. Im Schnee ist ein altes dreistrangiges Polypropylenseil zu sehen, das schräg nach rechts abwärts läuft. Wir folgen ihm, bis das Gelände zu steil wird, um vorwärts abzusteigen. Ich drehe mich mit dem Gesicht zur Wand und steige auf den Frontalzacken bis zu der Stelle, an der das Seil an einer Eisschraube befestigt ist.

Vince bleibt stehen und lässt sich auf die Knie sinken. Er atmet schwer, aber nicht mehr so unregelmäßig. Er muss immer noch husten, seine Miene ist dabei jedoch nicht mehr so schmerzverzerrt.

»Was meinst du? Sollen wir dieser alten Schraube trauen?«, frage ich.

»Nun, sie sitzt gut. Ich wüsste nicht, warum nicht.«

Seit sieben Tagen sind wir ohne jede fremde Hilfe ausgekommen, und ich bin nicht gewillt, mich plötzlich auf die Hinterlassenschaften anderer zu verlassen.

»Wir brauchen sie nicht. Ich baue lieber eine Eissanduhr.« Vince steht geduldig da und wartet, während dicke Nebelfetzen über uns hinwegziehen.

Nach der dritten Abseillänge ist der Nebel so dicht geworden, dass die Sicht keine fünf Meter mehr beträgt. Ich überwinde meinen Stolz und hänge mich in die nächste alte Eisschraube ein, die ich entdecke. Wir müssen jetzt schnell vorankommen, und am schnellsten geht es, wenn wir alles Verfügbare benutzen. Beim Gedanken an frühere kleine Verstöße gegen meine Prinzipien habe ich noch immer ein schlechtes Gewissen, wie zum Beispiel damals, als wir uns nach der Begehung der Slowakischen Direkten im Lager auf 4300 Meter Höhe von den Rangers des National Park Service durchfüttern ließen. Die schlechte Sicht ist hinderlich, doch die feuchte Luft ist eine Wohltat für meine raue Kehle. Unsere nächste Abseilstelle richte ich an einer alten Eisschraube ein. Sie bringt uns zu einem weiteren, sich scharf nach rechts unten ziehenden Schneehang. Als Vince zu mir aufschließt, sitze ich mit dem Rucksack auf dem Rücken im Schnee.

»Was ist los?«

»Ich glaube, wir sind hier nahe der Stelle, von der aus Bruce und ich letztes Jahr der Messner-Route gefolgt sind. Wenn das stimmt, müssen wir jetzt weiter nach links. Der Kamm der Rippe, dem die Route folgt, ist links von hier.«

»Es sieht aber ganz so aus, als ginge es hier rechts hinunter.« Vince ist skeptisch.

»Ich weiß. Aber ich glaube, das führt uns zu einer riesigen Eiswand, und dort wären wir in ernsthaften Schwierigkeiten.«

Ich schweige, während Vince die Seile abzieht. »Wie du meinst. Ich vertraue hier ganz auf deine Entscheidung.«

»Also, ich meine, wir müssen nach links. Wenn das richtig ist, müssten wir auf den nächsten paar Hundert Metern noch mehr altes Zeug finden: Seile und irgendwelche Verankerungen vielleicht. Lager 3 der Messner-Route muss hier irgendwo ganz in der Nähe sein; wenn wir es finden, sollten wir dort biwakieren und hoffen, dass sich der Nebel bis morgen verzogen hat.« Ich rapple mich auf und gehe schräg nach links weiter.

Obwohl es nicht steil ist, klettere ich mit dem Gesicht zur Wand ab. Bei dem Nebel hat man keine richtige Orientierung: Die Sicht ist mittlerweile fast null. Es ist, als kletterte man in einem Wattebausch. Es gibt kein Oben, kein Unten und keine

Schatten. Nur das beruhigende Gefühl der in den Schnee eindringenden Bergstiefel und der Eispickel in meinen Händen. Ich bewege mich schräg über den Hang abwärts.

Auf einmal nehme ich eine leichte Veränderung der Hangneigung wahr. Um eine Ahnung zu bekommen, wie tief es hinuntergeht, scharre ich mit dem Fuß über die Schneeoberfläche und suche mit den Augen die Strecke bis zu der Stelle ab, wo sie abrupt endet. Dann trete ich einen Schneeblock los und blicke ihm hinterher, wie er zwei Saltos schlägt und dann von Nebel, Schnee und Helligkeit verschluckt wird. Ich weiß, dass sich am jenseitigen Ende ein jäher Abbruch befindet. Ich bin auf der Gratkante.

»Wir sind richtig!«, rufe ich in die feuchtkalte Windmauer hinein. Ich weiß nicht, ob Vince mich hören kann. Mit dem Gesicht zum Hang steige ich weiter ab und lasse die Hand dabei über den Kamm gleiten wie über ein Geländer. Alles tut mir weh. Meine Beine bewegen sich vollkommen automatisch, der Rhythmus des Windes verwandelt sich in meinem Kopf in das Crescendo eines warmen gregorianischen Gesangs: Die Lautstärke schwillt an und ab, der Ton wird immer tiefer. Als ich dann auf ein altes, zurückgelassenes Fixseil stoße, weiß ich, dass wir auf dem richtigen Weg sind.

Rupalwand, Aufstieg – 5400 Meter Höhe am Nanga Parbat, Pakistan, 3. September 2005, 3 Uhr

Unser zweites Biwak befindet sich oberhalb der Zone mit der größten Steinschlaggefahr, deshalb schlafen wir lange und stehen erst um 3 Uhr früh auf. Im kalten, weißen Licht unserer Stirnlampen steigen wir unangeseilt auf. Wir folgen einem kleinen Grat und bereiten uns auf die Überquerung einer gefährlichen Lawinenbahn vor. Gestern haben wir Tonnen von Schnee und Eis, die sich in der Sonne gelöst hatten, diese Rinne hinunterdonnern sehen. Jede einzelne dieser Lawinen hätte ein kleines Bürogebäude zermalmen können, erst recht ein paar winzige Bergsteiger.

In der kalten Dunkelheit der Rinne ist es still. Während ich stehen bleibe, um zu lauschen, verlangsamt sich mein Atem, und ich mache mich bereit, hinüberzusprinten, um die Lawinenbahn möglichst schnell zu queren. Ich schaue hinaus zu dem orangerot leuchtenden Horizont mit der gezackten Silhouette des Karakorum-Gebirges im Norden. Die riesige Pyramide des K2 überragt den benachbarten Broad Peak und alle sieben Gasherbrum-Gipfel, den Masherbrum und die Chogolisa. Die K7- und die K6-Gruppe umrahmen eine lange Reihe niedrigerer Berge, die sich nach Osten hin über die glühende indische Grenze erstreckt.

Nur wenige Augenblicke bevor die Sonnenstrahlen den Gipfel 2000 Meter weiter oben erhellen, spurte ich hinüber. Vince beobachtet mich, wie ich es sicher auf die andere Seite schaffe, und setzt dann seinerseits zu einem holprigen Sprint an. Sobald er mich erreicht hat, stapfe ich weiter voraus und versuche dabei einen Rhythmus zu finden, den ich beibehalten kann. Das rosafarbene Licht, das die weiße Eiswand überzieht, und die Pfeiler aus dunklem, mit Eis und Schneepilzen durchsetztem Gestein vertreiben die Monotonie.

Das Tal unter uns ist immer noch in Dunkelheit gehüllt; nirgends sind Kochfeuer oder andere Lichter zu sehen. Wir sind nun bereits 1600 Höhenmeter oberhalb des schäumenden, im Glanz der Morgenröte fortströmenden Flusses. Ich bleibe stehen, um ein paar Fotos von Vince zu machen, der hinter mir hochkommt.

Langsam und stetig arbeitet er sich vorwärts und schließt zu mir auf, während ich die Augen über den Horizont wandern lasse. Der Großteil des Himmels wird von dem Berg über uns ausgefüllt, doch von meinem Standpunkt aus kann ich bis nach China und Indien und im Süden in den pakistanischen Teil der Punjab-Ebene sehen.

Während es immer wärmer wird, verlangsamt sich mein Tempo, weil mir die Oberschenkel brennen. Ein Atemzug, ein Schritt, ein Atemzug, ein Schritt. Das Eis wird steiler und mühsamer, dann kommt eine Felsrippe in Sicht. Nachdem ich an ihrer rechten Seite zehn Meter hochgeklettert bin, komme ich ohne Seilsicherung nicht mehr weiter.

Auf einem kleinen Absatz des felsigen Kamms balancierend, sichere ich mich an einem mannshohen Felszacken und nehme den Rucksack ab. Als Vince nachgekommen ist, ziehe ich das Seil von seinem Rucksack und hole das Klettermaterial heraus. Vince setzt seinen Rucksack mit einem tiefen Seufzer auf dem Boden ab. Während er das Material an seinen Gurt hängt, ziehe ich das Seil einmal durch, damit es nicht krangelt. Anschließend gebe ich Vince ein Päckchen Energie-Gel und einen Wassersack. Er drückt sich die Paste in den Mund und spült mit drei großen Schlucken Wasser nach.

Dann steigt er über einen steilen Felsaufschwung zu grazil geformten Eisfäden, die sich aus dem Tauwasser kleiner Schneefelder gebildet haben. Große alpine Wände zu klettern hat mehr mit Abenteuer zu tun als mit der Suche nach eleganten Bewegungen an festem Fels, wie sie Kletterer suchen. Aber diese Seillänge macht richtig Spaß. Unter einem strahlend blauen Himmel stoße ich die Zacken meiner Steigeisen in kleine Unebenheiten in wohltuend hartem Gestein und folge Vince die fragilen Eislinien hinauf.

An der Wand bilden sich kleine Quellwolken, während Vince Seillänge um Seillänge vorsteigt. Die Kletterschwierigkeiten halten sich im Rahmen, sind aber doch so hoch, dass es ganz ohne Seilsicherung nicht geht. Nachdem er eine volle 50-Meter-Seillänge vorgestiegen ist, setzt er eine Eisschraube und hängt das Seil ein, dann klettern wir simultan mit der als »Running belay« bekannten Sicherungsmethode weiter, bei der sich zwischen uns immer eine Eisschraube als Seilschaftssicherung befindet. Da wir fünf Eisschrauben dabeihaben, kann er das über fünf Seillängen hinweg machen. Zwischen meinen Schritten rechne ich im Kopf aus, wie viel Meter das insgesamt ergibt. »Fünf mal 50 Meter. Also 250 Meter Kletterei zwischen jedem Vorstiegswechsel.«

Als ich mit meinem zweiten Fünf-Seillängen-Vorstieg – meinen 250 Metern – beginne, brauen sich um uns herum Wolken zusammen. Zwischen den Schritten wandern meine Gedanken umher. »Wenn wir diesen Block hinter uns haben, werden wir heute 1000 Höhenmeter bewältigt haben. Stimmt die Rechnung?« Ich fange noch einmal von vorn an. »Fünf mal 50 Meter ...«

Als ich die fünfte Seillänge beende, wird es dunkel. Am letzten Fixpunkt nagt Vince an einem halb gefrorenen Snickers-Riegel. Immer wieder haben meine Waden angefangen zu brennen, dann ließ der Schmerz wieder nach, dann fing das Brennen wieder an. Ich weiß nicht, wie oft das so hin und her ging. Vince klettert im Schneckentempo nach. Ich weiß nur, dass mir alles wehtut.

»Wir müssen biwakieren«, sagt Vince, während er sich mit den letzten Metern bis zu meinem Standplatz abmüht. »Ich bin total fertig.«

»Ich auch. Ich glaube, wir müssen noch ein Stück weiter hoch und dann nach rechts, um auf diesen Hängegletscher zu kommen. Ich hoffe nur, wir finden einen guten Biwakplatz.«

»Was du nicht sagst!« Knurrend rammt er sein Eisgerät ein.

Ich befestige meine Stirnlampe auf dem Helm. Die Nacht bricht ein, und wir wir sind seit 16 Stunden mit lediglich ein paar kurzen Unterbrechungen geklettert. »Du bist dran mit dem Vorstieg. Willst du?«

»Ich glaub nicht.«

»Okay.« Es ist nicht das erste Mal, dass ich am Ende eines langen Tages weiterklettere, obwohl ich eigentlich gar nicht mehr klettern will. Ich drücke meine kalten Hände in den Handschuhen aufs Gesicht und hole tief Luft. Ein Schluck

Wasser wäre nicht schlecht, aber wir haben vor einer Stunde den letzten Rest getrunken. Ich weiß, dass ich rein physisch in der Lage bin, weiterzumachen. Ich muss. Wir müssen. Schön vorsichtig sein und weiter. Ich atme kräftig aus und greife nach meinen Eispickeln.

Zwei Seillängen später quere ich im Dunkeln steiles Eis in Richtung einer Schneerippe. Von dort aus klettere ich auf einen soliden Felsblock und setze in einem Fingerriss einen guten Klemmkeil. Die Kletterei ist steil; ich stütze mich auf die Arme, in denen nach den unzähligen Schlägen, die ich an diesem Tag schon ausgeführt habe, keine Kraft mehr ist. Mir ist schwindlig, doch irgendwie macht mein Körper roboterhaft weiter. Ich treibe die Haue in den Riss, bis das Gerät sitzt, und klettere nach rechts. Dann führe ich den Arm nach oben und schlage das Eisgerät ein. Erst nach dem vierten Schlag ist es gut verankert. Jeder Schlag ist schwächer als der vorige.

Als ich einen Schritt nach rechts machen will, zieht mich der Rucksack nach hinten. Die Füße tun mir weh. Ich versuche es noch einmal, irgendwie, und noch einmal, und dann stehe ich endlich auf einem soliden Eisabsatz. Als ich gerade eine Eissschraube gesetzt habe, fängt das Gewürge an.

Speichel fließt mir aus dem Mund, ich huste trocken, mein Körper krümmt sich, aber es kommt nichts hoch. Die Bauchschmerzen sind unterirdisch; ich habe das Gefühl, ohnmächtig zu werden. »Muss ich mir das wirklich antun?«, frage ich mich. Ohne eine Antwort zu finden, klammere ich mich mit der einen Hand an der Eisschraube, mit der anderen am Eispickel fest und mache mich auf die nächste Woge gefasst.

»Alles in Ordnung?«, hallt Vinces Stimme durch die Dunkelheit.

Ich bringe kein Wort heraus. Ich versuche zu atmen, Speichelfäden klatschen an mein Kinn, meine Nase ist plötzlich voller Schleim. Ich krümme mich und würge wieder. Galle tropft aus meinem Mund.

Atmen, atmen, atmen. Ich zwinge mich in eine aufrechte Körperhaltung, um den Brustkorb zu dehnen. Reiß dich zusammen. Ich beende die Seillänge, indem ich die Eisrippe hinaufsteige. Als ich den Stand einrichte, erblicke ich über mir den Schlund einer riesigen Gletscherspalte, die die Abbruchkante des Hängegletschers spaltet: ein perfekter Biwakplatz, nur noch eine einzige Seillänge über mittelschweres Eis entfernt. Ich werfe einen Blick auf meine Uhr: Mitternacht. Wir werden unser Zelt auf einer ebenen Schneefläche errichten können, geschützt unter dem überhängenden Dach des Séracs.

Rupalwand, Abstieg – 6000 Meter Höhe am Nanga Parbat, Pakistan, 7. September 2005, 15 Uhr

Das ausgebleichte Fixseil, das unzählige Jahre in der Sonne hing, verschwindet wieder in einem Hang aus blauem Eis. Ich hänge unser Seil darin ein, ein halbherziger Versuch, Vince und mich vor einem verhängnisvollen Seilschaftssturz zu bewahren, und steige jetzt in langsamerem Tempo weiter ab. Vince kommt auf dem leichter zu begehenden Hang über mir schneller voran und kann nicht wissen, dass ich langsamer geworden bin. Wegen des unterschiedlichen Tempos staut sich das Seil zu meinen Füßen. Ich versuche es mit einer Hand von mir wegzuhalten und steige weiter in Richtung der dunklen, schemenhaften Umrisse eines Felsturms, der, so hoffe ich, die Rinne der unteren Messner-Route markiert.

Der Turm ist rund und zusammengebrochen, doch ein Stück daneben finden wir die große, steif gefrorene Schlaufe eines fixierten Kletterseils und eine Schlinge mit Haken. Wir sind auf dem richtigen Weg. Das alte Seil ist unbrauchbar, die Haken hingegen sind eine Goldgrube. Wir haben den Großteil unseres Materials am Berg gelassen. Lediglich ein paar Klemmkeile und eine Eisschraube haben wir noch übrig. Solange wir diese eine Eisschraube haben, können wir zum Abseilen Eissanduhren bauen, auch wenn das langwierig und ermüdend ist: Jede Eissanduhr erfordert zehn Minuten konzentrierter Arbeit.

Als Vince den Standplatz erreicht, nehme ich einen mittelgroßen Haken vom Gurt und hämmere ihn in einen Riss. Ich klinke einen meiner letzten Karabiner darin ein und mache mich zum Abseilen fertig.

»Schön, ein paar Nägel zu ergattern«, sagt Vince, während er in der einbrechenden Dunkelheit die Stirnlampe aus seiner Jackentasche zieht.

»Allerdings«, sage ich und lehne mich mit meinem Gewicht ins Seil. Doch ich spüre nicht den vertrauenerweckenden Halt der Abseilstelle; stattdessen kippe ich nach hinten und rutsche langsam nach unten. Schnell springe ich wieder hoch. »Verdammt!«

»Mist«, sagt Vince und blickt auf den halb ausgerissenen Haken, den ich gerade geschlagen habe. Das Gestein war nicht fest, sondern lediglich gefroren. Vom Adrenalin durchpumpt, bohre ich flugs mit der Eisschraube ein Loch, um die nächste Eissanduhr zu bauen. Zwei Abseilstrecken später ist der Adrenalinspiegel in meinem Blut wieder gesunken, und ich quäle mich mit dem Bau der nächsten Eissanduhr ab. Vince knipst seine Stirnlampe aus und stellt sich neben mich. Der Nebel löst sich langsam auf, am Himmel werden unzählige Sterne sichtbar. Weit unten im Tal sehen wir fünf große Feuer brennen.

»Hey! Sieht aus, als würde da unten eine Party steigen!«, ruft Vince aus.

»Bestimmt für uns«, entgegne ich. Allein schon die Vorstellung, dass die Bewohner des Rupaltals uns sehen könnten, zwei winzige schwarze Punkte in dieser unendlich großen Landschaft aus Eis und Schnee, ist absurd.

Plötzlich merke ich, dass Vince stockstill dasteht und lauscht. »Ich höre Trommeln«, sagt er. Er hält eine Hand in die Höhe, um mir zu bedeuten, dass ich still sein soll.

Bei meinen Expeditionen nach Pakistan habe ich schon des Öfteren Feiern miterlebt, bei denen die Einheimischen fröhliche Lieder mit beschwingten Rhythmen sangen und dazu auf improvisierten Instrumenten wie Plastikfässern und Kerosinkanistern trommelten. Jedes Mal bin ich beeindruckt gewesen, wie glücklich diese Menschen wirkten, die von nichts weiter als ihren mageren Ziegen und einem kleinen, von Hand bewässerten Kartoffelfeld leben. Aber ich kann mir wirklich nicht vorstellen, aus welchem Anlass das ganze Tal heute Nacht feiern sollte.

Ich neige den Kopf in Richtung Tal und horche. »Du spinnst«, sage ich nach einer Weile. »Ich höre nichts. Du hast wahrscheinlich wieder Halluzinationen.« Ich wende mich ab und setze meine Arbeit an der Abseilstelle fort.

Rupalwand, Aufstieg – 6100 Meter Höhe am Nanga Parbat, Pakistan, 4. September 2005, 8 Uhr

»Raus und nach oben!«, rufe ich, als die ersten Sonnenstrahlen ins Zelt scheinen. Ich setze mich auf und beuge mich hinaus, um den Kocher anzuwerfen. Als wir vergangene Nacht um 1 Uhr hineinkrochen, waren wir so geschafft, dass das Einzige, was wir vor dem Einschlafen noch hinunterbrachten, ein bisschen Suppe und ein Topf Wasser waren.

»Nach oben oder sterben«, sagt Vince matt, einen ironischen Unterton in der Stimme. Vom Schlafmangel gerädert, liegt er wie tot auf dem Rücken. Und er hat gar nicht so unrecht, denn falls wir nicht zum Gipfel hinaufkommen, ist es jetzt vielleicht tatsächlich unmöglich, die 3000 Meter hohe Wand unter uns abzusteigen. Von hier aus müssten wir den Weg hinauf zur Messner-Route finden und auf ihr absteigen und von Eissanduhren abseilen.

Wenn wir über unseren Aufstiegsweg absteigen würden, müssten wir Hunderte von Metern abseilen, wobei die Fixpunkte ausschließlich im Fels angebracht werden könnten, wofür wir jedoch nicht genügend Material haben. Unser Materialsortiment besteht aus neun Felshaken, sechs Klemmkeilen, fünf Eisschrauben und drei Camalots. Ohne Funkverbindung oder Unterstützungsteam können wir auch niemanden um Hilfe bitten. Wenn wir es nicht schaffen, den Flüssigkeitsverlust auszugleichen und uns genügend Nahrung zuzuführen, sieht es nicht gut für uns aus. Wir haben inzwischen die 6000-Meter-Marke geknackt und werden mit zunehmender Höhe immer weniger zu uns nehmen können.

Während der Schnee im Topf schmilzt, hole ich unsere drei Fotos von der Rupalwand heraus. Anhaltspunkte für die nächste Etappe sind daraus jedoch kaum zu ersehen. Vom Tal aus konnten wir mit unseren Ferngläsern keinerlei Lösung finden. Mein Instinkt, der sich in vielen kleineren Wänden als dieser hier herausgebildet hat, sagt mir jedoch, dass wir den Weg schon irgendwie finden werden.

Der 19-Jährige, der mit einer slowenischen Expedition am Fuß dieser Wand lag und noch nicht wusste, was in ihm steckte, ist nun in weiter Ferne. 16 Jahre und eine Million getroffener Entscheidungen haben mich geformt: all das, was ich inzwischen gelernt habe, das Training, das Bestimmen des Zeitpunkts zum Aufbruch, das Warten auf gutes Wetter und gute Bedingungen in den Wänden, die Auswahl der Kletterziele. Die Summe aller Dinge, die ich getan habe, bestimmt nicht, wer ich bin, bestimmt aber mit Sicherheit, wer ich einmal sein könnte.

Dann denke ich über Vince nach. Ich weiß nicht, welche Meere er durchquert hat, was ihn geformt hat. Mir ist aufgefallen, dass er im Leben und in der Kunst Dinge wahrnimmt, die mir selbst in meiner Hast, so viele Projekte und Aktivitäten wie möglich unter einen Hut zu bringen, entgehen. Nach außen hin wirkt Vince einigermaßen unnahbar. Er trägt häufig T-Shirts mit antireligiösen oder pornografischen Aufdrucken.

Er hat zahlreiche Piercings am Körper, trägt baumelnde Ketten und schwarze Nietenstiefel. Er mag Musik – norwegisches Black Metal –, die so gut wie keinem anderen gefällt. Doch hinter dieser Fassade verbergen sich ein gelassenes Gemüt und ein einfühlsamer, nachdenklicher, ausdrucksstarker Mensch.

Nach zwei Stunden Klettern legen wir um 12 Uhr eine Pause ein, da wir dringend etwas zu essen und zu trinken brauchen. Ich hacke einen Standplatz ins Eis. Es gibt weiterhin eine große Unbekannte, einen noch immer nicht einsehbaren Abschnitt der Wand. Vince schließt zu mir auf, aber wir wechseln kein Wort.

Als ich mir dann wieder den Rucksack aufwuchte und aufbreche, lastet diese Ungewissheit schwer auf mir. »Das müsste gehen«, denke ich, während ich nach rechts oben quere. Langsam tut sich eine versteckte Verschneidung vor mir auf und enthüllt einen sich breit und kreideweiß nach oben ziehenden Eisstrom. »Ich bin auf eine Goldader gestoßen!«, rufe ich Vince zu. »Es geht! Ganz locker!«

Weil ich die Passage dummerweise zu hastig angehe, geht mir nach 50 Metern die Puste aus. Kein Wunder, wenn man in 6400 Meter Höhe mit Rucksack und ohne Seil senkrechtes Eis klettert. Mein unvernünftiger Überschwang hätte uns beide umbringen können, doch das wird mir erst bewusst, als ich schon zu weit oben bin, um wieder abzusteigen. Beschämt über mein unkluges Vorgehen und die Folgen, die dies für meinen Partner hätte haben können, lasse ich das Seil zu Vince hinab, der geduldig dasteht und wartet.

Während mich der Gedanke an den herannahenden Abend vorwärtstreibt, ermahne ich mich: »Keine Fehler, Farmboy.« 15 Meter oberhalb meiner letzten Eisschraube fange ich an, auf eine Wechte einzuhacken. »Wenn ich es auf diesen Grat hinaufschaffe, finden wir vielleicht einen guten Biwakplatz.«

Plötzlich bricht die Wechte ab, und ich baumle 3300 Meter über dem dunklen Tal. Mein gesamtes Gewicht hängt an einem

In dieser Seillänge gab es mit das beste Eis der gesamten Route. Ich steige durch eine Rinne vor, die uns durch den unheimlich steilen Wandabschnitt rechts von mir bringen wird. Wir kletterten den ganzen Nachmittag hindurch so schnell wir konnten; den ganzen Tag über sahen wir keinen Platz für ein mögliches Biwak.

einzigen Eisgerät, während harte Schneeblöcke zu Vince hinunterpoltern. Ich höre die dumpfen Aufschläge, als sie ihn treffen, und dann höre ich sein Stöhnen. Ich steige nach oben, ramme den Schaft meines zweiten Eisgeräts in den freigelegten Hang und ziehe mich hinüber. Von Adrenalin durchpumpt, klettere ich hastig ein kleines Stück die andere Seite hinab.

»Alles in Ordnung?«, rufe ich Vince zu.

»Bestens«, erwidert Vince mit heiserer Stimme.

Es klingt zwar nicht so, aber ich kann nichts machen. Nachdem ich dem Grat 20 Meter gefolgt bin, stoße ich auf festes Gestein und bringe im Licht meiner Stirnlampe einen Fixpunkt an. Während ich Vince nachsichere, dröhnt mir wegen der großen Höhe der Schädel. Vince kommt um die Ecke herum.

»Alles in Ordnung?«, frage ich erneut.

»Der größte Brocken ist an mir vorbeigeschossen, aber ein kleinerer hat mich ganz ordentlich an der Schulter getroffen. Und, wie sieht's aus?«, fragt er, während er skeptisch den äußerst schmalen Grat betrachtet.

»Na ja«, ich schnappe mir seinen Rucksack, um die darin verstaute kleine Schaufel herauszuholen. »Finden wir's raus.«

Mit einem resignierten Blick nimmt er mir die Schaufel ab. »Also dann.«

Rupalwand, Abstieg – 4570 Meter Höhe am Nanga Parbat, Pakistan, 7. September 2005, 19.45 Uhr

Wir sind inzwischen wieder auf 4570 Meter heruntergekommen. Seit unserem Aufbruch vom Gipfel vor drei Tagen sind wir 3550 Höhenmeter abgestiegen. Bis wir aus der Wand draußen sind, stehen uns noch immer fast 900 Höhenmeter bevor, und weitere 300 Höhenmeter Fußmarsch bis hinunter zum Basislager.

Am nächsten Fixpunkt nimmt Vince, ohne an die Stirnlampe zu denken, seine Mütze ab. Sprachlos sehen wir der Lampe hinterher, wie sie die steile Eisrinne hinunterhüpft und auf Nimmerwiedersehen verschwindet. Ich beginne mit der nächsten Abseillänge, und als ich das Seilende erreiche, sind die Batterien meiner Stirnlampe leer. Um Mitternacht seile ich bei Sternenlicht ab.

Die Gipfelbesteigung des Nanga Parbat hat uns die letzten Reserven gekostet, sodass wir beim Abstieg nun regelrecht auf dem Zahnfleisch gehen. Alles tut mir weh. Ich sehne mich nicht nach etwas zu essen oder zu trinken, sondern nur danach, endlich ausruhen zu können – mich hinlegen und meine Knochen auf ein schön flaches Stückchen Erde betten zu können.

Vor einer Weile hat Vince über schmerzende Füße geklagt. Seine Füße machen ihm offenbar immer wieder zu schaffen, im Moment jedoch sagt er nichts. Leidensfähigkeit hat in seinen Vorstellungen von künstlerischer Ästhetik einen hohen Stellenwert. Hier, denke ich, während ich mich abseile und der Abstand zu Vince, dessen Kopf nach vorn hängt, immer größer wird, ist einer, der seine Ideale lebt.

Kurz bevor ich das Seilende erreiche, fällt mir eine spitze schwarze Fläche auf, die frei von Sternen ist, und ich stelle fest, dass dort ein Sérac steht, ein Eisbrocken von der Größe eines Hauses. Als ich den Schalter meiner Stirnlampe betätige, blitzt kurz ein schwaches Licht auf, das gleich wieder erstirbt. Am Fuß des Séracs muss ein flacher Bereich sein, denke ich. Ich quere bis zu einer Stelle, an der ich bequem stehen kann, und hänge mich aus dem Seil aus. Ich bin zu müde, um Vince über meine Entdeckung zu informieren. Während er zu mir abseilt, knie ich mich nieder und zerre unser Zelt aus der Hülle. Es ist 1 Uhr nachts.

Im Zeltinnern bereitet Vince unseren letzten Rest Essen zu: eine Portion Bohnensuppe. Beim ersten Bissen würgt er und spuckt ihn wieder aus.

»Pfui Teufel, da ist ja Sand drin!«, schimpft er.

Ohne Licht konnte er nicht sehen, dass der Schnee hier voller Erde, Steinchen und Sand ist. Er kippt die Suppe weg und fängt an, im Dunkeln im Schnee zu buddeln, bis er sauberen Schnee zu erreichen glaubt. Unsere Mahlzeit an diesem Abend besteht aus lauwarmem Wasser.

Am nächsten Morgen geht mit einem Zischlaut die Gasflamme unter dem Topf mit halb geschmolzenem Eis aus. Schluckweise trinken wir abwechselnd die eisige Brühe, bevor wir aus dem Zelt kriechen. In so niedriger Höhe und in unserem erschöpften Zustand hatten wir einen tiefen Schlaf, und ich fühle mich regelrecht erfrischt. Doch als ich mich aufrichte, kehren die Erschöpfung und die Schmerzen sofort wieder zurück.

Am Mittag sind wir am Fuß der Rupalwand angelangt.

Rupalwand, Aufstieg – 7300 Meter Höhe am Nanga Parbat, Pakistan, 5. September 2005, 11 Uhr

Tag fünf, und wir klettern langsam die obere Rinne hinauf, die allmählich flacher geworden ist. Unser Ziel ist es, so früh wie möglich einen guten Biwakplatz zu finden, damit wir uns vor dem Gipfelversuch am morgigen Tag gut ausruhen können. Um 14 Uhr, auf etwa 7400 Meter Höhe, erreichen wir einen Schneegrat, an dem wir rasch eine gute Plattform für unser

Zelt ausheben. Die Anspannung der vergangenen Tage löst sich. Wir wissen, dass wir von hier aus die 1970er-Route der Messners erreichen oder notfalls auch absteigen können. Ich liege faul im Zelt und genieße die Wärme der Sonne.

Eine halbe Stunde nach Mitternacht reißt uns der Alarm der Armbanduhr aus dem Schlaf. Gipfeltag. Vince, der diese Nacht wieder nicht geschlafen hat, setzt den Kocher in Gang, und die Warterei beginnt. Ich starre auf die Flamme, würde sie am liebsten dazu zwingen, heißer zu brennen, doch die Höhe fordert nicht nur von den Menschen, sondern auch von den technischen Geräten ihren Tribut.

In geringerer Höhe ist das Mixed-Klettern ein Genuss, hier oben hingegen fallen mir bereits 30 Meter nach unserem Aufbruch die leichtesten Kletterzüge schwer, während mein Körper gegen Kälte und Sauerstoffmangel ankämpft. Als wir das Ende der Felspassagen erreichen, binden wir das Kletterseil und den Großteil unseres Sicherungsmaterials an einen großen Felsblock und gehen mit einem einzigen Rucksack weiter, in dem sich unser Proviant, Wasser, zusätzliche Kleidung und ein Fünf-Millimeter-Statikseil für den Abstieg befinden. Spuren muss immer derjenige von uns, der den Rucksack gerade nicht trägt.

Das Couloir, dem wir folgen, wird steiler, der Schnee wird tief und locker. Vince, der vorausgeht, wühlt sich hindurch.

»Meinst du, der Schnee könnte abgehen?«, frage ich. Bei einem Lawinenabgang würden wir 3500 Meter in die Tiefe gerissen.

Vince hält die Sorge für übertrieben, trotzdem tritt eine angespannte Stille ein. Das weiße Feld, das wir durchqueren, scheint sich in einzelne Kristalle aufzulösen; unzählige Faktoren, die für unseren Erfolg oder unser Scheitern, Leben oder Tod ausschlaggebend sind. In dieser Höhe wissen wir nicht, ob wir unserer Wahrnehmung und erst recht unserem Urteilsvermögen trauen können. Ich löse Vince beim Spuren ab, drücke den Schnee mit den Eisgeräten nieder, presse ihn mit den Knien zusammen und stampfe ihn dann mit dem Fuß fest, damit ich ein paar Zentimeter höherkomme. Nach fünf Minuten trete ich zur Seite, um Vince wieder vorzulassen. Seit über zwei Stunden wechseln wir uns auf diese Weise mit dem Spuren ab, um gemeinsam voranzukommen.

Schon der sechste Tag in Folge mit einem strahlenden Sonnenaufgang, der unsere sauerstoffarme Welt in blasses Rosa taucht. In zweieinhalb Stunden haben wir gerade mal 60 Meter geschafft: unglaublich langsam. Wir kämpfen uns weiter voran, sind trotzdem noch gut in der Zeit. Unser gesamtes Tun bringt uns voran: all die vielen Schritte, all die Schläge mit den Eisgeräten, all das Glück. Und all die vorangegangenen Stunden, Tage und Jahre der Vorbereitung.

Im Sonnenlicht nehme ich auf der Schneeoberfläche vor einer Felswand vom Wind gebildete Strukturen wahr. Mit einem Steigeisen suche ich am Fels scharrend nach Kanten, mit dem anderen trete ich in den Schnee und komme so schneller voran. Schon bald haben wir weitere 60 Meter geschafft, und der Schnee wird fester, sodass wir nicht mehr so tief einsinken. Eine ausgesprochene Erleichterung, aber wer weiß, ob es so bleibt.

In 7600 Meter Höhe, bei hoch stehender Sonne, habe ich mich bis aufs T-Shirt ausgezogen, keine Handschuhe und keine Mütze mehr an und schwitze trotzdem noch. Möglicherweise befindet sich der Gipfel gleich hinter dem nächsten Kamm, doch meine Zuversicht ist inzwischen dermaßen erschüttert, dass ich ihn eher noch unendlich weit weg glaube. Vince, der nach den vier größtenteils schlaflos verbrachten Nächten und den sechs Marathontagen total erledigt ist, lässt den Kopf auf seinen Eispickel sinken.

Die Wand fällt unter uns schroff ab. Auf ihrem höchsten Punkt scharren wir einen kleinen Platz frei, an dem wir uns ausruhen können.

»Wie ... fühlst ... du ... dich?«, stoße ich keuchend hervor. Das Atmen fällt hier unheimlich schwer. Vince blickt auf und hält den ausgestreckten Zeigefinger wie einen Pistolenlauf an die Schläfe. Das Lachen tut weh, aber ich lache trotzdem. Wenn Vince seinen Humor nicht verloren hat, so schwarz er auch sein mag, hat er auch noch genügend Reserven, um weiterzumachen. Als er die Augen schließt und mit offenem Mund atmet, sieht er richtig friedlich aus. Er hat es geschafft, alle Grenzen und alle Schmerzen zu überwinden, und so diesen einzigartigen Zustand erreicht.

Ich ziehe meine verschwitzten Socken aus, hänge sie an den Rucksack und ziehe mir die Stiefel über die nackten Füße. Mit langsamen Schritten setzen wir uns wieder in Bewegung. Unser Höhenmesser zeigt erst 7696 Meter an, immer noch 429 Höhenmeter bis zum Gipfel. Ich hoffe, dass er nicht stimmt. Wir wollten eigentlich bis spätestens 14 Uhr auf dem Gipfel sein, doch nun wird mir bewusst, wie viel Zeit uns der tiefe Schnee gekostet hat. Der Himmel ist wolkenlos, und es geht kein Wind.

Als meine Uhr 14 Uhr anzeigt, bleibe ich stehen, drehe mich um und informiere Vince, wie spät es ist. Sein fester Blick sagt mir genau das, was ich wissen muss. Jetzt gibt es kein Zurück mehr. Ich spure weiter Richtung Gipfel.

Als wir um 16 Uhr einen Gipfel erreichen, merken wir, dass der richtige noch 30 Meter entfernt ist. Auf einem großen flachen Felsen – seit sechs Tagen die erste Stelle, an der wir unangeseilt sitzen können – machen wir eine Pause. Vince legt sich auf den Rücken und ist bald darauf eingeschlafen. Nachdem ich mir meine inzwischen wieder trockenen Socken angezogen habe, schüttle ich Vince wach und folge ihm die letzten Schritte bis zum Gipfel.

Rupalwand, Abstieg – 3660 Meter am Nanga Parbat, Pakistan, 8. September 2005, 14 Uhr

Als Vince und ich wieder unterhalb der Baumgrenze sind, folgen wir unserem eigenen Trampelpfad durch den Wacholderhain. Plötzlich kommen vier Pakistanis brüllend und wild mit den Armen fuchtelnd auf uns zugerannt. Ich fahre zusammen und versuche mich hinter einem kümmerlichen Strauch zu verstecken.

»Super«, denke ich. »Genau der richtige Zeitpunkt, um von einem Talibanführer gefangen genommen zu werden.« Ein hochgewachsener bärtiger Mann in muslimischer Kleidung schlingt die Arme um mich; kraftlos mache ich mich auf die bevorstehenden Schläge gefasst. Doch er drückt mich an sich, hebt mich in die Höhe und hüpft mit mir auf und ab. Ich schiebe die Ellbogen nach oben und drücke ihn weg, um ihm ins Gesicht blicken zu können. Die Hände flach auf seinem Brustkorb, schiele ich zu ihm hoch und versuche mich zu erinnern. Es ist unser Hilfskoch Ghulam.

Lächelnd lässt er mich los, ruft mit fröhlicher Stimme etwas, das ich nicht verstehe, und geht ein paar Schritte bergab.

»Ghulam?« Er antwortet nicht, sondern verschwindet, während ich ihm folge, hinter einem großen Wacholderbusch. Dahinter sehe ich Vince auf seinem Rucksack sitzen und aus einer Wasserflasche trinken, während unser Verbindungsoffizier Aslam stolz danebensteht und eine Packung Kekse öffnet.

»Steve-sab«, ruft Aslam, und ich lasse eine weitere ungestüme Umarmung über mich ergehen, ehe ich meinen Rucksack absetze und Vince das Wasser abnehme. Es schmeckt frisch und belebend und sättigend.

Rupalwand, Aufstieg – 8125 Meter Höhe am Gipfel des Nanga Parbat, Pakistan, 6. September 2005, 17.30 Uhr

Im tief stehenden Licht der Sonne erstreckt sich der riesenhafte Schatten des Nanga Parbat nach Osten hin über mehrere Täler. Meine Steigeisen dringen knirschend in den Schnee unterhalb des Gipfels ein, Vince ist nur ein paar Schritte hinter mir. Von Emotionen überwältigt, sinke ich ein kleines Stück vor dem Berggipfel mit den Knien in den Schnee. All die Jahre der körperlichen und mentalen Vorbereitung – um mich stark genug zu machen, um herauszufinden, ob ich mutig genug bin –, alles fließt in diesen einen Augenblick zusammen. Den Gipfel zu betreten erscheint mir nun fast wie ein Sakrileg.

Während ich Vince entgegensehe, weiß ich, dass ich diese Besteigung ohne ihn nicht hätte schaffen können. Als er bei mir angekommen ist, stehe ich auf und mache einen Schritt rückwärts auf den Gipfel des Nanga Parbat. Wir fallen uns in die Arme. Halb gefrorene Tränen kullern in den Schnee zu meinen Füßen, werden Teil des Nanga Parbat, so wie dieser Berg vor so vielen Jahren ein Teil von mir geworden ist.

Eine Stunde vor Sonnenuntergang steigen zwei erschöpfte Männer vom Gipfel des Nanga Parbat hinab. In der Abenddämmerung soll der Anblick der Rupalwand äußerst erschreckend sein – und es ist tatsächlich so. Vielleicht ist man nirgendwo auf der Erde so weit vom Leben entfernt. Im Dunkeln scheinen Angst und Schmerzen angemessener zu sein. In dieser tiefen Dunkelheit sind Begriffe wie Heimat und Liebe unendlich weit entfernt.

In diesem Moment begreife ich, dass am äußersten Rand der Unendlichkeit das Nichts liegt und dass genau in dem Augenblick, in dem ich mein Ziel erreiche und mein wahres Ich finde, beides sofort wieder verloren ist.

Kapitel 18
Heimkehr

Rupaltal, Pakistan, 10. September 2005
Zwei Tage nach unserer Rückkehr verlassen Vince und ich zusammen mit 30 Trägern, die unsere Expeditionsausrüstung transportieren, das Basislager. Wir wandern in T-Shirts und Jeans; weder Vince noch ich tragen einen Rucksack. An einem schmalen Bach entlang geht es über eine Wiese und um eine Gletschermoräne herum, dahinter überqueren wir eine kleine Holzbrücke. Nach 20 Minuten bin ich schon erschöpft vom Marsch und lasse mich am anderen Ende der Brücke nieder.

Fida, unser Koch im Basislager, der mich schon auf drei Expeditionen begleitet hat, kommt zu mir und stellt seinen riesenhaften Rucksack ab. Er holt eine Packung Kekse heraus und reißt sie mit den Zähnen auf. Gierig verschlinge ich ein paar davon und spüle sie mit Wasser hinunter, das Fida mir reicht. Dann setzen wir uns wieder in Bewegung.

Am anderen Ende der nächsten Wiese holen wir Vince ein. Er sitzt auf halber Höhe eines kleinen Hügels auf einem Felsblock.

»Müde?«, frage ich, während ich langsam auf ihn zusteige.
»Müde ist gar kein Ausdruck.«
»Lass dir von Fida ein paar Kekse geben. Ich musste schon hinter der Brücke eine Pause einlegen.« Während Fida seinen Rucksack an einen Felsen lehnt und Vince die restlichen Kekse

Vince und ich mit unseren Festtagsschürzen aus Gebetskarten, Girlanden und Geldscheinen. Man hat uns Blumenkränze aufgesetzt und Blumensträuße überreicht. Die Pakistanis lieben Blumen und beschenken einander häufig damit.

reicht, gehe ich schon weiter. Fida schraubt den Verschluss seiner Flasche auf, und Vince macht sich über die Kekse her, immer zwei Stück auf einmal.

Auf der Hügelkuppe überquere ich die Moräne eines abschmelzenden Gletschers und lege, bevor es wieder hintergeht, erneut eine Verschnaufpause ein.

»Kekse, Sir?«, fragt Fida im Näherkommen.

»Ja bitte, Fida. Ich bin sehr müde.«

»Ich weiß, Sir.« Er lächelt. »Sehr müde sein ist gut, Sir.«

Weiter geht es in eine flache Schlucht hinunter, die zu einem kleinen Dorf führt. Eine Ansammlung von Steinhütten, die nicht einmal über einen Kamin, geschweige denn über Strom- oder Wasseranschluss verfügen.

»Gratulation«, sagt ein Mann mit grauem Bart, der plötzlich in der Tür einer dieser Hütten erscheint. Ich bleibe stehen und schaue ihn an.

»Wozu?«, frage ich.

»Für Überqueren von Nanga Parbat.« Er wirft mir einen Blick zu, als hätte ich das eigentlich wissen müssen.

»Für Überqueren von Nanga Parbat?«, wiederhole ich verständnislos. »Überqueren von Nanga Parbat? Ah, den Gipfel besteigen.« Aber wie ist es möglich, dass er von unserer Gipfelbesteigung weiß? Wir sind erst seit zwei Tagen wieder unten. Die Nachricht muss sich wie ein Lauffeuer unter den Hirten hier im Tal verbreitet haben. »Vielen Dank. Das ist ein sehr schöner Berg, den Sie hier haben. Ein sehr schönes Tal.« Ich wende mich ab, um weiterzugehen.

»Allahu akbar. Danke. Wir beobachten Sie jede Nacht.«

Ich bleibe wieder stehen und blicke ihn an. »Wie bitte? Nein. Uns beobachtet?«

Mit einem verschmitzten Blick, der die Augen unter seinen buschigen, grau melierten Augenbrauen aufblitzen lässt, sieht er mich an und verschwindet in der dunklen Hütte. Kurz darauf kommt er mit einem alten Fernglas wieder heraus.

»Für suchen nach Ziegen«, sagt er und deutet dann zur Rupalwand hinauf, die gerade von Wolken verhüllt ist. »Jede Nacht. Wir gesehen Licht.« Er berührt seine eigene Stirn und deutet dann auf meine.

»Ah! Verstehe.« Sie haben jede Nacht unsere Stirnlampen gesehen.

»Ganzes Tal«, sagt er und spreizt die Finger seiner Hände, um mir zu bedeuten, dass alle fünf Dörfer des Rupaltals gemeint sind. »Sehen Sie gehen auf Gipfel. Dann nichts mehr sehen. Lange Zeit nichts sehen. Große Sorge! Runterkommen in Nacht. Sehr gefährlich! Ich beobachten, mit eigenes Auge.« Aufgeregt deutet er wieder auf sein Fernglas und dann in Richtung der oberen Wand. »Dann nächster Tag. Sehr schnell herunterkommen«, sagt er mit einem bewundernden Unterton in der Stimme. »Wir machen Feuer, damit finden Tal. Wir machen großes Feuer, damit kommen in diese Dorf. Wir töten Ziege. Viel Trommeln. Alle Jungen tanzen.« Zur Demonstration macht er vor seinem Haus ein paar Hüpfer.

»Ah. Die Trommeln! Das waren Sie? Danke. Danke. Vince ... wir, wir haben die Trommeln gehört«, sage ich zu ihm und frage mich bang, ob er mir wohl als Nächstes eine Tasse Tee anbieten wird, eine Einladung, die abzulehnen sehr unhöflich wäre.

»Jedes Dorf getrommelt«, sagt er, breitet die Arme aus und blickt talauswärts in Richtung der anderen Dörfer, von denen schwache Rauchfahnen aufsteigen.

»Jedes Dorf hat getrommelt? Wow. Das ist wunderbar. Vielen Dank. Ich muss gehen. Der Jeep kommt heute.« Ich versuche mich zu verabschieden.

»Heute?« Er blickt auf einmal bekümmert drein. »Hm. Ja. Sie gehen. Aslam Aleikum. Friede sei mit Ihnen.«

»Aleikum salam, und Friede sei mit Ihnen«, wiederhole ich, wie es hier üblich ist.

Die Nachmittagssonne brennt durch die Wolken. Bei der Hitze werden wir noch langsamer. Fida läuft zwischen Vince und mir hin und her. Immer wieder stärkt er mich kurz vor dem Umfallen mit Wasser und Keksen. Den letzten Hügel schleppe ich mich mit letzter Kraft hinauf, gehe dabei mit kleinen Schritten und in Serpentinen, damit der Anstieg nicht so steil ist. Vince steht mit Fida inmitten einer kleinen Gruppe von Trägern auf der Hügelkuppe.

Oben lasse ich mich an einem großen Felsblock nieder und lehne mich mit dem Rücken dagegen. In der Hoffnung, unsere Jeeps zu entdecken, blicke ich suchend zu dem Dorf 30 Meter weiter unten. Wenn sie da sind, können wir es heute Abend bis nach Chilas schaffen. Chilas ist die nächstgelegene Stadt mit einem richtigen Hotel: warme Duschen, fließendes Wasser, Tische und Stühle und richtige Betten. Nicht zu vergessen frisch gebackenes Fladenbrot, frisches Obst und Gemüse.

Ich sehe eine riesige Menschenmenge am Dorfeingang sitzen, aber keine Jeeps. Die amerikanische Botschaft in Islamabad hatte Amerikaner vor Reisen in diese Gegend gewarnt. »Amerikanischen Staatsbürgern wird geraten, Menschenansammlungen zu meiden«, hieß es, außerdem wurde von »jüngsten Taliban-Aktivitäten im Rupaltal« gesprochen.

»Was ist da unten los?«, frage ich.

»Für Sie, Sir«, antwortet Fida mit undurchdringlicher Miene.

»Für uns?« Ich blicke Vince an.

»Mmmhmm«, brummt Fida, während er mit verschränkten Armen an einem isoliert stehenden Felsblock am Wegrand lehnt.

Meine Skepsis kehrt zurück. »Mist.«

»Für Sie für Überqueren von Nanga Parbat«, sagt Fida. »Kein Mist.« Während ich den Blick von den freundlichen Augen unseres liebenswerten Kochs abwende und zu der Menschenmenge hinunterblicke, dämmert mir, dass uns eine Art Begrüßungsparty bevorsteht. Die Leute sind inzwischen alle aufgestanden, und es sieht aus, als würden sie sich in zwei Reihen rechts und links des Weges formieren. Ich setze Vince schnell ins Bild.

»Wirklich? Du meinst also, das ist eine gute Sache?« Vince lässt die Arme sinken und steckt die Hände in die Taschen.

»Ja, ich glaube schon. Aber mir fehlt dazu im Augenblick die Kraft«, erwidere ich.

»Ja, Sir. Für Sie. Sie jetzt sehr berühmte Männer«, sagt Fida, breitet die Arme aus und sieht uns an. »Dies sehr arme Ort. Sie sich freuen, dass Sie machen große Bergbesteigung. Gut für Dörfer. Alles arme Dörfer. Manche haben keine Schule. Kein Strom. Wasser sehr schlecht.«

»Ahh. Okay. PR. Ich verstehe. Also los, gehen wir. Je schneller wir's hinter uns bringen, desto eher kommen wir in unser Hotel«, sage ich und rapple mich hoch.

Wir folgen dem breiten, zwischen dichten Laubbäumen hinabführenden Weg, umrunden eine Biegung bei der hohen weißen Backsteinmauer der Mädchenschule und gehen weiter über die freie Wiese. 30 oder 40 Männer in ordentlicher, sauberer Bekleidung flankieren den Weg. Einer von ihnen trägt eine braune Sportjacke, ein anderer einen schönen Norwegerpullover, die anderen haben die traditionellen Gewänder an und die flachen, an den Rändern eingerollten Mützen. Alle haben Schuhe an den Füßen. Einige halten entrollte

Transparente in den Händen und überspannen damit den Weg.

Jetzt erkenne ich den Mann in der Sportjacke: Es ist Aslam, unser Verbindungsoffizier. Und der mit dem schönen Pullover ist Ghulam, Fidas Assistent. Beide halten eine Art Zierschürze in den Händen, die hinter dem Hals und dem Rücken zusammengebunden wird. Sie sind mit leuchtend roten Karten mit Texten in arabischer Schrift verziert – islamische Bittgebete um Wohlstand –, mit roten, lila und gelben Blumen bedruckt und rundum mit Flittergold und Zehn-Rupien-Scheinen besetzt.

Ein kleiner Junge rennt auf uns zu und überreicht jedem von uns eine mit wunderschönen Blumen gefüllte Glasflasche. Gefolgt von Vince, gehe ich auf die Menschenmenge zu. Aslam und Ghulam kommen uns entgegen und heben die Schürzen in die Höhe. Wir bleiben stehen und lassen sie uns über die Köpfe ziehen. Ich fange an zu lachen und zücke die Kamera, um ein Foto von Vince zu machen, wie er grinsend dasteht und sein neues Kleidungsstück präsentiert. Diese Schürzen werden hier zu feierlichen Anlässen getragen – ich habe sie schon bei großen Hochzeitsfeiern gesehen. Vince hat immer noch die blaue Baseballkappe mit dem Slogan *Hang Loose* (»Bleib cool«) auf dem Kopf, die ich ihm zu Beginn unserer Tour geschenkt hatte. Der Gegensatz könnte nicht krasser sein.

Nach kurzem Zögern setzen Vince und ich uns in Bewegung. Die Menge beginnt zu applaudieren, als wir unter dem ersten Spruchband mit der Aufschrift »Gratulation dem Gipfelteam. Mr. Steve und Vincent« hindurchgehen. Ein paar Jungen in Schuluniformen überreichen uns Blumensträuße, einer hält zwei Kränze aus frisch gebundenen Blumen in der Hand, und wir beugen uns vor, damit er sie uns aufsetzen kann.

Die Menschen klatschen Beifall, während wir an ihnen vorbeigehen. Viele halten Schilder in die Höhe. Eines trägt die

Aufschrift »Wir beten für langes Leben von USA Expeditionsteam« und ist von der Al-Iqbal-Schule in Tarshing signiert, einer der fünf Schulen im Tal, denen wir auf dem Weg zum Basislager 100 Schreibhefte und 100 Bleistifte geschenkt haben. Auf mehreren Transparenten steht »Herzliches Willkommen dem Gipfelteam«. Wir ziehen weiter an der Menge vorbei. Abgesehen von den Lehrerinnen und Schülerinnen der Mädchenschule sind es lauter Männer. Die Mädchen und Frauen haben ihre Kopftücher straff unterm Kinn verknotet und mustern uns aus großen braunen Augen.

Wir werden auf den zentralen Dorfplatz geführt, und sämtliche Schüler kommen hinter uns her. Man hat dort Stühle und Tische aufgestellt. Die weißen Plastiktische sind mit Flaschen voller Blumensträuße dekoriert, außerdem stehen Kekse und eine Auswahl westlicher Markenlimonaden darauf. Die Kinder verteilen sich in alle Richtungen und lassen sich rings um den Platz im Gras nieder, hockend oder im Schneidersitz. Wir werden zu zwei Stühlen im Zentrum geführt, vor denen ein improvisiertes Podium mit einem farbenprächtigen Bildteppich steht.

Während Aslam neben mir Platz nimmt, betritt ein hochgewachsener schlanker Mann in einem blitzsauberen schwarzen Salwar Kamiz mit steifen Falten das Podium. Er spricht mit lauter Stimme, deutet auf Vince und mich und dann auf das Publikum, das inzwischen verstummt ist.

Aslam beugt sich zu mir hinüber. »Das ist Bürgermeister von Tarshing. Jetzt er sagen, was Sie gemacht. Dass Sie als Erste besteigen Rupalwand in Alpinstil.« Er hält inne, um wieder zuzuhören. »Und dass das große Sache ist für Bergsteiger und großer historische Moment für ihre Berg.«

Als ich meinen Kopf zur Seite drehe, sehe ich den Nanga Parbat majestätisch direkt hinter dem Dorf aufragen. Quellwolken, die sich in der Nachmittagshitze am Gipfel gebildet haben, lassen den Berg noch dramatischer wirken.

Bei unserer Ankunft in der Ortschaft Tarshing begrüßten uns Schüler mit einem Spalier aus Plakaten, Transparenten und lautem Applaus.

»Jetzt sagt er gerade, als Junge er hat Fußball gespielt mit Team von Herrligkoffer«, fährt Aslam fort, »und auch Reinhold und Günther Messner waren dabei. Wie sie später zum Gipfel gegangen sind und Günther bei Abstieg über Diamirflanke ums Leben kam.«

Ein Junge tippt mir von hinten auf die Schulter und hält mir zwei beschlagene Flaschen 7up hin. Mit einem dankbaren Nicken nehme ich sie ihm ab und reiche eine davon Vince. Wir trinken sie in einem Zug aus. Der Bürgermeister redet immer noch weiter, doch Aslam scheint keine Lust mehr zum Dolmetschen zu haben. Jemand reicht uns zwei weitere Flaschen Limonade und einen Teller Kekse.

Chamonix, Frankreich, 16. September 2005

Eine Woche später hieve ich drei prall gefüllte Packsäcke auf den Bahnsteig des Bahnhofs von Chamonix.

»Steve!«, ruft eine vertraute Stimme.

»Mom.« Meine Mutter kommt mit schnellen Schritten auf mich zu und schließt mich in die Arme. »Wir sind ja so froh, dass du wieder da bist.«

Mein Vater schlendert in unsere Richtung und steckt seine Pfeife in die Tasche. »Gratuliere«, sagt er und legt die Arme um mich.

Der Empfang, der uns in Tarshing bereitet wurde, kam für uns völlig überraschend. Wir hatten keine Ahnung, dass unsere Nanga-Parbat-Besteigung von der einheimischen Bevölkerung so begeistert gefeiert wurde.

»Danke. Das war wirklich sehr wichtig für mich«, sage ich und erwidere die Umarmung.

»Das glaube ich. Du musst uns alles ganz genau erzählen.«

»Du musst doch hundemüde sein!«, ruft Mom besorgt.

»Ja, kann man wohl sagen. Und ihr, genießt ihr eure Reise?« Ich hieve mir einen der Packsäcke auf die Schultern, während Dad mir einen weiteren abnimmt.

»Meine Güte, ist der schwer!«, sagt er.

»30 Kilo. Komm, ich nehme den einen Henkel und du den anderen. Mom, könntest du bitte den Rucksack nehmen? Den dritten Sack hole ich später. Und wie gefällt es euch hier?«

»Wunderbar. Wir waren in Interlaken und Grindelwald und waren ganz begeistert von Lauterbrunnen. Aber jetzt können wir es kaum erwarten, mit dir nach Slowenien zu fahren. Das wird eine besondere Freude sein«, erwidert Mom.

»Ich freue mich auch schon. Marko hat mich während der Zugfahrt angerufen. Er freut sich sehr, dass wir kommen. Und sie haben eine Art Party in Maribor geplant, mit meinem alten Bergsteigerclub. Ljubo und Dušan kommen auch. Ich möchte, dass ihr sie kennenlernt.«

Maribor, Slowenien, 25. September 2005
Zehn Tage später lenke ich den Mietwagen eine mir wohlbekannte kopfsteingepflasterte Landstraße entlang, auf der ich das letzte Mal vor 16 Jahren mit dem Fahrrad unterwegs war. Sie schlängelt sich an kleinen Seen vorbei, über einen kurzen, aber steilen Pass und in ein verstecktes Tal hinunter. Im Licht des aufgehenden Mondes zeichnen sich die Umrisse eines Wäldchens ab. Ich fahre weiter, bis die Straße endet, und biege in einen gepflasterten Parkplatz ein, der schon halb belegt ist mit glänzenden Volkswagen, Citroëns, Mercedes, einem BMW und einem roten Alfa Romeo Sportcoupé aus den Siebzigern.

»Wow. Seit 1988 hat sich in Slowenien aber sehr viel verändert«, sage ich, während ich den Blick über die Autos gleiten lasse und dann die umstehenden Gebäude in Augenschein nehme. »Damals stand hier noch gar nichts. Nur eine Scheune mit Wiesen ringsum.«

Eine weitläufige rote Backsteinveranda ist mit zahlreichen großen Kerzen auf Ständern, in Blumentöpfen und auf den Tischen erleuchtet. Ein hellbraunes dreistöckiges Steingebäude. Aus den spitz zulaufenden Fenstern, an denen Kästen mit müden roten, auf den ersten Frost wartenden Geranien hängen, schimmert ein orangefarbener Glanz. Wir steigen aus und schlendern auf die hölzerne Doppeltür zu.

In einem großen Barraum blickt ein Mann mittleren Alters mit ersten grauen Spuren im Bart auf. »Štef!«, ruft Dušan aus und stürmt auf mich zu.

»Dušan! *Kak si?*«

Er schüttelt mir lachend die Hand und zieht mich an sich. »*Dobro. Dobro.* Und das sind deine Mutter und dein Vater, stimmt's?«

Ich trete zur Seite, um meine Mutter vorzulassen. »Hallo Dušan. Ich bin Marti. Freut mich sehr, Sie kennenzulernen.«

»Und ich bin Don.« Mein Vater ergreift Dušans Hand und schüttelt sie.

»Das ist wirklich wunderbar! Wir freuen uns riesig, dass Sie uns hier in Slowenien besuchen. Kommen Sie, kommen Sie, trinken Sie etwas. Wir haben einen sehr guten slowenischen Wein.« Er blickt zu der gekachelten Bar hinüber und sucht nach dem Barkeeper. »*Čuj! Ti! Daj tri kozarci za vino!*«

Langsam füllt sich der Raum. Viele Gesichter sind mir vertraut, auch wenn sie mittlerweile älter geworden sind. Ich bin ebenfalls älter geworden, denke ich, während ich die Hand eines weiteren Bergsteigers schüttle, den ich vor vielen Jahren kennengelernt habe. Dušan unterhält sich mit meiner Mutter auf Englisch. Er hat die Sprache in seinem neuen Computerjob gelernt. Ein wenig stockend, aber gut verständlich, erkundigt er sich nach ihrer geplanten Rundreise durch Slowenien.

Nach dem Abendessen ergreift der Präsident des Planinsko Društvo Kozjak, des Bergsteigerclubs Kozjak, einer Sektion des slowenischen Alpenvereins, das Wort.

»Štef. *Priti sem.*« Er ruft mich nach vorn. »Viele von euch kennen Štef als Jugendlichen. Er war noch nicht ganz ein Mann, als er 1988, als Ljubo unser Präsident war, in diesen Club kam.«

»Oh. Das ist wirklich lange her, damals waren die Berge noch nicht so groß wie heute!«, witzelt jemand von hinten.

Der Präsident macht eine beschwichtigende Handbewegung, um das Gelächter zu stoppen. »Damals hat er ein paar gute Besteigungen gemacht und sein Bergführerdiplom erworben. Anschließend hat er sich an Tone Golnars Expedition zum Nanga Parbat beteiligt. Wie ihr alle wisst, ist Štef und seinem Partner Vince vor einem Monat eine große, ja historische Besteigung gelungen. Und unser Club ist sehr stolz darauf, dass der junge Štef hier bei uns mit dem Bergsteigen angefangen hat.«

Ein paar Leute beginnen zu klatschen, und der ganze Saal fällt ein. Einige Anwesende heben ausgelassen ihre Gläser, um auf mein Wohl zu trinken. »Bravo, Štef!«, ruft einer von ihnen.

Der Präsident breitet erneut die Hände aus, um die Leute zur Ruhe zu bringen, greift in seine Gesäßtasche und zieht eine kleine Schachtel heraus. »Und deshalb ist es heute Abend eine große Ehre für mich, Štef diese Nadel zu überreichen.«

Er öffnet die Schachtel und hält die Nadel in die Höhe, damit alle sie sehen können. Als einige Leute wieder anfangen zu klatschen, setzt er sich diesmal mit lauter Stimme darüber hinweg. »Diese goldene Nadel ist das Symbol der lebenslangen Mitgliedschaft beim Planinsko Društvo Kozjak, und, Štef«, sagt er, nun direkt an mich gewandt, »es ist mir eine große Freude, dich aufgrund deiner Leistungen zum siebten Verbandsmitglied auf Lebenszeit zu ernennen.«

Die Anwesenden erheben sich und applaudieren. Hinter der Bar trommelt jemand auf einen Topf. Ich werde rot und stehe still, während der Clubpräsident die Nadel an meine Brust heftet.

Ouray Ice Festival, Colorado, 4. Februar 2006

Das letzte Bild, auf dem die Spitze des Nanga-Parbat-Gipfels zu sehen ist, wie sie gerade aus den Wolken auftaucht, blitzt auf der Leinwand auf. Das Publikum auf dem Ouray Ice Festival gibt keinen Mucks von sich.

»Dies ist unsere Geschichte«, rufe ich ins Mikrofon und werfe Vince einen fragenden Blick zu. Als er nicht erkennen lässt, dass er noch etwas hinzufügen möchte, sage ich abschließend: »Danke, dass wir dies mit Ihnen teilen durften.« Als die Zuschauer anfangen zu applaudieren, lasse ich erleichtert das Mikrofon sinken.

Die Monate seit meiner Rückkehr aus Slowenien sind ziemlich hart gewesen. Am Nanga Parbat habe ich neun Kilo abgenommen, und in meinem geschwächten Zustand ist es ziemlich qualvoll gewesen, wieder mit dem Felsklettern zu beginnen. Vor der Expedition hatten meine Freundin Jeanne und ich im siebten Himmel geschwebt, doch seit meiner Rückkehr gibt es wegen meiner ständigen Gereiztheit häufig Streit.

Redakteure haben mich bedrängt, ihnen einen Artikel oder Fotos zu liefern. Mit großer Mühe habe ich einen 4000 Wörter langen Bericht zusammengeschrieben und widerstrebend dem *Alpinist* geschickt. Anschließend habe ich noch einen zweiten, sehr sachlichen Bericht für die europäischen Bergsteigermagazine verfasst. Erst dabei habe ich mitbekommen, wie viele Klettermagazine es in Europa gibt. In jedem Land anscheinend mindestens zwei, und alle wollten die Exklusivrechte sowohl für den Artikel als auch für die Bilder. Aber keiner wollte dafür wirklich bezahlen. Die meisten boten mir für Text und Fotos zusammen nicht mal 200 Dollar an. Weil ich keine Kraft hatte, mit ihnen zu verhandeln, schickte ich ihnen, was sie wollten. Das einzig Angenehme nach meiner Rückkehr war die Reise nach Kalifornien zu den Produktentwicklern von Patagonia, wo man mich stets wie ein Familienmitglied behandelt.

Nachdem das Publikum in Ouray die üblichen Fragen gestellt hat, meldet sich eine zierliche Frau: »Wie fühlt man sich, wenn man eine so unglaubliche Leistung vollbracht hat?«

Endlich mal etwas Interessantes. »Gute Frage.« Ich werfe Vince einen fragenden Blick zu; vielleicht will er sie ja übernehmen. Er antwortet mit einem Blick, der so viel wie »Nur zu, Kumpel« besagt, und ich wende mich wieder dem Publikum zu. Ich weiß die Antwort auf diese Frage. »Seltsamerweise fühlt man sich danach vollkommen leer. Nach unserer

Rückkehr habe ich ziemliche Schwierigkeiten gehabt. Dies ist für mich ein so großes Ziel gewesen und ein so unheimlich langer Weg bis zu dem Punkt, an dem ich allmählich daran denken konnte, die Rupalwand zu versuchen, dass ich hinterher nicht etwa Erleichterung empfand oder« – ich halte inne, um nach dem richtigen Wort zu suchen – »Freude, sondern mich stattdessen irgendwie ... irgendwie verloren fühlte.«

Ich denke an den absoluten Tiefpunkt der vergangenen Monate zurück, als ich in einem Hotelzimmer in Portland voll bekleidet und mit dem Gesicht auf der Matratze in einer Pfütze getrocknetem Erbrochenen erwachte. Das Mädchen, das ich im 7-eleven-Supermarkt kennengelernt hatte, war verschwunden. Neben dem Bett lag eine leere Whiskyflasche, der Fußboden war mit leeren Bierdosen übersät, mittendrin meine Brieftasche. Ich ließ mich auf den Boden fallen und hob sie auf. Mein gesamtes Bargeld, der Rest von den 500 Dollar, die ich am Vorabend mit der Diashow verdient hatte, war weg.

»Steve«, sagt eine Stimme aus den hinteren Reihen. Jeff Lowe, einer der aktivsten und wichtigsten amerikanischen Bergsteiger aller Zeiten und der Gründer dieses Festivals, erhebt sich mühsam. Weil er an Multipler Sklerose leidet, muss er sich auf einen Stock stützen. Im Saal wird es still. »Du solltest dich nicht mies fühlen. Ich weiß, dass die Besteigung des Nanga Parbat deine Richtung bestimmt hat. Ich bin selbst dort gewesen. Ich verstehe, was du gerade durchmachst, wenigstens so ungefähr. Aber du hast eine großartige Leistung vollbracht. Und nun lässt du uns alle daran teilhaben. Das ist doch wunderbar.« Die Menge applaudiert begeistert.

»Danke, Jeff. Danke für deine Worte.« Doch tief in mir drin fühle ich mich immer noch nicht besser.

»Ja, danke, Jeff«, sagt auch Vince. »Was du da sagst, bedeutet uns sehr viel.«

Im Dezember erfuhren wir, dass wir für den Piolet d'Or nominiert worden waren. »Die letztjährige Preisverleihung an die Russen hat mich so angewidert«, sage ich am Telefon zu Vince. »Ich will damit überhaupt nichts zu tun haben.«

»Immerhin ist dieses Jahr keine dieser großen Expeditionen im Belagerungsstil nominiert worden«, entgegnet er.

»Aber nur, weil keine davon erfolgreich war.«

»Wie auch immer. Wenn wir nicht hingehen, haben wir keine Stimme.«

»Nicht hinzugehen ist doch auch eine Botschaft, oder nicht?«, erwidere ich scharf. Am Ende entscheiden wir uns dann doch zur Teilnahme und fliegen am nächsten Morgen nach Frankreich.

Grenoble, Frankreich, 10. Februar 2006

Vince und ich stehen zusammen mit einem Dutzend anderer nominierter Alpinisten auf der Bühne. Im Vorjahr hatte ich hier schon einmal einen Kristallblock in den Händen gehalten – den Publikumspreis. Unter den zahlreichen Besuchern sind auch meine Eltern, meine Freundin Jeanne, Vinces schwangere Ehefrau, seine Mutter und deren Freund.

»Dies ist keine olympische Sportdisziplin«, sagt Stephen Venables, die britische Bergsteigerlegende und der diesjährige Präsident der Jury abschließend. »Die verschiedenen alpinistischen Leistungen lassen sich nicht mit wissenschaftlichen Methoden messen. Aber genau das macht den Alpinismus interessanter und großartiger als jede olympische Disziplin. Alle unsere Nominierten sind Gewinner.« Er hält inne, während das 1500-köpfige Publikum leise applaudiert.

»Doch letzten Endes haben wir eine alpinistische Leistung ausgewählt, die richtungsweisend für die Zukunft ist – ein kleines Team, das harmonisch zusammenarbeitete und sich auf ein absolutes Minimum an Hilfsmitteln beschränkt hat, um eine schöne, elegante Linie zu klettern. Die Entscheidung der Jury war fast einstimmig.« Ich atme aus, voller Spannung, ob wir die ersten Nordamerikaner sein werden, die den Piolet d'Or gewinnen.

»Steve House und Vince Anderson für die Durchsteigung des Zentralpfeilers der Rupalwand!« Die Zuschauermenge bricht in stürmischen Applaus aus, und unzählige Blitzlichter explodieren, um unsere Mienen einzufangen. Jemand überreicht mir den Preis, die Nachbildung eines 100 Jahre alten Eispickels mit einem glänzenden vergoldeten Kopf. Auf dem Holzschaft sind die Worte »XV. Piolet d'Or 2006« eingraviert. Ich reiche Vince den Pickel, der ihn an einem Ende ergreift, und dann halten wir ihn beide auf Hüfthöhe an dem polierten Holzschaft.

Epilog

**Nordwand des Mount Alberta,
Kanadische Rocky Mountains, 26. März 2008**
Schweigend sehe ich den großen weißen Flocken hinterher, die im Aufwind an mir vorbeitrudeln. Dann höre ich Vince etwas rufen und blicke zu ihm nach unten. Er brüllt etwas von Rückzug, von dieser Wand abseilen und zur Hütte zurückgehen.

Ich wende mich wieder dem schwarzen Fels zu und klettere weiter. Es ist das Übliche: Noch nie zuvor ist hier jemand geklettert. Wir wissen nicht, ob wir hinaufkommen werden oder nicht. Die Kletterei wird hart werden. Sie wird gefährlich werden. Es sieht bedrohlich nach einem Wetterumschwung aus. Wir wissen nicht, ob wir dies lebend überstehen werden.

Als ich vor 19 Jahren auf einem Felsblock im fernen Nordpakistan den Vorsatz fasste, als Kletterer so gut wie irgend möglich zu werden, ahnte ich nicht, was dieser Entschluss nach sich ziehen würde. Ich habe eine wissenschaftliche Karriere abgebrochen, noch bevor sie richtig begonnen hatte, und bin Bergführer geworden. Ich habe in Transportern gelebt und war manchmal so ausgehungert und abgebrannt, dass ich mir in Hotels, wo mich niemand kannte, ein Zimmer nahm, mir auf Rechnung Essen aufs Zimmer bringen ließ und mich nachts um vier mit einem Rucksack, der meinen

Vince Anderson beim Abfüllen von heißem Wasser während unseres ersten Biwaks bei der Erschließung einer neuen Route durch die Nordwand des Mount Alberta. Der Platz reichte gerade aus, um uns, teilweise geschützt von einem Eisdach, auszustrecken.

ganzen Besitz enthielt, davonschlich, während die kaputte Sohle meines Stiefels leise in der kalten Nacht schlappte. Ich habe keine Kinder gezeugt. Ich habe mich emotional dermaßen verausgabt, dass für meine Ehe nicht mehr viel übrig blieb. Ich habe Tausende von Stunden trainiert: bin gewandert, gejoggt, gesprintet, gesprungen, habe 18 Liter Wasser bergauf geschleppt, bin geradelt, Ski gefahren und habe Gewichte gestemmt. Bin geklettert, geklettert und geklettert. Vier, fünf, manchmal sieben Tage die Woche. Ich bin bis an meine Grenzen gegangen und darüber hinaus.

Ich habe eine verrückte Freude daran gefunden, mein Leben einem Sport zu widmen, in dem nur wenige überleben. In meinen weniger tugendhaften Momenten habe ich mich an der Kluft zwischen meinem Einsatz für meinen Sport und meinen irdischen Erfolgen geweidet. Auf meinem Tiefpunkt habe ich die Leistungen anderer kritisiert, um mich selbst zu erhöhen. Auch diese negativen Dinge gehören zu der Person, die ich heute bin.

Ich bringe eine Verankerung an und rufe zu Vince hinunter. »Die nächste Seillänge sieht gut aus!«

Er lehnt sich auf seinem Standplatz zurück und schiebt die Kapuze ein Stück nach hinten, um zu mir hochzuschauen. Selbst aus dieser Entfernung kann ich erkennen, dass er sich nicht wohlfühlt. Weitere Schneeflocken schweben vorüber. Ein Windstoß pappt den Schnee an das schwarzgraue Gestein der Kanadischen Rockies. Es ist jetzt ohnehin zu spät, bis zur Hütte schaffen wir es heute Abend nicht mehr. Egal wie, wir werden die Nacht an diesem Berg verbringen müssen.

»Warum?«, lautet die naheliegende Frage. Wir alle kennen Mallorys berühmten Ausspruch: »Weil er da ist.« Dann ist da noch Scott Backes' elitärere Version. »Weil ich's kann und andere nicht.« Keine dieser Antworten erklärt diesen idealistischen Kampf gegen die Windmühlen der Schwerkraft: einen Kampf, bei dem man von Anfang weiß, dass er niemals gewonnen werden kann, bei dem man jedoch unendlich viele Erfahrungen sammelt. Jede Bergtour endet, genauso wie jedes Leben einmal endet. Und immer endet sie dort, wo sie begann: auf dem Boden und schließlich im Boden. Immer wieder kehren wir zur Erde, zum Anfang zurück. Die Summe ist immer gleich null.

Ich bin viel herumgekommen. Durch meine Arbeit als Bergführer habe ich meine Freude am Bergsteigen mit anderen geteilt. Ich bin darin aufgegangen. Ich habe mit meinen Idolen Freundschaft geschlossen und gemerkt, dass sie genauso sterblich sind wie ich. Ich habe mein Leben aufs Spiel gesetzt und es dabei fast verloren. Ich habe mein Ego dem höheren Ziel unterworfen, meinen Willen mit dem Willen anderer zusammengeschlossen und ihnen alles anvertraut. Ich habe mitangesehen, wie ein anderer eines gewaltsamen Todes starb. Ich habe Freunde und Partner verloren und die Trauer der Zurückgebliebenen miterlebt. Ich habe die romantische Liebe kennengelernt und das, was die Griechen *philia* nennen, die Freundschaftsliebe. Ich habe eine der großartigsten Wände durchstiegen, die man sich vorstellen kann.

Eine große alpinistische Unternehmung hat alles, was zu einer guten Geschichte gehört: ein würdiges Ziel, Einsatzbereitschaft und Hingabe, Krise, Kampf und Entschluss. Manche Geschichten enden mit einem Gipfel, manche mit der Annäherung an ihn, manche mit einem Sturm, manche mit dem Tod. Das Ende ist unvorhersehbar, die daraus gezogenen Lehren sind teuer und schwer erkämpft. Die Frage, auf die es keine Antwort gibt – warum man klettert –, wird dadurch nur noch rätselhafter und wirft eine andere Frage auf: Was ist Erfolg?

Vince reagiert nicht auf meinen Ausruf. Mit langsamen, steifen Bewegungen baut er die Selbstsicherung ab und klettert im immer heftiger werdenden Sturm zu mir hoch.

»Willst du die nächste Länge übernehmen?«, frage ich ihn, als er zu mir aufgeschlossen hat.

»Wenn du sie so gut findest, solltest besser du weitermachen«, sagt er mit Nachdruck.

Ein paar Minuten später verlasse ich den Standplatz und steige in die Schlüsselseillänge ein. Ich sehe weder den Schnee, noch spüre ich den Wind. Ich präge mir jeden einzelnen der winzigen Tritte ein. Ein Jahr später, während ich dies schreibe, kann ich sie immer noch vor meinem geistigen Auge sehen.

Meine Suche beginnt im Augenblick der Gefahr. Dieser Augenblick birgt sowohl Tragik als auch Transzendenz. Auch wenn das Tragische selten bewusst wahrgenommen wird, ist der Keim doch stets gegenwärtig. Die Schwerkraft wirkt ununterbrochen, das Ende ist nur einen Fehltritt entfernt. Ich habe gelernt, diese Angst zu akzeptieren, sie vorübergehen und mich davon nicht lähmen zu lassen. Wenn sie mich durchströmt, kann ich auf eine starke Kraft zurückgreifen: die Zuversicht, zu handeln.

Aktiv sein heißt die Devise. Der Erfolg stellt sich beim Handeln ein.

Vince reicht mir eine Wasserflasche, die ich in meinen Schlafsack stecke, und dreht den Kocher ab. Es ist 1 Uhr nachts. Eine Schicht aus 300 Gramm Gänsedaunen trennt meinen Körper von der eisigen Nachtluft. Nach ein paar Stunden Schlaf sind die Daunen vom rieselnden Schnee durchnässt. Mich fröstelt. Ich strecke meine Hand, die in einem Handschuh steckt, ins Freie und fange an, heißen Tee zu machen.

Um 6 Uhr klettert Vince unter dem Dach hervor, das uns etwas Schutz geboten hat. Als er die Haue seines Pickels ins Eis schlägt, prasseln silbrige Splitter die Wand herab. Er spannt die Muskeln an und zieht sich hoch, womit er einen sechs Meter tiefen Sturz auf ein Felsband tief in der kanadischen Wildnis riskiert. Weiter oben versucht er ein Eisfeld zu queren, muss jedoch aufgeben. Der Fels ist zu glatt. Es bleibt ihm nichts anderes übrig, als einen bedrohlich steilen, nach rechts ziehenden Riss zu klettern, der so schmal ist, dass die Hauen seiner Eisgeräte kaum einen Ansatzpunkt finden.

Ich steige nach und klettere über drei kleine Dächer aus brüchigem Fels. Selbst mit dem Rucksack auf dem Rücken fühle ich mich verpflichtet, frei zu klettern. Ich genieße es. Beim dritten Dach falle ich herunter und mache im Seil hängend einen Moment Pause, bevor ich zum Stand weiterklettere.

Vince steigt weiter vor, entschlüsselt die Geheimnisse unserer Route. Nach drei weiteren Seillängen legt sich die Wand zurück. Sie zeigt alle Anlagen für eine klassische Aufstiegslinie. Es gibt nur eine einzige logische Route, die allerdings kaum kletterbar ist. Es ist ein schöner Gedanke, sich vorzustellen, dass hier in vielen Jahren vielleicht jemand klettern wird, viele Jahre nachdem wir selbst längst zu Staub geworden sind. Einen flüchtigen Moment lang kokettiere ich mit der Vorstellung von der Unsterblichkeit.

Ich klettere für mehr als nur momentane Transzendenz. Es ist herrlich, wie klar der Geist nach einer solchen Klettertour

Vince am zweiten Tag beim Vorstieg einer Seillänge. Links ein Beispiel für einen Schneepilz, einen dicken Schneepfropfen, der sich im Laufe von Monaten aus Schnee, der über eine steile Felswand auf einen Absatz oder ein Dach herabgefallen ist, gebildet hat.

ist, nachdem die Gehirnwindungen so richtig durchgepustet und entstaubt worden sind. Doch das allein kann nicht erklären, warum dieses Gefühl, das man nach einem erfolgreichen Erlebnis verspürt, über Tage, Monate, Jahre, ein Leben lang anhält.

Außerdem habe ich das Bedürfnis nach einem lebendigen Beweis meiner Existenz. Yukio Mishima schrieb, man könne das Kerngehäuse eines Apfels von außen nicht sehen, obwohl es doch eindeutig existiert. Die einzige Möglichkeit, die Existenz des Kerns zu beweisen, bestehe darin, den Apfel aufzuschneiden. Wenn der Apfel oder der Körper blutet und stirbt, ist das ein Beweis, dass der Kern existiert. Ich habe diesen metaphorischen Apfel auf Tausenden von Klettertouren aufgeschnitten. Ich habe Schönheit gesehen, habe vor Freude geweint, habe gestaunt und bin bis ins Mark erschüttert gewesen.

Das Klettern ist nicht etwa ein Versuch, die Schwerkraft oder den Tod zu überwinden, denn es sind ja gerade diese unnachgiebigen Kräfte, die einen überhaupt erst zum Klettern bringen. Ohne die Schwerkraft würde es keine Kletterei

Vince sichert mich von unten, während ich über den Nordostgrat des Mount Alberta zum Gipfel aufsteige. Oben angekommen, konnten wir außer der kleinen Hütte, von der aus wir zwei Tage zuvor aufgebrochen waren, keinerlei Anzeichen menschlicher Zivilisation erkennen.

geben, und welche Bedeutung hätte das Leben ohne den Tod?

Während vom Tal Wolken aufsteigen, übernehme ich den Vorstieg. Die Felskletterei liegt bald hinter uns. Silmultan kletternd, sausen wir gipfelwärts über das Eis, bis wir schließlich von der Nordwand auf den Nordostgrat gelangen. Mitten in einer Wolke sichere ich Vince. Wir fühlen uns wie im Himmel: ein Land aus Bergen und Graten, geformt von Schnee und Wind, ein Paradies ohne eine Menschenseele außer uns beiden.

Auf den Höhen erheben wir uns selbst und lassen dabei manchmal unsere Familien hilflos zurück. Wozu? Sie haben dieses unbeschreibliche Gefühl nicht erlebt, können es nicht nachempfinden.

Mitzuerleben, wie jemand stirbt, ist grauenhaft. Ist meine Panik auf den Verlust eines Freundes zurückzuführen oder auf die Vorausahnung meines eigenen Endes? Oder rührt meine Angst von Mishimas Apfel her, seinem Beweis der Existenz? Im Angesicht der Sterblichkeit bekommen meine Taten Gewicht, meine Worte Bedeutung, mein Leben Sinn.

Über einen schmalen, überwechteten Kamm steige ich auf den Gipfel zu. Als ich mich nach oben ziehe, habe ich Angst, die Wechte könnte abbrechen und mich in Richtung des wilden Tals auf der anderen Seite hinunterreißen. Ich richte mich auf, der Gipfel ist flach, ich kann gefahrlos auf ihm stehen. Aus Freude über diesen kleinen Sieg stoße ich einen Juchzer aus, dann knie ich mich hin, um Vince nachzusichern.

Fünf Minuten. Das ist die Zeitspanne, die wir dort oben verbringen. Zwei Fotos, ein Happen Proviant, ein Schluck Wasser, und schon geht es wieder hinunter. Der Abstieg ist bekanntermaßen schwierig. Der Gedanke an den steif gefrorenen Daunenschlafsack ganz unten in meinem Rucksack treibt mich vorwärts.

Vier Stunden später durchschneidet der Strahl meiner Stirnlampe die Dunkelheit, trotzdem sehe ich nur Nebel. Vince schaufelt einen schmalen Platz für unser Nachtlager aus, während ich unterhalb einer glatten, schwarzen Felswand unser Klettermaterial sortiere. Wir hoffen, dass es am Morgen klar genug sein wird, um unseren Abstieg fortzusetzen. Ich würde lieber abseilen und die Nacht hindurch weitermarschieren, als ein weiteres Mal in dieser Kälte zu biwakieren.

Jeanne und ich sind seit drei Jahren zusammen und haben viele Höhen und Tiefen erlebt. Während ich bereit, ja sogar getrieben bin, dem Klettern so viel Zeit und Energie wie nötig zu widmen, bin ich nicht imstande oder nicht bereit, dasselbe auch für einen Partner oder eine Ehefrau zu tun. Es ist bequem, vor einer Tour die Fesseln der Liebe abzustreifen; ungebunden lässt es sich unbeschwerter klettern. Ob wir wohl aufhören würden, uns zu lieben, wenn wir wüssten, dass uns nur noch ein Tag, eine Woche, ein Jahr bliebe? Jeanne sagt Nein, sie würde mich dann sogar noch mehr lieben, und vereitelt damit meinen Sabotageversuch.

Vince schaufelt noch etwas Schnee weg, dann richtet er sich auf. »Also, du kannst dort schlafen, und ich nehme diesen Platz hier.« Der mir zugewiesene Platz ist zwar eng, aber durch ein kleines Dach vor Schneefall geschützt. Vince überlässt mir den besseren Platz.

Vince beim Einrichten einer Abseilstelle am Morgen unseres dritten Tages, als die strahlende, aber kalte Sonne die Ostwand des Mount Alberta erhellt. Nach sechs Abseillängen kletterten wir an diesem Tag die restliche Wand ab, marschierten bis zur Hütte und fuhren auf Skiern ungefähr 22 Kilometer bis zu unserem Fahrzeug. Hinter Vince ist die Nordwand des North Twin zu sehen.

Als ich ihn darauf hinweise, sieht er mich an. »Ich habe schon mehr für Leute getan, die mir weniger bedeutet haben.«

Lächelnd beuge ich mich vor und schnalle meine Steigeisen ab. Dann lege ich eine kleine Isoliermatte auf mein Schneebett und falte den steif gefrorenen Schlafsack vorsichtig auseinander.

Das Ausmaß des Vertrauens, das ich erfahren habe, hat etwas erzeugt, was über bloße Freundschaft hinausgeht. Es gibt nichts, was ich für diese Menschen, meine Partner, nicht tun würde, oder was sie nicht für mich tun würden. Werde ich dasselbe Vertrauen eines Tages auch bei einer Ehefrau finden und bereit sein, ihr dieselbe hohe Einsatzbereitschaft entgegenzubringen?

Im Morgengrauen nicke ich endlich ein. Meine Körperwärme hat den Schlafsack getrocknet, und mir ist jetzt wärmer als um Mitternacht. Die Sonne geht strahlend auf, doch es ist eine kalte Wintersonne, die kaum wärmt. Vince richtet die erste Abseilstelle dieses Tages ein. Der Gletscher ist nicht mehr weit, knapp 200 Meter weiter unten. Heute Nachmittag werden wir mit unseren Skiern zur Straße zurückfahren und

Am Beginn der schwierigsten Seillänge der Route in der Nordwand des Mount Alberta, die später die Anderson/House-Route genannt werden wird, greife ich um eine Felskante herum.

heute Abend in einem warmen, trockenen Zimmer schlafen. Das rosafarbene Licht beleuchtet ein kleines weißes Quarzband im dunklen Gestein des Mount Alberta. Die Strahlen der Wintersonne fallen quer über das Tal und wecken das Eis und das Gestein des benachbarten North Twin. Vince saust am Seil hinunter.

Ich frage Vince nie, ob wir noch eine weitere Tour gemeinsam machen werden. 2008 versuchten er, Marko und ich die Westwand des Makalu, des fünfthöchsten Berges der Erde, eine große alpinistische Herausforderung. Schon im Basislager rüttelte der Sturm an unseren Zelten. Ich kehre von dieser zweieinhalbmonatigen Reise zurück, ohne mich auch nur einmal ins Seil eingebunden zu haben.

Diese Geschichten sind keine Märchen. Es sind die Gedanken und die Taten eines fehlbaren Menschen und seiner sehr menschlichen Partner. Es wäre ein Trugschluss zu glauben, dass diese Porträts ein Lob auf Mut, Tapferkeit, Können oder Intelligenz sind. Diese Eigenschaften haben zwar einen gewissen Anteil, aber es gehören auch Angst, Unzulänglichkeit und das Eingehen von Kompromissen dazu. Im schmalen Rahmen des Alpinismus streben wir nach Transzendenz und suchen unermüdlich nach dem, was uns auf ebener Erde verborgen bleibt: unser wahres Ich.

Man sollte uns keinen Vorwurf daraus machen, dass wir unsere Unternehmungen für schön und großartig halten, denn sie sind es tatsächlich. Die Bedeutung erwächst aus der Anstrengung, und jeder von uns kämpft seinen speziellen Kampf. Weil meine Wahrheiten nicht allgemeingültig sind, ist es auch so schwierig, sie auszudrücken. Was für mich der Eispickel ist, mag für einen anderen der Farbpinsel sein. Für den einen ist es die Slowakische Direkte, für den anderen der West Buttress.

Mit langsamen Bewegungen beuge ich mich nach hinten, um das Licht und die Landschaft in mich aufzunehmen, strecke die Arme aus, um im Licht zu baden, es aufzusaugen. Es fällt mir schwer, diese Einsamkeit und diese Schönheit zu verlassen. Ich kann jedoch nicht ewig hier bleiben. Mechanisch gleite ich nach Vince am Seil hinunter, löse mich nur widerwillig aus diesem Zustand der Gnade, in dem wir uns befinden, hier, gemeinsam, jenseits des Berges.

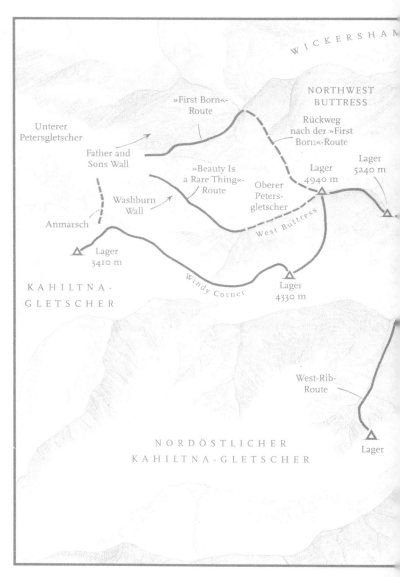

Karte des Denali mit den Routen »First Born«, »Beauty Is a Rare Thing« und der Slowakischen Direkten

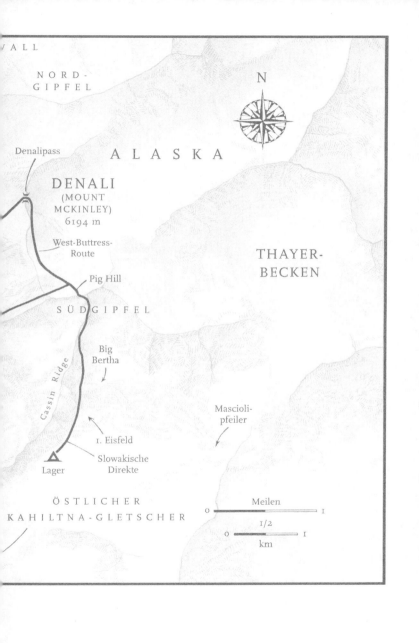

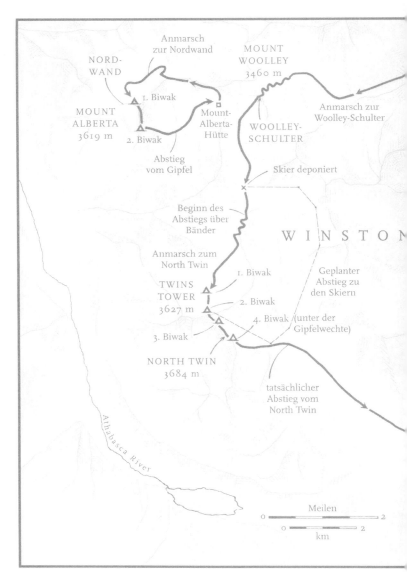

Karte der Winston-Churchill-Kette in Alberta mit den Auf- und Abstiegsrouten auf North Twin und Mount Alberta

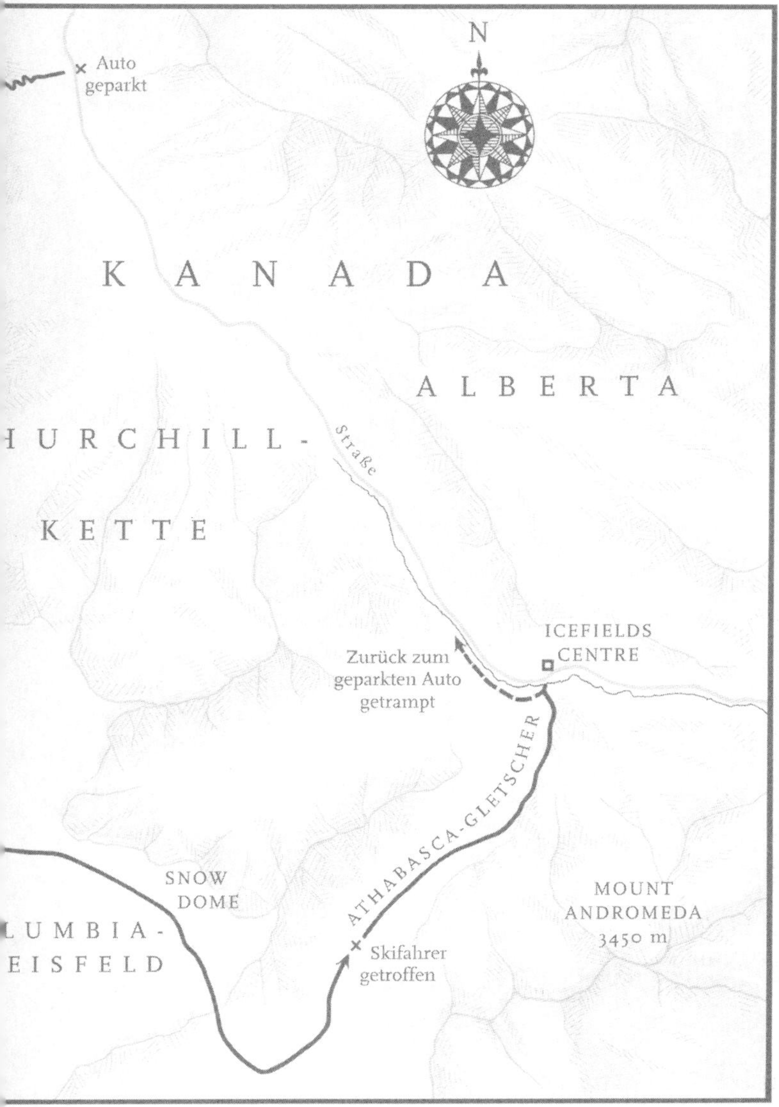

N

× Auto geparkt

KANADA

ALBERTA

CHURCHILL-
KETTE

Straße

Zurück zum
geparkten Auto
getrampt

ICEFIELDS
CENTRE

SNOW
DOME

COLUMBIA-
EISFELD

ATHABASCA-GLETSCHER

× Skifahrer
getroffen

MOUNT
ANDROMEDA
3450 m

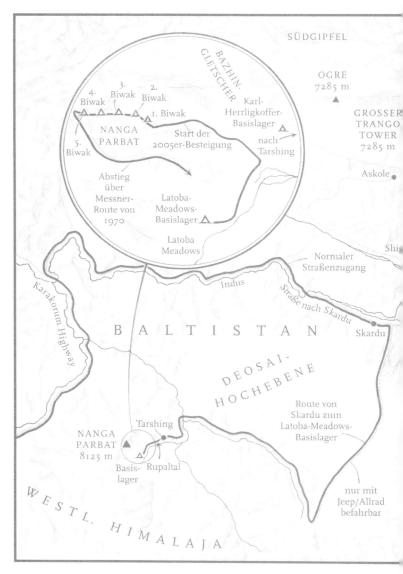

Karte von Nordpakistan mit der Nanga-Parbat- und der K7-Region

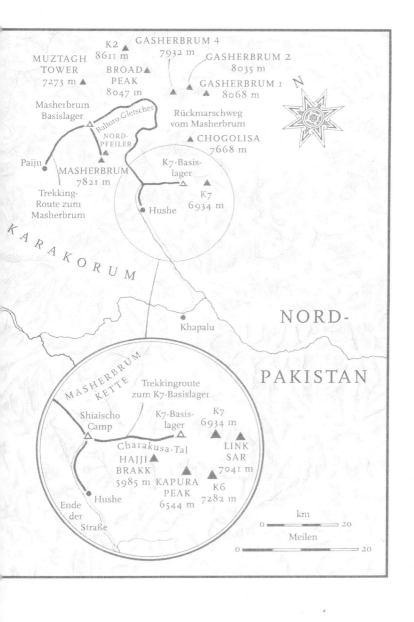

Glossar

Abseilen
Der kontrollierte Abstieg am Seil, normalerweise mit einem Abseilgerät aus Aluminium.

Alpinstil
Besteigungsstil eines Bergs, bei der das Team die gesamte Ausrüstung und sämtliche Vorräte stets mit sich führt.

Aufgepumpte Unterarme
Durch Überanstrengung verdickte und weniger leistungsfähige Muskeln im Unterarm, was zu Muskelversagen mit anschließendem Sturz führen kann.

Bandschlinge
Schlinge aus Nylon zur Selbst- und Fremdsicherung. Ein Kletterer hat normalerweise fünf bis 20 Schlingen in unterschiedlichen Längen dabei.

Bergschrund
Durch Bewegung eines Gletschers aufgerissene Kluft zwischen dem oberen Ende des Gletschers und der darüber aufragenden Felswand.

Biwak
Behelfsmäßiges Lager zum Übernachten in der Wand mit minimalem oder überhaupt keinem Schutz vor den Elementen; manchmal freiwillig, manchmal unfreiwillig.

Bohrhaken
Dauerhafter Sicherungspunkt zum Einhängen eines Karabiners wäh-

rend des Kletterns, der in ein in den Fels gebohrtes Loch eingeschlagen oder eingedreht wird.

Denali
Mit 6194 Meter Höhe ist der Denali der höchste Berg Nordamerikas. Vom Alaska Board of Geographic Names wird er offiziell Denali genannt, das U. S. Board on Geographic Names verwendet die alte Bezeichnung Mount McKinley. Ein sehr komplexer Berg, der normalerweise über die West-Buttress-Route bestiegen wird. An fast allen seiner vielen Wände sind jedoch noch etliche andere Routen erschlossen worden. Die beeindruckendste Wand des Denali ist die 2700 Meter hohe und sehr steile Südwand. Die 3960 Meter hohe Nordwand, auch Wickersham Wall genannt, ist weit weniger steil – sie ist schon mit Skiern befahren worden.

Drytooling
Klettern mit Eisgeräten und Steigeisen an Felswänden ohne Eis.

Eispickel, Eisbeil
Ein Mehrzweckgerät zum Bergsteigen, Klettern und Absteigen in Eis, Schnee und Fels.

Eissanduhr
Künstliche Sicherungsmöglichkeit beim Eisklettern. Mithilfe einer Eisschraube werden zwei Kanäle schräg ins Eis gebohrt. Durch diese Kanäle wird eine Reepschnur gefädelt und mit einem Sackstich verknotet. Wenn das Eis nicht feucht ist, wie es oft in den Bergen der Fall ist, kann man das Kletterseil auch direkt durch den Kanal fädeln, sodass am Berg nichts zurückgelassen wird.

Eisschraube
Röhrenartige Schraube mit Sicherungsöse, die als Zwischensicherung ins Eis gedreht wird.

Expeditionsstil
Begehungsstil von hohen Bergen, bei dem zahlreiche Hochlager eingerichtet und technisch schwierige Passagen mit Fixseilen versichert werden. Solche Expeditionen bestehen meist aus zehn bis 20 Mitgliedern, außerdem werden Sherpas, bezahlte Hochträger, angeheuert. In Extremfällen werden sogar die ganz einfachen Passagen der Kletterrouten mit

Fixseilen gesichert. In fast allen Fällen werden am Ende der Expedition Fixseile, Vorräte und häufig die gesamten Lager am Berg zurückgelassen. Beliebte Touren wie die einfachste Route am Everest von Süden und der West Buttress am Denali sind durch diese Praxis in den vergangenen 20 Jahren zu regelrechten Müllhalden verkommen.

Fixpunkt
Ein Fixpunkt ist ein gesetzter Klemmkeil, Haken, ein Klemmgerät oder ein natürlicher Befestigungspunkt wie z. B. ein Felszacken, um den der Kletterer zur Zwischensicherung eine Bandschlinge legt, in die das Kletterseil eingehängt wird.

Free Solo
Freiklettern ohne Seil und ohne jede Sicherung. Abstürze beim Free Solo sind fast immer tödlich. Diese Technik unterscheidet sich vom Soloklettern, wo der Kletterer sowohl gesichert (Seil, Haken) als auch ungesichert klettern kann.

Freiklettern
Form des Kletterns, bei der nur Hände, Füße und andere Körperteile benutzt werden, man sich also nur mithilfe von Griffen und Tritten fortbewegt und Hilfsmittel (Haken, Seile) nur zur Absicherung gegen Stürze und ihre Folgen einsetzt.

Frontalzackentechnik
Wird das Gelände so steil, dass mit der Vertikalzackentechnik ein flüssiges Gehen nicht mehr möglich ist, wird die Frontalzackentechnik angewandt, d. h. mit dem Gesicht zur Wand werden die Vorderzacken in Eis oder Fels getrieben. Beim Klettern in steilem Eis häufig notwendig.

Gendarm
Bezeichnung für eine höhere Felsnadel, die aus einem Grat herausragt.

Gletscherspalte
Durch die Bewegung des Gletschers aufgerissene spaltartige Öffnung in der Gletscheroberfläche.

Haken/Felshaken
Zwischensicherungen mit Metallkorpus und Öse – normalerweise aus Hartstahl, aber auch aus Weichstahl oder Titan –, die mit einem Ham-

mer in Felsrisse getrieben werden, entweder zur Sicherung gegen einen Sturz oder beim technischen Klettern zur Fortbewegung.

Hex/Hexentric
Asymmetrischer sechseckiger Klemmkeil als mobile Zwischensicherung, der in Rissen im Fels verankert wird.

K7
Ein 6942 Meter hoher Berg im Karakorum in Nordpakistan. Bei der Vermessung Indiens durch die Briten wurden die Gipfel im Karakorum von Westen aus durchnummeriert: Karakorum 1, Karakorum 2 etc. In manchen Fällen wurden später die Bergnamen der einheimischen Bevölkerung übernommen, beispielsweise der des Masherbrum.

Karabiner, Verschlusskarabiner
Länglicher Metallbügel mit Schnappverschluss zum Einklinken als Bindeglied zwischen Seil, Schlingen und Haken beim Abseilen und beim Sichern. Ein Verschlusskarabiner hat eine Sicherung, die das ungewollte Öffnen des Schnappers verhindert. Ein Kletterer hat normalerweise 20 bis 40 Karabiner dabei.

Klemmblock
In einem Riss eingeklemmter Stein.

Klemmkeil
Keilförmiger Aluminiumblock mit Drahtkabel, der als Zwischensicherung in Rissen verklemmt wird.

Klemmgerät (Camalot oder Friend)
Variables und mobiles Sicherungsmittel mit beweglichen Segmenten und einem Federmechanismus zur Zwischensicherung in Rissen.

Klettersicherung
Der angeseilte Kletterer bringt am Fels Fixpunkte an und hängt das Seil in diese Fixpunkte ein, um einen Absturz zu verhindern.

Halbmastwurf
Sicherungsknoten.

Nanga Parbat
Der neunthöchste Berg der Erde. Der Nanga Parbat liegt in Pakistan und

bedeutet in der Sprache der Urdu »nackter Berg«. Am 3. Juli 1954 wurde er von Hermann Buhl ohne Verwendung von künstlichem Sauerstoff zum ersten Mal bestiegen. Bis dato hatten schon 31 Menschen bei Besteigungsversuchen ihr Leben am Berg gelassen. (Die Erstbesteigung gelang übrigens sieben Wochen nach der Erstbesteigung des Everest, bei der große Mengen an künstlichem Sauerstoff verwendet wurden; die Flaschen wurden entlang der Route von Tom Bourdillon und Charles Evans deponiert, die wenige Tage vor der erfolgreichen Erstbesteigung den Südgipfel erreichten.) Die Südwand des Nanga Parbat ist die höchste Gebirgswand der Erde (siehe Rupalwand), der Berg die größte frei stehende Massenerhebung der Erde.

Nordwand des North Twin

Der North Twin ist ein 3630 Meter hoher Berg am nördlichen Rand des Columbia-Eisfelds im Jasper-Nationalpark in der kanadischen Provinz Alberta. Genau genommen ist es die Nordwand der Twin Towers, eines Nebengipfels des North Twin. Die dunkle Kalksteinwand ist über 1500 Meter hoch und extrem steil. Sie ist bislang dreimal durchstiegen worden. Die erste Begehung von George Lowe und Chris Jones Ende Juli 1974 wurde als 5.10 A4* eingestuft und war damals zweifellos die schwierigste Alpinroute in Nordamerika und sehr wahrscheinlich auch die schwierigste der Welt. Die zweite Begehung (5.10d A2**) gelang Barry Blanchard und David Cheesmond im August 1985 über einen Pfeiler rechts der Lowe/Jones-Route. Als dritter Seilschaft gelang Steve House und Marko Prezelj im April 2004 eine Variante der Lowe/Jones-Route (s. Kapitel 14).

Running belay (Simultanklettern)

Wenn der Vorsteiger das Ende einer Seillänge erreicht, bringt er eine zuverlässige Sicherung an und klettert weiter. Der Nachsteiger – der den Vorsteiger bis dahin gesichert hat – klettert los und sammelt dabei das Material wieder ein. Auf diese Weise können beide Kletterer, an den gegenüberliegenden Enden eines Seils eingebunden, simultan klettern

---

* Nach der mitteleuropäischen UIAA-Skala VI+/VII–, Sicherungspunkte sind schlecht anzubringen.

** Nach der UIAA-Skala VII, zwei Trittleitern erforderlich, Haken aber von schlechter Qualität.

und kommen viel schneller voran als beim Aufbau eines speziellen Standplatzes nach jeder Seillänge. Es besteht jedoch das Risiko, dass der Nachsteiger den Vorsteiger bei einem Sturz aus dem Stand reißt, sodass beide abstürzen. Deshalb wird das Verfahren der »laufenden Sicherung« normalerweise nur auf leichtem bis mittelschwerem Terrain verwendet, wo ein Sturz unwahrscheinlich ist.

Rupalwand

Die Südostflanke des Nanga Parbat, die Rupalwand, gilt als die höchste Steilwand der Erde. Der Höhenunterschied vom Basislager beträgt etwa 4500 Meter und 4100 Meter vom Bergschrund des Bazhingletschers am Fuß der Wand. 1970 wurde sie von Reinhold und Günther Messner im Rahmen einer von Karl Maria Herrligkoffer organisierten Expedition zum ersten Mal durchstiegen. Mit dem Abstieg über die Diamirflanke gelang die erste Überschreitung des Bergs, bei der Günther Messner jedoch ums Leben kam. Einen Tag nach den Messners erreichten zwei weitere Bergsteiger den Gipfel und stiegen über dieselbe Wand wieder zurück. Herrligkoffer ist in der Besteigungsgeschichte des Berges eine wichtige Figur, da er vier Nanga-Parbat-Expeditionen organisierte, darunter die von 1953, in deren Verlauf die Erstbesteigung gelang. 1984 schaffte eine polnisch-mexikanische Seilschaft die zweite Durchsteigung der Rupalwand. Im Juli 2005 gelang einem koreanischen Team die Wiederholung der Messner-Route von 1970 und damit die dritte Durchsteigung. Die Anderson/House-Route war die vierte Durchsteigung der Rupalwand und die erste Begehung im Alpinstil.

Schwierigkeitsgrad

Zahl und/oder Buchstabe, der die Schwierigkeit einer Route kennzeichnet. Jede Kletterdisziplin hat eine spezielle Bewertungsskala. Steve House verwendet in diesem Buch die in den USA gebräuchliche Skala. In Mitteleuropa wird meist die UIAA-Skala benutzt.

Selbstsicherung

Eine Sicherungsmethode beim Soloklettern. Langwierig, weil der Sololetterer nach jeder Seillänge abseilen muss, um das beim Aufstieg angebrachte Material zu entfernen. Es gibt viele verschiedene Methoden; bei der vom Autor angewandten wird das Seilende an einem absolut sicheren Fixpunkt eingehängt und eine lange Seilschlaufe geknüpft, die beim

Höherklettern an mehreren Fixpunkten verankert wird. Wegen der Schlinge wäre die Sturzhöhe zwar sehr lang, doch die Einfachheit und die Tatsache, dass diese Methode bei jedweden Bedingungen wie z. B. vereistem Seil funktioniert, haben Vorteile.

Slowakische Direkte
Manchmal auch Tschechische Direkte genannt, die Kurzform für die Tschechoslowakische Direkte am Denali. Die drei Erstbegeher Adam Blažej, Tono Križo und František Korl waren Slowaken. Die Route gilt mit ihren 2700 Höhenmetern im Schwierigkeitsgrad 5.9* (Fels) und mit einer Eisneigung von 100 Grad (ein kurzes Dach) als die schwierigste Route am Denali. Im Mai 2000 gelang Kevin Mahoney und Ben Gilmore in sieben Tagen die zweite Begehung. Die dritte Begehung (aber ohne die letzten 30 Meter bis zum Gipfel) ist das Thema von Kapitel 11. Im Jahr 2008 gelang drei japanischen Alpinisten mit der Verbindung und Besteigung verschiedener Wege am Denali, bei der sie zum ersten Mal die Route »Isis Face« kletterten, die vierte Begehung.

Soloklettern
Gesichertes oder ungesichertes Klettern ohne Sicherungspartner.

Steigeisen
Schuhuntersatz aus Metall mit Vertikal- und Frontalzacken zur Fortbewegung auf hart gefrorenem Firn und Eis.

Steigklemme
Gerät zum Aufstieg am Seil, das sich in eine Richtung verschieben lässt und in die andere Richtung unter Belastung blockiert.

Technisches Klettern
Eine Form des Kletterns, bei der Hilfsmittel wie z. B. Sicherungshaken auch zur Fortbewegung genutzt werden.

Toprope
Klettern mit Seilsicherung von oben, die sicherste Form des Kletterns.

---

* In der UIAA-Skala VI.

Dank

Dieses Buch ist dem Andenken meiner Freunde gewidmet, die niemals mehr von den Bergen zurückkehren werden. Ich vermisse euch.

Jože Rozman und Marija Frantar, die am Kangchendzönga über ihre Grenzen gingen. Mugs Stump, der in einer Gletscherspalte am Denali tödlich verunglückte. Julie Cheney-Culberson, deren Tod am Mount Temple mir auf eine Weise nachging, die ich damals noch nicht verstand. Caroll Robinson, den ich vergeblich zu retten versuchte. Steve Mascioli, der am Mount Hunter so unvermittelt starb. Janez Jeglič, dessen rätselhafter Tod am Nuptse mich weiterhin verfolgt. Alex Lowe und Dave Bridges, die noch immer unter dem Eis am Fuß des Shisha Pangma begraben sind. Hans Saari, der bei der Skiabfahrt im Gervasutti-Couloir auf unbemerktem Eis ausrutschte – ich wünschte, wir hätten mehr Zeit miteinander verbringen können. Thierray Braugier, der beim Soloklettern einer schwierigen Route an der Aiguille du Peigne bei Chamonix tödlich verunglückte. Karl Nagy, der am Mount Little verschollen ist. Seth Shaw, dessen Tod am Mount Johnson so unerwartet kam. Sue Nott und Karen McNeil – ich wünschte, sie wären vom Mount Foraker zurückgekehrt. Charlie Fowler und Christine Boskoff, deren Tod am Mount Genyen in China furchtbar traurig, aber zugleich – ich wage es zu sagen – poetisch war. Jean-Christophe Lafaille: Ich war fassungslos und tief betroffen, als er von seiner versuchten Solo-Winterbegehung des Makalu nicht zurückkehrte. Ich hoffe, er hat auf dem Gipfel gestanden. Jules Cartwright starb bei der Führung einer Tour am Piz Badile, und England verlor damit wieder einmal seinen besten Alpinisten. Jim Ratz, der so vielen Bergsteigern und Bergführern ein Mentor war. Chad Vanderham und Doug Coombs starben bei der Skiabfahrt von der Meije bei La Grave in Frankreich. George Gardner war einer der besten, optimistischsten und glücklichsten Menschen, die ich je kennengelernt habe, was seinen Tod am Grand Teton so schwer erträglich macht. Pavle Kozjek, der überraschend am Muztagh Tower in Pakistan starb. Miha Valič, dessen Geschick und Laune so gut waren, dass das zukünftige Alpinklettern nach seinem Tod am Cho Oyu nicht mehr dasselbe sein wird.

Ein anerkennender Ruf geht an Scott Backes dafür, dass er sich nicht entschuldigt hat. Mark Twight dafür, dass er so offen, intelligent und mitfühlend ist. Barry Blanchard und Catherine Mulvihill dafür, dass sie immer für mich da sind. Joe Josephson dafür, dass er mir sein Seil geliehen hat. Rolando Garibotti – du bist noch immer der Prototyp. Bruce Miller dafür, dass er mir das Leben gerettet hat. Mr. Clean dafür, dass er jedem beweist, dass es machbar ist, und vor allem für die Erlaubnis, seine schönen Fotos zu verwenden. Vince Anderson dafür, der richtige Mann zur richtigen Zeit aus dem richtigen Grund gewesen zu sein.

Dank an Dušan Golobič, Ljubo Hansel, Branko Starič, Boris Strmšek, Marko Lukič, Mira und Zdenko Zorič und allen Mitgliedern des AD Kozjak und des PD TAM in Maribor, Slowenien, dafür, dass sie einen kletterwütigen Jungen in die Berge mitgenommen haben. Ihr habt mein Leben verändert. Dank an Tone Golnar für die Organisation der Nanga-Parbat-Expedition von 1990 und an die Familie Špindler – Franci, Ani,

Jure und Nataša – dafür, dass ich mich auf meine Weise bei ihnen zu Hause fühlen durfte.

Dank an alle meine Kletterpartner der vergangenen Jahre: Todd Millay, Marty Treadway, Jeremy Coate, Brad Williams und alle »Cliffhanger«, Mark Hauter, Ken von Olympia, Michelle Burlitch, Paul Przybylowicz, Todd McDougald, Michael Powers, Doug Chabot, Stan Price, Todd Cozzens, Joe Reichert, Eli Helmuth, Kevin Mahoney, Ben Gilmore, Colin Haley, Alan Kearney, Steve Swenson, Tom Hargis, Flash Clark, Katharine Bill, Sean McCabe, Matic Jost, Scott Johnston, Kevin Doyle, Will Gadd, Grant Statham, Sean Easton, Scott Semple, Conrad Anker, Jeff Hollenbaugh, Rebecca Carmen, Brittany Griffith, Jonathan Thesenga, Ian Yurdin (danke für den Knoten im Seilende), Brian McMillan und die Smith-Rock-Truppe.

Dank allen Kunden, die ich auf der ganzen Welt geführt habe: Sie sorgten für das Brot auf meinem Tisch, lehrten mich Geduld und Ausdauer. Ich kann ihnen nicht genug danken.

Dank an: Chris Kulp für seine Freundschaft und die harte Arbeit am Epilog. Joel Haskard, der mich überredet hat, das Kapitel mit dem Sturz in die Gletscherspalte zu schreiben. Michael Kennedy für seine Kritik; ohne seine mutigen und harten Worte wäre dieses Buch eine Katastrophe geworden. Yvon und Malinda Chouinard für die Gründung von Patagonia und die Unterstützung dieses speziellen Projekts von Anfang an. Rick Ridgeway, der es mir zutraute. Rob Bondurant, der immer auf meiner Seite war. Michael Gilbert, der mich dazu gebracht hat, zu schreiben, was ich sagen wollte. John Dutton, der dieses Projekt mit Hand und Verstand begleitet hat und es schließlich lesbar machte. Andy Ornberg fürs Zuhören. Lisa Twight für ihre Freundschaft. Chris Torgerson, der ab und zu aus seinem akademischen Schneckenhaus herauskam. Amber Jean für die Inspiration. Meinen Eltern und meiner Schwester Chris, die niemals zusammengezuckt sind, zumindest nicht in meiner Gegenwart.

Besonderen Dank an das Team von Patagonia Books, das dieses Projekt tatkräftig begleitet hat: Rick Ridgeway, Vincent Stanley, John Dutton, Jennifer Sullivan, Jane Sievert, Annette Scheid, Jen Rapp, Melissa Beckwith, Alyssa Firmin und Charlotte Overby.

Dank an die Sponsoren und Spender des Mugs Stump Award für ihr weitsichtiges und großzügiges Fördermittelprogramm. Dank dem American Alpine Club für die Unterstützung in Form des Lyman Spitzer Grant.

Und schließlich allen meinen wunderbaren Sponsoren, besonders den großen vier: Patagonia, Grivel, GU Sports und La Sportiva. Wir arbeiten nun schon seit langer Zeit zusammen, und ohne sie hätten die meisten dieser Geschichten niemals stattgefunden.

Bildnachweis

Vince Anderson: Bildteil Tafel 16 oben; Seite 10, 263, 285, 318 / Scott Backes: Seite 167 / Barry Blanchard: Bildteil Tafel 2 unten, 3 oben / Doug Chabot: Seite 107 / Kristoffer Erickson: Seite 161, 164 / Rolando Garibotti: Seite 197 / Dušan Golobič Collection: Seite 49 / Eli Helmuth: Seite 82, 92 / Steve House: Bildteil Tafel 3 unten, 4 oben, 6 oben, 8, 10 oben und unten, 13, 14 oben und unten, 15, 16 unten; Seite 28, 32, 34, 126, 135, 153, 194, 212, 231, 240, 243, 249, 250, 257, 258, 266, 272, 300, 301, 310, 314, 315, 317 / Steve House Collection: Bildteil Tafel 2 oben; Seite 53, 62, 294 / Brad Johnston/Peaks and Places Photography: Bildteil Tafel 1; Seite 99 / Joe Josephson: Seite 128, 129 / Bruce Miller Collection: Seite 18 / Silvij Morojna: Seite 71 / Marko Prezelj: Bildteil Tafel 5, 6 unten, 7, 9, 11, 12; Seite 37, 112, 199, 205, 224, 235, 239 / Mark Twight: Bildteil Tafel 4 unten; Seite 175, 182, 188 / Bradford Washburn: Seite 96 / Gordon Wiltse: Seite 163